L'ÉVANGÉLISATION PRIMITIVE

DE LA

PROVENCE

Examen des preuves de l'Apostolat
et de la Mort des

Saints Lazare, Maximin, Marthe, Marie-Madeleine, les Saintes Maries Jacobé et Salomé en ce pays

PAR

Joseph ESCUDIER

Membre de l'Académie du Var

TROISIÈME ÉDITION REVUE ET AUGMENTÉE

MAISON SAINTE JEANNE D'ARC
TOULON
1926

L'ÉVANGÉLISATION PRIMITIVE

DE LA

PROVENCE

Exposé des preuves de l'Apostolat
et de la Mort des

Saints Lazare, Maximin, Marthe, Marie-Madeleine, les Saintes Maries Jacobé et Salomé en ce pays

PAR

Joseph ESCUDIER

Membre de l'Académie du Var

TROISIÈME ÉDITION REVUE ET AUGMENTÉE

MAISON SAINTE JEANNE D'ARC
TOULON
1929

DU MÊME AUTEUR

à la même Librairie

1. — **L'Évangélisation primitive de la Provence** : A propos de l'Histoire religieuse de la France, par M. Georges Goyau, 1 broch.

2. — **L'Évangélisation primitive de la Provence** : État actuel de cette controverse, réponse à M. Vacandard, 1 broch.

3. — **La Culture latine** : Discours de réception à l'Académie du Var, 1 broch.

A la librairie Letouzey et Ané, 89, boul Raspail, Paris (Collection « les Grands Pèlerinages de France.»)

4. — **La Sainte-Baume**, 1 vol. in-12, 156 p.

L'ÉVANGÉLISATION PRIMITIVE
DE LA PROVENCE

PRÉFACE DE LA III° ÉDITION

« En 1760, je ne sais quel savant de Berne entreprit de prouver que Guillaume Tell n'avait pas existé. C'était bien là une idée de savant qui dans le brutal désir d'étaler une érudition souvent menteuse attaque et va détruire sur la foi d'une étymologie ou d'un conte ce qu'il y a de plus noble et de plus vrai.

Les Waldstetten, ne pouvant attraper l'érudit, condamnèrent au feu son livre, qui disparut peu à peu. Mais les chapelles de Guillaume Tell restèrent debout, et son souvenir inspira plus tard deux chefs-d'œuvre à deux hommes de génie. Il faut prendre Schiller après avoir parcouru cette contrée héroïque des Valdstetten; mais, après avoir lu le drame de Schiller, il faut entendre celui de Rossini. Alors il semble que le langage sublime du poète a cependant trahi sa pensée, et que le musicien a exprimé ce que la parole ne dira jamais. Certains sentiments naissent dans l'âme avec des ailes que la parole est forcée de leur arracher et que le musicien rend : *Parla la ragione, ma l'amor canta,* disent les Italiens. (1) »

Il suffirait de changer les noms propres et les dates de cette page de l'auteur des *Pélerinages de Suisse* pour qu'elle put littéralement s'appliquer à la croyance dont nous allons, ici, étudier le bien fondé.

De temps immémorial, en effet, pourrait-on dire, la Provence et, avec elle, l'univers catholique croyaient que cette contrée avait eu l'insigne honneur de recevoir l'évangile des lèvres mêmes des saints de la famille de Béthanie et de conserver en dépôt leurs précieuses reliques. En 1660 — la différence est seulement de cent ans — un savant

---

1. *Les pélerinages de Suisse* par Louis Veuillot, p. 274, 7° édition, chez Mame, Tours, MDCCCLII.

non pas suisse, mais français d'au delà du Rhône, entreprit de prouver que Lazare, Maximin, Marthe, Marie-Madeleine et leur suite n'avaient jamais mis les pieds en ce pays et par conséquent n'avaient pu y être inhumés. La grande majorité des Provençaux ne lut pas l'indigeste : de *Commentitio Lazari, Maximini, Marthœ et Mariœ Magdalenœ in Provinciam appulsu dissertatio* du sorbonnique Launoy et n'en connut pas même l'existence. Mais le parlement d'Aix crut devoir s'en occuper et ne pouvant rien sur son auteur, il condamna au feu l'ouvrage qui disparut peu à peu. Et la Ste-Baume et les cryptes et les églises de St-Maximin, de St-Victor à Marseille, de Ste-Marthe à Tarascon et des Stes-Maries-de-la-Mer restèrent debout et continuèrent à attirer, comme par le passé, les foules de pèlerins.

Ah ! c'est que bien plus encore que le souvenir de Guillaume Tell en Suisse, le souvenir de la venue et de la mort des saints de la famille de Béthanie en Provence est populaire dans l'univers chrétien. Pour sa diffusion et son exaltation, cette croyance n'a pas eu seulement la lyre d'un Schiller et la harpe d'un Rossini, mais avec la lyre des poètes et la harpe des musiciens comme Mistral, Gounod, pour ne parler que des plus récents, elle a eu encore et depuis des siècles la palette des peintres les plus illustres, le ciseau des sculpteurs les plus célèbres, la voix des plus grands orateurs sacrés et par dessus tout la solennelle liturgie de l'Eglise.

Aussi bien, cette croyance tient-elle à la fibre la plus intime du cœur de nos populations chrétiennes et fait-elle en quelque sorte partie de leur vie. Pour avoir une idée du profond attachement que ces populations professent envers le culte et les reliques de ces premiers apôtres des Gaules, qui de leur vivant furent les parents ou les plus proches amis de Jésus, il suffit de contempler les foules innombrables qui accourent à certains jours sous les voûtes de leurs vénérables et glorieux sanctuaires. Elles sentent, ces foules, et combien vivement, que « cette plage mélancolique des Saintes-Maries-de-la-Mer » comme l'abrupt et gigantesque « rocher de la sainte Baume » sont, ainsi que l'a écrit Barrès dans son livre *la Colline inspirée*, de « ces temples du plein air » où « nous éprouvons soudain le besoin de briser de chétives entraves pour nous épanouir à plus de lumière », où « une émotion nous soulève » et où « notre énergie se déploie toute et sur deux ailes de poésie et de prière s'élance à de grandes affirmations. »

C'est parce qu'elles sentent cela très vivement que ces foules — Péguy disait : « ces bonnes brebis du Bon Dieu » — ne comprennent pas que « sur la foi d'une étymologie ou d'un conte », pas plus que sur l'échafaudage branlant d'hypothèses invérifiées où sous le couvert de critiques contestables, on vienne attaquer et détruire ce qu'il y a de plus noble et de plus consolant pour elles dans cette pauvre vie terrestre.

Et c'est parce que nous pensons comme ces foules et aussi, on le verra, comme le plus grand nombre des érudits qui ont étudié cette question — car ici, chose rare ! la voix du peuple se confond avec la voix des savants les plus compétents, tels Albanès et Ulysse Chevalier — c'est encore, d'autre part, parce que nous sommes convaincus que MM. Duchesne, de Manteyer, Gilles et autres critiques qui les ont précédés ou suivis se trompent dans leurs théories — d'ailleurs passablement contradictoires — pour expliquer l'origine et l'existence de la croyance à la venue des saints de Béthanie en Provence, que nous avons entrepris cet ouvrage.

Puisse-t-il contribuer à maintenir et à développer encore le culte des premiers apôtres du Christ dans notre chère patrie, ainsi que l'amour et la dévotion à leurs sanctuaires ! Ce fut l'unique but qui nous mit la plume à la main. Cela reste notre unique désir.

**

Mais avant d'aborder ce problème des origines chrétiennes en Provence, il ne sera pas inutile, croyons-nous, de faire un bref historique de la controverse qu'il a suscitée et de marquer les divers états d'esprit, qui, suivant les époques, ont résulté de cette controverse.

A dire vrai, le premier et le plus violent détracteur des traditions provençales ne fut pas ce Launoy qui apparemment leur porta les plus rudes coups, mais bien le fondateur du protestantisme, Jean Calvin (1509-1564).

Iconoclaste farouche, en même temps qu'il prêchait la destruction du catholicisme, et, en particulier, du culte des reliques et des images des saints, le tyrannique réformateur de Genève se devait de travailler aussi à la disparition de leur souvenir dans l'histoire. A cette triste besogne, Jean Calvin ne faillit pas. Dès l'année 1563, dans ses *Commentaires sur la concorde des Evangiles*, il affirmait que « les moines et les autres cafards de la papauté ont montré une lourde ignorance en imaginant que Marie, sœur de Lazare était cette femme de méchante vie de laquelle l'évangéliste Luc fait mention ». Puis, après avoir ainsi jeté le doute sur l'identité de Marie-Madeleine avec la pécheresse du repas chez Simon et la sœur de Lazare et de Marthe, Calvin, dans son *Tractatus theologici (in folio, Genève, p.* 236) se moquait de la croyance à la venue de Lazare, Marthe et Marie-Madeleine en Provence : « fable, à son avis, aussi véridique que celle qui affirmerait que les nuages sont des peaux de veau ». Naturellement, l'opinion du coryphée de la lugubre réforme genévoise fut embrassée avec autant d'aveuglement que d'enthousiasme par le chœur de ses disciples. Théodore de Béze (1) (1519-1605), originaire de Vézelay où les protestants ne devaient pas tarder à mettre stupidement le feu à tout ce qui rappelait le culte de Ste-Marie-Madeleine, du Moulin (2) (1500-1566) les frères des Marets (3) (1599-1673) Dallier (4) († 1683), dans leurs ouvrages, reprirent le même enseignement.

Mais les idées de Calvin sur ce point n'eurent pas de prise

------

1. Novum Testamentum et Theod. Bezæ Annotationes. Cantabrigiæ. 1642 in Joan XI. 2. p. 268.

2. Collatio et unio quatuor Evangelistarum per Carolum Molineum, 1663.

3. La Sainte Bible, édition faite sur la version de Genève par Samuel et Henry Desmarets. Amsterdam 1669. S. Jean chap. VII.

4. Joannès Dallii: adversus latinorum traditionem dissertatio, Genovæ 1665.

dans les milieux catholiques. A peine si — sans nier la
venue des saints palestiniens en Provence — l'identité de
Marie, sœur de Lazare et de Marthe, de Marie de Magdala
et de la pécheresse de Saint Luc fut mise en question par ce
catholique suspect, que fut Lefèvre d'Etaples, ex-pèlerin
cependant de St-Maximin et de la Ste-Baume. En fait, on
peut dire avec raison que jusqu'à Launoy, l'opinion catholique en France et hors de France, d'accord avec le bréviaire
romain qui n'a jamais varié sur ce point, admettait comme
historiquement certaine la venue et la mort des saints de
Béthanie en Provence. Or, voici que de l'année 1641 à l'année
1660, en divers écrits latins et français lourds et insidieux,
Launoy se met à battre en brèche cette croyance. Et parce
que ces écrits furent, il faut le reconnaître, on ne peut plus
mal réfutés par le Père J.-B. Guesnay, S. J., Honoré Bouche
et le Père Jourdan, O. P. ; parce que le défi public que
Launoy lança à ses contradicteurs d'alléguer un seul texte
remontant à 600 ans en faveur de cette croyance ne fut pas
convenablement relevé, alors que la chose était cependant
si facile ; parce qu'enfin plusieurs auteurs Provençaux publiè-
rent à cette époque diverses vies de sainte Marie-Madeleine, par trop dénuées de critique et d'érudition (1),
l'opinion de Launoy, favorisée encore par le scepticisme
philosophique de ce triste XVIII° siècle, gagna de jour en
jour de plus nombreux partisans. Et si, comme nous l'avons
dit, le « dénicheur de saints » ne parvint pas à tarir le flot
des pèlerinages populaires vers les saints lieux de Proven-

1. Claude ortez : Histoire de la vie et de la mort de Sainte
Marie-Madeleine, chez Étienne David, Aix-en-Provence 1641,
47, 55.
Vincent Reboul : Le pèlerinage de St-Maximin et de la
Ste-Baume en Provence, avec l'histoire de la vie, mort, invention et translation des reliques de Ste-Marie-Madeleine, Aix,
chez Charles Nesmos, 1662.
Jean Dominique Gavoty : Histoire de Ste Marie Madeleine
divisée en 15 chapitres, Marseille, 1701.
L'apôtre de la Provence ou la vie du glorieux S. Lazare,
évêque de Marseille, par Jean de Chantcloup, Marseille, 1684,
in-8 ; de Bertet, doyen du chapitre de Tarascon : Histoire de
la vie de Ste Marthe, hôtesse de Jésus-Christ et patronne de
Tarascon, in-8, Lyon 1650, réimprimé à Tarascon en 1793.

ce, il entraîna malheureusement après lui l'élite et le plus grand nombre des érudits français.

A part Suarez, évêque de Vaison († 1720), le P. Antoine Pagi († 1690), le P. de Solliers, bollandiste, et le P. Lequien O. P. († 1733) qui, ayant pris la peine d'étudier par eux-mêmes la question, restèrent fidèles à l'opinion tradition-nelle et contredirent sur quelques points victorieusement Launoy ; tous les autres historiens qui suivirent : Tillemont († 1696), Sainthe Marthe († 1725), Claude Fleury († 1723), Bailet († 1706), Papebrock († 1714) se tinrent sans autre examen aux conclusions du « dénicheur des Saints.

Déjà gagné par la même opinion, le fameux liturgiste gallican Châtelain, avait fait supprimer, à la fête de Sainte Marthe, dans le bréviaire de Paris, la leçon du bréviaire romain où la tradition de Provence est rapportée; et cette suppression avait été pratiquée dans les bréviaires d'un grand nombre de diocèses français.

Et cependant, les raisons, on ne peut dire les preuves, sur lesquelles Launoy prétendait étayer sa thèse sont loin — tout le monde en convient maintenant — d'être convain-cantes.

Launoy croyait avoir démontré péremptoirement la dis-tinction entre Marie, sœur de Marthe et Lazare, Marie de Magdala et la pécheresse. On sait maintenant ce qu'il faut penser de cette distinction que nous ne jugeons pas même utile de discuter tant l'accord est unanime parmi les exégè-tes contemporains.

Launoy prétendait que Joinville était le premier auteur qui eut parlé de la vie et de la mort de Sainte Marie-Made-leine en Provence, on verra plus loin combien cette affir-mation mérite d'être prise à la lettre.

Launoy prétendait que la découverte des reliques de Sain-te Marie Madeleine à Saint-Maximin était une supercherie qui avait pour auteur Guillaume de Tonneins et le Père Élie. Albanès a démontré que Guillaume de Tonneins ne se trouvait pas à Saint-Maximin en 1279, où il ne vint très probablement jamais par la suite. Quant au Père Élie il devait, en 1279, rester encore dix ans avant de voir le jour.

En dépit de ses erreurs, pour ne pas dire de ses mensonges, comme, en matière de controverse, ce n'est pas l'opinion la plus vraie qui l'emporte mais celle qui parait la mieux présentée et la mieux défendue, l'opinion de Launoy, à cause de l'insuffisance de ses contradicteurs prévalut dans le monde intellectuel catholique jusque vers le milieu du siècle dernier.

A cette époque — exactement en 1848 — sortirent des fameux « ateliers catholiques de l'abbé Migne au Petit Montrouge, près la carrière d'Enfer à Paris », les deux imposants et riches *in-quarto* de « *l'auteur de la vie de M. Olier* » intitulés « *Monuments inédits sur l'apostolat de sainte Marie Madeleine en Provence et sur les autres apôtres de cette contrée : S. Lazare, S. Maximin, Ste Marthe et les saintes Maries Jacobé et Salomé* ». L'éditeur de la « *Bibliothèque universelle du Clergé* » faisait suivre ce long titre de ce non moins long commentaire « pour servir de supplément aux *Acta sanctorum* de Bollandus et aux recueils de vie des saints, aux annales et aux histoires générales de l'Eglise, à celles de l'Eglise Gallicane et aux histoires particulières des églises d'Aix, Avignon, Arles, Marseille, Fréjus, Orange, Autun, etc., à l'histoire de la fondation de la foi dans les diocèses de Bourges, Paris, Le Puy, Périgueux, Tours, Clermont, Toulouse, Narbonne, Trèves, Limoges, Autun, à la statistique du département des Bouches-du-Rhône, aux démonstrations évangéliques et aux cours d'Ecriture Sainte, enfin aux nouvelles liturgies de France et aux recueils d'archéologie sacrée publiés jusqu'à ce jour.»

Véritable arsenal où tout ce qui a été écrit depuis les premiers siècles dans les églises latine et grecque relativement à la vie et à la mort, au culte et aux monuments des saints de la famille de Béthanie se trouve rapporté, discuté, cette dissertation méthodique parut si bien justifier les prétentions énoncées par son auteur et son éditeur qu'elle fut pour les contemporains tout à la fois une révélation et une révolution.

Il est rigoureusement exact de dire que l'ouvrage de Faillon porta un coup mortel aux idées de Launoy et réalisa pour un temps l'unité d'opinion sur la valeur des traditions provençales dans le monde catholique.

Lacordaire, dans la vie de sainte Marie Madeleine, Dupanloup dans plusieurs discours et écrits, Freppel dans son immortel ouvrage sur les pères apostoliques, Rohrbacher. Darras, dans leur histoire de l'Eglise et cent autres écrivains catholiques se firent les tenants et les défenseurs de ces traditions qui devinrent l'enseignement courant dans les séminaires.

Malgré ses défauts et ses lacunes, l'ouvrage de Faillon est encore à l'heure actuelle le monument le plus important, la mine la plus riche que nous possédions sur cette matière et de longtemps, il est à croire —. Albanès n'ayant pu réunir en faisceau ses nombreuses recherches et études sur la question — l'œuvre du maître sulpicien ne sera pas dépassée.

Car pour refondre un pareil travail, pour faire dans toutes les bibliothèques d'Europe les recherches et dans les divers lieux-saints de Provence les fouilles archéologiques susceptibles d'apporter de nouvelles lumières, il faudrait non seulement une compétence, une vigueur de santé et des loisirs qu'il est rare que la Providence départisse à un seul et même homme, mais encore, vu le renchérissement actuel des voyages et de l'existence, de très grandes ressources pécuniaires. Seul un groupe international de savants ou un institut religieux puissant aurait chance de mener à bonne fin une telle entreprise. Aussi, bien qu'elle ait vieilli, l'œuvre de Faillon reste encore indispensable à quiconque veut étudier cette question sous toutes ses faces. Comme dans sa grande bonne foi, ainsi que le dit M. Duchesne, le docte sulpicien a inséré, dans sa lourde compilation, tous les documents pour ou contre sa thèse, il s'ensuit que partisans et adversaires des traditions ont puisé chez lui la plupart de leurs arguments.

Malgré le prestige de son nom et de sa science éminente — il faut le reconnaître —, M. Duchesne n'a pu renverser l'édifice du patient et consciencieux sulpicien.

De lui, comme de son disciple M. Vacandard, on peut dire qu'il n'a apporté aucun élément nouveau dans la discussion. Il suffira pour s'en convaincre de rapprocher leurs textes, du texte de l'auteur des *Monuments inédits*.

M. de Manteyer, en ce qu'il a apporté de nouveau, de

lumineux et de solide, paraît plutôt avoir ébranlé que con-
solidé la thèse de son ex-directeur de l'Ecole française de
Rome.

Seul, Albanès, par ses heureuses trouvailles archéologiques et historiques a renouvelé sur certains points la question et fortifié la position des traditionalistes. Au cours de
ce livre on se rendra compte de ce qu'ont fait en ces
dernières années dans le même sens les contradicteurs de
l'école hypercritique.

A l'heure actuelle, dans le monde intellectuel catholique,
la question, peut-on dire, reste au moins en suspens. Si,
dès à présent, nous ne craignions d'avoir l'air de paraître
juge et partie nous ajouterions que l'opinion qui semble de
plus en plus en faveur parmi les érudits penche plutôt
dans le sens de l'école traditionnelle. Quoiqu'il en soit, les
historiens de l'Eglise les plus récents, tels: Krauss (traduction Gaudet Verschafel), Mourret, Marion, exposent les
idées des deux écoles en présence sans se prononcer. C'est
la meilleure preuve que les arguments que l'école hypercritique croyaient décisifs, sont loin de les avoir convaincus.

Quant à la génération qui monte, ne peut-on pas dire
que son goût prononcé pour les biographies romancées semble l'éloigner du goût et des principes en honneur dans
l'école de M. Duchesne? Et nous aventurerons-nous beaucoup en disant qu'ils sont de plus en plus nombreux ceux
qui souscrivent au souhait que M. Camille Jullian, à propos des recherches de M. F. de Manteyer sur les *Origines
chrétiennes de la seconde Narbonnaise des Alpes et de la
Viennoise*, exprimait en ces termes:

« Il est bon que l'on renonce aux méthodes hypercritiques qui condamnent les vies des saints sans savoir les
analyser; je dis à dessein: *sans savoir*. Il y a en elles et
souvent même dans les plus mauvaises des éléments d'histoire qui ne sont pas à négliger...... Le jour où nous aurons
un *corpus* des vies des saints précarlovingiens, car pour
les vies *œvi mœrovingici*, les *Monumenta Germaniœ* nous ont
amplement dotés, on sera surpris de la quantité de nota-
tions exactes et précieuses qu'elles renferment, au milieu
bien entendu du fatras d'édification coutumier... Il en est

des écrivains hagiographiques de la Gaule comme de ses
rhéteurs : ils ont le goût de la précision et de la recherche
des documents ? »

Un mot en terminant sur l'édition que nous donnons
aujourd'hui au public :

Cette nouvelle édition n'est pas la reproduction pure et
simple des deux précédentes. Comme on pourra s'en rendre
compte, tout en conservant la même division des matières
et les mêmes conclusions, elle en diffère sur bien des points.
C'est ainsi qu'on y trouvera des précisions et des rectifica-
tions qui ne sont pas sans importance ; de nombreux
remaniements dans le texte en vue d'une meilleure présen-
tation des arguments et enfin des additions assez considérables, en particulier trois nouveaux chapitres consacrés
l'un à l'exposé des opinions de M. Albanès et de M. Ulysse
Chevalier ; un autre aux Saintes-Maries-de-la-Mer et un
troisième à l'examen des critiques de M. Vacandard en
appendice.

Nous nous faisons un devoir d'adresser, ici, nos remercîments à tous ceux qui nous ont aidé à mener à bien notre
tâche. Ces remercîments vont donc à tous nos souscripteurs
et en particulier aux deux généreux anonymes qui ont pris
sur eux la moitié de nos frais d'impression ; ils vont aussi à tous
les auteurs, archivistes, bibliothécaires qui nous ont facilité
la rédaction et la mise à point et dont les noms se trouvent
à l'index bibliographique ou au cours de l'ouvrage. A tous
ces noms, ce nous est un plaisir d'ajouter celui de M. Bou-
yala, le dévoué archiviste-adjoint de la bibliothèque de la
ville de Marseille pour l'obligeance avec laquelle pendant
plusieurs jours consécutifs il a mis son temps et sa compétence à notre disposition, ainsi que les noms de Madame
Mistral et de MM. les éditeurs Garnier, Fasquelle, Lemerre,
de Paris, qui nous ont généreusement permis de reproduire
les strophes de l'immortel chantre de Mireille, par lesquelles
nous avons tenu à couronner cette œuvre.

Joseph ESCUDIER.

La Sainte-Baume, le 14 Septembre 1927,
   fête de l'Exaltation de la Sainte-Croix.

INDEX BIBLIOGRAPHIQUE
des Auteurs cités et consultés

Achery (Luc d') : Speilège, 3 fol. 1723.

Analecta : bollandiana.

Albanès : Le couvent royal de Saint-Maximin, 1890 ; chronique de Saint-Victor de Marseille : Extrait des mélanges d'archéologie et d'histoire publiés par l'école française de Rome, t. VI ; Armorial des évêques de Marseille.

Albanès et Ulysse Chevalier : Gallia christiana novissima.

Arnobe : adversus gentes. Migne, Patr. lat.

Art de vérifier les dates des faits historiques, édit. 1818-21 Paris.

Bacuez et Vigouroux : Manuel biblique, Paris.

Bedier : Les Légendes épiques : Gérard de Roussillon.

Beguin Jean : La Madaleno, poème provençal. Articles dans l'*Univers*, 1895.

Bellet Charles : Les origines des Églises de France et les Fastes épiscopaux, Paris, Alphonse Picard, MDCCCXCVI.

Benoît XIV : de Festis.

Bérenger Joseph : Les traditions provençales ; Sainte-Marie-Madeleine en Provence. Chez l'auteur. Maison Saint-Jean-de-Dieu, Saint-Barthélémy, à Marseille.

Besse (dom) : Les études ecclésiastiques, Paris 1900.

Bouche Honoré : Histoire de la Provence, 2 vol. in-4°, 1785.

Bouquet : Recueil des historiens des Gaules, 19 vol., 1730.

Bruel Alexandre : Cartulaire de l'abbaye de Cluny. Impr. nat., 1876.

Bréviaires anciens : De la Minerve (dominicain), des diocèses d'Aix, d'Avignon, d'Arles, Marseille, Autun, etc.

Cabassole (Philippe de) : Manuscrit de la Bibliothèque nationale.

Cabrol (dom) : Les églises de Jérusalem. Oudin, Paris 1895.

Catel : Mémoires de l'histoire du Languedoc.

Cellier (dom) : Histoire générale des auteurs ecclésiastiques.

Chabaneau Camille : Sainte Marie-Madeleine dans la littérature provençale, 1887.

Chaillan (Mgr) : Les Saintes Maries de la Mer, Dragon, Aix.

Chérest Aimé : Vézelay, études historique.

Chevalier Ulysse : Répertoire des sources historiques du moyen-âge. Gallia novissima. Articles, *passim*, dans Bulletin d'histoire des diocèses de Valence, Gap, Grenoble, Amiens 10e année, et dans les Lettres chrétiennes, 11e année.

Clerc Michel : Aquæ Sextiæ, chez Makaire, Aix, MCMXVI.

Cortez Fernand : Nos traditions, à propos de la Provence du Ier au IIIe siècle de M. Manteyer. Imp. gén. du sud-ouest Bergerac, 1910. L'apostolicité des églises de Provence, brochure.

Delisle Léopold : Notice sur les manuscrits de Bernard Gui. Extrait du tome XXVI, 2e partie de *Notices et extraits manuscrits*, Paris. Impr. nationale, 1879.

Desjardin Ernest : Géographie de la Gaule romaine.

Ducange : Glossarium, 1678.

Duchesne : La légende de Sainte Marie-Madeleine ; Annales du Midi, 1re année, 1893. — Les Fastes épiscopaux de l'ancienne Gaule, édit. 1907, Paris ; Les Origines chrétiennes.

Durand de Mende : Rationale divinorum officiorum.

Enlart Camille : Manuel d'archéologie française, 3 vol.

Eusèbe de Césarée : Hist. eccl. Migne Patr. grecq. XX.

Fillion : Evangiles, dans la Bible de Lethielleux, Paris ; Vie de N.-S. Jésus-Christ.

Fouard : Vie de N.-S. Jésus-Christ, Lecoffre, Paris.

Freppel : Cours d'éloquence sacrée : Saint Irénée.

Gally (Abbé) : Vézelay monastique.

Gamurini : S. Sylviæ Aquitanæ peregrinatio ad loca sancta. Rome. Cuggiani, 1887, in-4°. D'après dom Ferotin, cette pérégrination serait l'œuvre de la religieuse Ethéria de Galice. Voir Rev. des quest. hist., année 1903, p. 367.

Gams : Séries episcoporum.

Gilles S. : Campagne de Marius dans les Gaules, suivie de Marius, Marthe et Julie, devant la légende des saintes Maries, chez Thorin, éd., Paris 1870.

Grégoire de Tours : Historia Francorum ; de gloria sanctorum Migne Pat. lat. LXXI.

Gui Bernard : Chronique des Papes; Miroir sanctoral Bibl., nat. mns. 5042-5096.

Hardouin : Acta conciliorum, etc. Paris, 1725.

Histoire du Languedoc.

Hirchfeld Otto : Inscriptiones Galliæ narbonensis, t. XII, 1888, Berlin.

Irénée (Saint) : Adversus hœreses, Migne Pat. grec. VII.

Jérome (Saint) : Peregrinatio Paulæ ; lettres ; de script, ecclés Migne Patr. lat. XXII-XXX.

Joinville : Vie de saint Louis. Textes de Wailly, 1874 et de Ducange, 1688.

Jullian Camille : Histoire de la Gaule.

Labbe et Cossart : Revue des études anciennes, passim ; collection de conciles, 17 vol. Paris, 1674.

Le Blant Edmond : Manuel d'épigraphie chrét. Inscriptions chrétiennes de la Gaule antérieure au VIIIe siècle ; les sarcophages chrétiens de la Gaule ; catalogue des monuments chrétiens du Musée de Marseille.

Leclercq (dom) : Les Martyrs.

Lequien : Oriens christianus.

Longueval (de) : Histoire de l'église gallicane.

Male Emile : L'art religieux du XIVe siècle en France, Paris 1922, in-4°.

Manteyer : La Provence au premier an, XIIe siècle. Paris. Picard 1908 ; Les légendes saintes de Provence dans mélanges d'archéologie et d'histoire, t. XVII.

Meyer Paul : Histoire littéraire de la France. Revue Romania, t. VII.

Morin dom : Saint Lazare et Saint Maximin ; Mémoires de la Société nationale des Antiquaires de France, t. LVI, 1887.

Muratori : Scriptores ordinis Pradicatorum, t. II; Script. rerum italicorum, t. III, Prologomen.

Nouveau Traité de diplomatique, 6 vol. Paris, 1750.

Pagi Antoine : Critica in Annales Baronii.

Papon : Histoire de Provence.

Photius : Coll. Migne. Pat. grecq., t. III.

Pissier : A. abbé : *Le Culte de Sainte-Marie-Madeleine à Vézelay*, in-12 carré, 222 pages, chez l'auteur à Saint-Père-sous-Vézelay.

Plaine dom. : La Ciudad de Dios Rev., t. V ; la Correspondance cathol. Rev., N° 16.

Ptolomée de Lucques : Histoire ecclésiastique.

Rossi : Inscriptiones christianœ urbis Romœ, 3 vol. Rome 1857-1888.

Rostan : Notice sur l'Eglise de Saint-Maximin.

Sicard : Sainte-Marie-Madeleine, 3 vol., Paris, Savaète.

Smedt de : Introductio generalis ad historiam ecclesiasticam critico tractandum, in-8°, Gand 1876 ; Principes de la critique historique in-12, Paris 1885.

Tilbury (de) Gervais : De otio imperiali.

Thurston Herbert R.-P. : The Month Rev., t. 93, pp. 75-91.

Vacandard : Revue du Clergé et Revue des questions historiques (articles cités).

Collections et dictionnaires :

Acta Sanctorum : Bollandistes.

Analecta bollandiana.

Cartulaires des abbayes de Saint-Victor ; de Saint-Bertin ; de Montrieux.

Gallia Christiana nova et novissima.

Dictionnaires :

des **Antiquités chrétiennes** : Martigny, chez Hachette.

d'**Archéologie** et d'histoire, chez Letouzey et Ané.

de la **Bible**, chez Letouzey et Ané.

Critique de biographie et d'histoire, par A. Job., 1872.

De Moreri : article Vézelay.

Revues et périodiques :

Annales du Midi, 5e année. La Légende de Sainte-Marie-Madeleine.

L'Univers : années 1895 nov., 1912 octobre.

Semaine religieuse de Fréjus, année 1912.

Bulletin du Comité des travaux historiques, année 1893.

Le Pèlerin de Vézelay *passim*, au presbytère de Vézelay (Yonne).

Revues :

du Clergé, année 1912 (article cité de M. Vacandard).

Ciudad de Dios : année 1877 (article cité de dom Plaine).

Les Études : 20 août 1901, 20 janvier 1911.

The Month : année 1899, t. XCII (article cité du P. Thurston).

des Questions historiques : 1er avril 1924 et 1er oct. 1925.

des Sociétés Savantes, t. II, année 1882.

Annales du Midi : 5e année (article cité de M. Duchesne).

Romania, t. VII, année 1878.

ERRATA

—

Pages	Lignes	Prière de lire
7	note 3	*adversus Judeos*
19	note 1	origine *des* Eglises
22	15	voulut reprendre
24	4 du bas de page...	auteur *des* offices
26	6	et signe *de* son sceau
35	10 du bas........	vult immittit
41	note 2	Cesarii samtœ arelatensis *ecclesiœ episcopi*
59	22 et 23	à ce dernier et comme fait,
88	14 et 15	*il* prie etc... que *le* saint Pere lui a confiée
89	11 du bas........	Marquet de Ric*ci*
93	9 du bas.........	du P. Del*e*haye
97	2	fidêles, *ni* les hommes...
109	note 2 avant der-nière ligne......	*Patrologie* latine
116	note 2, avant dern^s	fosse sep*ol*to *Bollettino*... novem...
120	18	femme de Charles le Gros, (supprimer et de Marthe.)
121	note 1	Duchesne *ne* veut pas...
137	12	on *s'arrangea*
145	note, dern^re ligne..	*Révolutionnaires*...
173	10	peut être, doit être et, en dernière analyse...
178	4 et 5	*bel* et bien...
188	Sommaire 1re ligne	silence de M. Duchesne ! *Serait il*...
	17	Cassien, Fauste...
197	1ers	en *m'*excusant
	26	universa*lité, car,* au *lieu d'atteindre.*
199	10	pp. 151-156
	26	pièce : l'erreur...

N. B. — Nous n'avons pas cru nécessaire de relever les fautes de ponctuation et les lettres interverties ou tombées dans le corps des mots pensant que les lecteurs qui remarqueront ces défauts pourront les corriger eux-mêmes.

PRÉAMBULE

Si un problème historique ne peut être éclairci et résolu que par des documents écrits contemporains ou tout au moins rapprochés des faits qui l'imposent à notre curiosité, il faut alors reconnaître que le problème de l'Evangélisation primitive de la Provence est absolument insoluble. Et, à ce compte, nombreux seraient en histoire les faits admis, les opinions reçues qui devraient être rejetés sans autre examen.

Mais l'esprit humain, on le sait, ne se contente pas facilement d'une telle solution. Même quand les documents contemporains écrits lui font complètement défaut il ne se résigne pas à ignorer.

En l'absence de ces documents authentiques et formels qui éclaireraient son ignorance, il cherche des documents moins rapprochés des faits, plus ou moins authentiques pas toujours moins impartiaux et partant moins sûrs.

Sans doute, cette science conjecturale qu'est l'histoire, qui a déjà tant de peine à atteindre la vérité, en présence de témoignages offrant les meilleures garanties de véracité, n'arrivera pas toujours avec les documents en question à faire la pleine lumière, mais elle pourra plus ou moins percer une obscurité qui pèse sur notre esprit en cachant à sa vue la réalité.

C'est ainsi que les choses se présentent précisément dans la question de l'Evangélisation primitive de la Provence. C'est tout le fond du litige qui, sur ce problème, divise depuis plus de deux siècles les tenants de l'école dite traditionnelle et ceux de l'école dite critique.

A défaut de documents écrits contemporains, mais en présence de traditions étonnamment concordantes et de documents plus ou moins anciens qui les attestent et paraissent les justifier, l'école traditionnelle croit avoir le droit d'affirmer que la Provence a été évangélisée dès le premier siècle par les saints de la famille de Béthanie : Lazare, Marthe, Marie Madeleine et leur suite.

Par contre, l'école dite critique, contestant le bien fondé de ces traditions, lui dénie ce droit.

Nous n'avons certes pas la prétention et encore moins l'espoir de dirimer définitivement ce litige. Nous voudrions seulement exposer et examiner les arguments des deux écoles en conflit, et mettre ainsi à la portée de lecteurs qui les ignorent ou ne les connaissent pas assez les résultats des nombreux travaux publiés sur cette attachante question.

Mais avant d'entreprendre cet examen, on nous permettra de faire observer que, si, pour la facilité de notre exposé, nous adoptons ces deux dénominations d'*école critique* et d'*école traditionnelle*, néanmoins nous ne les aimons guère parce qu'elles nous paraissent mal fondées et même inexactes. On a trop coutume, selon nous, de les opposer radicalement l'une à l'autre, comme si la première avait le monopole de cet état d'esprit, de cette méthode, qui s'appelle la critique, et de ce fait était plus animée du désir de connaître la vérité et de la faire triompher que l'école adverse. Parmi les tenants de l'école dite critique on a vu cependant et plus d'une fois des hommes animés de parti-pris et imbus de préjugés, qui ne s'allient guère avec l'exercice d'une vraie critique, comme aussi, parmi les tenants de l'école traditionnelle, on a pu rencontrer des esprits épris avant tout et par-dessus tout du seul désir de connaître et de proclamer ce qui leur paraissait être la vérité, même au détriment d'une tradition.

Qui n'a remarqué, en effet, que, pour une foule de gens, surtout parmi les jeunes, il suffit de s'élever contre l'opinion généralement admise, en quelque science que ce soit, pour être aussitôt promu au rang de critique éclairé, absolument comme, pendant cette période de temps que M. Léon Daudet a qualifié, très justement sur ce point de « stupide XIXᵉ siècle » il suffisait de nier les dogmes de notre foi chrétienne et de faire un acte de foi aveugle aux dogmes prétendus scientifiques élucubrés dans les arrière-

loges maçonniques, pour être aussitôt sacré homme de progrès et de lumière.

Maintenant encore on surprendrait bien des gens si on
leur disait, par exemple, qu'en maints endroits de leurs
œuvres, tels pontifes de la religion du progrès : Renan, Au-
lard, Salomon Reinach, l'allemand Hœckel, etc. ont manqué
aux règles les plus essentielles de la plus élémentaire
critique.

Au fond, selon nous, en histoire du moins, il n'y a pas
d'école critique, pas plus que d'école traditionnelle : il y
a des auteurs de valeur scientifique et de probité intellectuelle diverses. Tel d'entre eux, critique consciencieux, peut
être dit traditionaliste parce qu'il résoudra un problème
historique selon les données de la tradition ; tel autre,
dénué de sens critique, s'intitule cependant critique et
passe pour tel, parce qu'il résoudra ce même problème à
l'encontre de ces mêmes données.

La dénomination ne change en aucune manière
la valeur scientifique et la probité intellectuelle de
ces auteurs. Les choses étant ainsi ; ce qui nous paraît plus
exact, plus conforme à la réalité, c'est de dire qu'il y a
deux façons de comprendre l'histoire. L'une qui ne tient
compte que des témoignages écrits et formels : l'autre
qui prétend que l'on doit prendre en considération la voix
populaire, la tradition.

C'est ce que disait finement M. Etienne Lamy à M.
Duchesne, le jour même où il le recevait sous la Coupole.
Les tenants de ces deux manières peuvent être également
pourvus ou dépourvus de sens critique : nous aurons l'occasion de le faire voir ; seulement, selon que l'on s'en tient
à l'une ou à l'autre de ces deux manières, les conclusions
diffèrent complètement.

Une chose qu'il nous paraît sinon nécessaire du moins utile
encore de faire remarquer, ici, c'est que notre foi chrétienne
n'est nullement engagée dans ce débat. La croyance à
l'apostolat de Lazare, Marthe et Marie Madeleine est une
question d'histoire et non un dogme. Si cette croyance
intéresse notre piété et notre patriotisme, elle ne fait
partie, en aucune manière des articles de notre « *Credo* ».

Et dès lors, nous y insistons, quelle que soit la conclusion qui se dégage de cette étude, notre foi catholique n'a rien à risquer.

Aussi, nous avouons ne pas comprendre ce que, dans une lettre à Mgr Guillibert, évêque de Fréjus, un adversaire des traditions provençales, M. Vacandard, prétendait dire, quand il écrivait qu'il refusait d'ouvrir un nouveau débat sur ce sujet « pour ne point soulever de scandale (1) ».

De scandale, il ne saurait y en avoir dans une discussion loyale et courtoise d'un problème historique. Et pour tout homme, à plus forte raison pour tout historien impartial, de scandale, il ne saurait y en avoir de plus grand que de voir un fait véridique ignoré, méconnu ou dénaturé.

Sous le bénéfice de ces observations, abordons maintenant le problème et, puisque l'Evangélisation primitive de la Provence est une question d'histoire, demandons à cette science ses renseignements pour ou contre la véracité des traditions touchant l'apostolat des Saints de la famille de Béthanie en ce pays.

Pour cela, examinons d'abord la *valeur des titres que présentent ces traditions à notre croyance* ; nous verrons ensuite la *valeur des critiques dirigées contre elles*.

---

1. Semaine religieuse de Fréjus, n° du 10 Février 1912, p. 84.
Nous le comprenons d'autant moins que, après avoir pour ce motif éminemment respectable, s'il avait été fondé, dissuadé l'évêque de Fréjus d'exiger l'insertion dans la *Revue du Clergé* de plusieurs réponses aux attaques que lui, M. Vacandard, avait publiées dans cette même *Revue* contre les traditions provençales, ce même M. Vacandard souleva une fois de plus lui-même de propos très délibéré « ce scandale » en attaquant dans le numéro du 1er avril 1924 de la *Revue des Questions historiques* une de ces réponses qui, par sa malencontreuse intervention, nous pourrions dire par sa faute, n'avait pu paraître dans la *Revue du Clergé* douze ans auparavant.
Par deux fois, après avoir pris à parti les « traditionalistes » dans des *Revues* qui lui étaient ouvertes, M. Vacandard a fait tout ce qu'il a pu pour empêcher les auteurs qu'il attaquait, de lui répondre dans ces mêmes *Revues*. Mgr Guillibert MM. Bérenger, Sicard, Cortez et l'auteur de ce livre ont eu ou ont encore en mains les preuves de ce que nous avançons. Nous laissons à nos lecteurs le soin d'apprécier ces procédés.

PREMIÈRE PARTIE

I

Valeur des titres des traditions provençales

CHAPITRE PREMIER

EXISTENCE DES TRADITIONS

1º *Le premier titre en faveur de la vérité des traditions provençales est le fait même de l'existence de ces traditions.*

Par cela seul, en effet, que les diverses églises et le peuple de Provence affirment, depuis au moins douze siècles, la venue et la mort, dans ce pays, du groupe de Béthanie, il y a une sérieuse présomption en faveur de la vérité de ces traditions. Car, si ces traditions ne reposent sur rien, pas même sur un souvenir primitif transmis oralement, d'âge en âge, si ces traditions sont fausses, comment auraient-elles pu naître, s'accréditer et se maintenir?

Dire qu'aucune réalité primordiale n'est à la base de ces croyances, c'est vouloir faire accroire une absurdité et une impossibilité. C'est en effet admettre et vouloir faire admettre :

1º Que des hommes, et en première ligne, les plus hauts magistrats civils d'une province, ainsi que des religieux et des évêques, se sont appliqués, sans entente préalable possible, à implanter en divers endroits, pendant plusieurs siècles, de fausses opinions, pour ne pas dire de purs mensonges.

2º Que, malgré d'inévitables disputes, protestations et jalousies de clocher qu'auraient dû soulever de tels agissements, rien de semblable ne se serait produit ou n'aurait été enregistré par l'histoire, tandis que tout un peuple, victime ou complice de ces audacieuses inventions, aurait été heureux de les croire et de les accréditer.

3º Que, pour confirmer l'exactitude de ces traditions, par des coups de hasard vraiment miraculeux, il se serait trouvé à la Sainte-Baume une grotte, à Saint-Maximin, à Marseille et à Tarascon une crypte vénérée dès les premiers siècles, aux Saintes-Maries, les restes d'une antique église et un autel admirablement placés pour rendre vraisemblables le séjour et la sépulture de Marie-Madeleine, Marthe, Lazare et leur suite en Provence.

4° Enfin, que, toujours pour corroborer cette colossale et stupéfiante mystification, dans les temps postérieurs, et quelquefois à plusieurs siècles d'intervalle, on aurait découvert des inscriptions, des reliques, des tombeaux, des objets de vénération et des manuscrits également inventés, et dont cependant il est impossible de démontrer la non-authenticité.

En présence de cet amas d'invraisemblances qui impliquent à la fois les plus grossières supercheries, les plus audacieux mensonges, et les plus déloyales complicités, avouons qu'il est naturel et raisonnable de croire que ces traditions reposent sur des fondements réels. Conclure ainsi, comme le dit le Révérendissime Père Cormier, maître général de l'Ordre de Saint-Dominique, dans la préface de l'ouvrage du Père Sicard : « Sainte Madeleine », « c'est sage, c'est juste, c'est bien », parce que, croyons-nous, pas plus en histoire qu'en biologie, il n'est scientifique d'admettre la théorie de la génération spontanée.

A ce premier argument des traditionalistes, nous n'ignorons pas l'objection opposée par la néo-critique. Pour elle, la tradition, si ancienne et si plausible soit-elle, est dénuée de toute valeur si elle ne s'appuie sur des documents, et des documents explicites et formels.

Nous répondrons plus loin à cette objection. Pour le moment, nous prétendons et nous maintenons que la vraie méthode historique doit tenir compte d'une tradition, parce que, oral ou écrit, un témoignage est un témoignage, et qu'en histoire un témoignage ne peut être rejeté sans raison.

Quant à opposer, comme l'ont fait MM. Duchesne, Vacandard, de Manteyer et autres, certaines légendes orientales, bourguignonnes ou auvergnates touchant le culte de Lazare et Marie-Madeleine, à cette tradition provençale pour la ruiner, c'est, je crois, se tromper étrangement.

On a beau faire et beau dire, au point de vue historique — nous le montrerons facilement — il y a une différence considérable entre la tradition provençale et les légendes en question. En Orient, ces légendes sont loin d'avoir réussi à fonder une croyance ferme, continue et universellement acceptée dans l'église grecque, comme l'a fait la tradition provençale dans l'église latine.

Et, d'autre part, nous le verrons plus loin, dans ce qu'elles ont d'acceptable et de solide les légendes bourguignonnes et auvergnates s'appuient sur la tradition provençale loin de la combattre et de la ruiner.

Par ailleurs, pourrait-on ajouter : au lieu qu'en Bourgogne et en Auvergne nous assistons à la naissance du culte de Sainte Marie-Madeleine et de Saint Lazare, en Provence aussi loin qu'on remonte dans l'histoire, nous voyons le culte des saints de Béthanie établi, la tradition de leur venue et de leur mort en ce pays existante et acceptée de temps immémorial.

Et cela non pas seulement en un seul diocèse comme en Bourgogne, mais en quatre diocèses différents, relevant d'autorités religieuses diverses et quelquefois en conflit.

Aussi bien, lorsqu'on examine de près les données de cette tradition, il est difficile de ne pas être frappé par leur concordance et de ne pas reconnaître que seul leur bien fondé peut expliquer et cet accord, et l'universelle créance dont cette tradition jouit dans l'histoire et la liturgie de l'Eglise.

CHAPITRE SECOND

LA PROVENCE ÉVANGÉLISÉE PAR DES APOTRES
VENUS D'ORIENT

Le second titre en faveur de la vérité des traditions provençales se trouve dans ce fait que la Provence fut certainement évangélisée, au premier siècle, par des disciples directs du Christ venus d'Orient.

I — Que la Provence ait été évangélisée dès le premier siècle, c'est un point sur lequel, maintenant, partisans et adversaires des « traditions » tombent unanimement d'accord.

Aux textes déjà suffisamment clairs et explicites des auteurs anciens, l'archéologie et l'épigraphie sont venues apporter des attestations absolument péremptoires.

Sans reprendre longuement une démonstration déjà faite par MM. Le Blant, Albanès, Bellet et autres, rappelons simplement les principales preuves de cette thèse.

A) Dans la seconde épître à Timothée, ch. IV, v. 10, » saint Paul écrit : « Crescent est parti pour la Galatie. Si l'on s'en rapporte à l'interprétation scripturaire, comme à l'inter prétation traditionnelle et au témoignage liturgique, on doit reconnaître, ainsi que l'a fait voir M. Bellet, que par la Galatie, l'Apôtre entend à cet endroit la Gaule (1). M. Duchesne ne répugne pas à cette interprétation : « Crescent, dit-il, séjourna en Galatie ou en Gaule ; les manuscrits varient sur le nom, et il peut se faire que même celui de Galatie soit applicable à notre pays (2) ».

1. M. BELLET : *Les Origines des Eglises de France MDCCCXCVI*, pp. 232 et suivantes.

2. M. DUCHESNE : *La Gaule chrétienne sous l'Empire romain,* 1896 p. 4.

B) Saint Irénée, vers 185, parle déjà « de la foi *traditionnelle* des Églises établies dans la Germanie, dans l'Ibérie et parmi les Celtes, aussi bien que des chrétientés de l'Orient, de l'Egypte et du centre du monde (1)».

D'après ce même saint et la lettre des chrétiens de Lyon et de Vienne, rapportée par Eusèbe, lors de la violente persécution de 177 après Jésus-Christ, sous Marc-Aurèle, la Gaule comptait de nombreux chrétiens et des Églises constituées avec des évêques à leur tête (2).

Si le christianisme était déjà ainsi répandu et florissant au IIᵉ siècle, si on pouvait parler de la foi traditionnelle des Églises de Germanie, de l'Ibérie et des Celtes, il paraît difficile de contester que la Provence, première et unique porte des Gaules pour les Apôtres arrivant par voie de mer ou voie de terre, ne fût pas alors, depuis assez longtemps, évangélisée.

C) Quelques années après, nous avons un témoignage semblable de Tertullier, nous montrant la foi du Christ répandue « jusqu'aux confins des Espagnes, des Gaules et en des lieux de la Bretagne inaccessibles aux Romains ». (3)

D) Il est généralement admis que la lettre CXXIII de saint Jérôme est adressée à une habitante d'Aix-en-Provence : Ageruchia, dont la famille était chrétienne depuis au moins trois générations : ce qui porte la prédication de l'Evangile en cette cité à une date déjà reculée (4).

E) Deux textes formels du vᵉ siècle nous sont parvenus, qui attestent la fondation du siège d'Arles au Iᵉʳ siècle, par saint Trophime, disciple de saint Pierre. Le premier est une lettre du Pape Zozime en 417 ; le second, une lettre des dix-sept évêques de la province d'Arles, en 450, au Pape saint Léon, dans laquelle ils affirment la primauté de ce siège dans les Gaules et rappellent comme un fait connu de la Gaule entière et de la sainte

---

1. ARNOBE : *Adversus gentes*. 1. St Irénée, *Adv. Heres*, I-10.
2. EUSÈBE : *Hist. eccl.* lib. V, cap. 13. MIGNE, T. XX, col. 408.
3. MIGNE. Patr. lat. Tertullien : *Adversus Judeis*, t. II, col. 610.
4. MIGNE, Patr. lat. Œuvres de St Jérôme. Lettre CXXIII.

Église romaine qu'Arles eut pour premier évêque Trophime envoyé par l'apôtre Pierre et que de cette source la foi se répandit peu à peu dans la Gaule entière » (1).

A côté de ces indications de l'histoire, l'épigraphie nous apporte une source d'informations précieuse. Malheureusement, comme l'a fait remarquer l'illustre fondateur de cette science, M. le chevalier de Rossi, « l'usage des inscriptions fut extrêmement rare pendant la période primitive du christianisme ». (2) Par crainte des persécutions, par goût du mystère, ou pour toute autre raison encore, les premiers fidèles cachèrent leurs croyances ou les dissimulèrent sous des attributs et des symboles païens. Ainsi, pour Rome, la première des villes chrétiennes à tous les points de vue, sur mille quatre cents inscriptions découvertes au moment où M. Le Blant publiait son *Manuel d'épigraphie chrétienne*, trente et une seulement étaient antérieures à Constantin (3).

Rien d'étonnant que la Gaule dès lors ne compte pas un nombre considérable de témoignages lapidaires des premiers siècles. Cependant, on est parvenu à en découvrir assez pour que le consciencieux savant, qui a le plus exploré cette branche de l'histoire de notre pays, M. Edmond Le Blant, ait pu écrire : « En étudiant nos premières inscriptions chrétiennes, j'ai montré que leur répartition dans l'étendue de la Gaule y jalonnait, si l'on peut dire ainsi, la marche, les progrès de la foi nouvelle... ce fut sur les *côtes de Provence*, ce fut dans le *bassin méridional du Rhône* que s'accomplit cette révolution des âmes : là vécurent *les fidèles d'Aubagne et de Marseille*, ces derniers peut-être martyrs, d'autres encore qui furent, comme parle l'Apôtre, les prémices de Jésus-Christ (4) ».

1. *Sacro sancta concilia.* Labbé T. III, p. 1503. ou Faillon : monuments inédits, T. I, col. 614.

2. DE ROSSI : *Inscriptiones christ. urbi; Romæ*, I, pp. CVIII.

3. LE BLANT : *Manuel d'épigraphie chrétienne*, p. CXVIII.

4. LE BLANT : *Les Sarcophages chrétiens de la Gaule. Introduction*, p. CXVIII.

Parmi ces monuments, la Provence a la bonne fortune de compter les deux plus remarquables qui aient été jusqu'ici mis au jour. Le premier est l'inscription de Volusianus, le second est le sarcophage de la Gayolle. L'un et l'autre méritent plus qu'une simple mention.

F) L'inscription de Volusianus est une épitaphe latine, retrouvée en 1837, à Marseille, lors des fouilles du bassin de carénage, où, primitivement, avait existé un cimetière chrétien. Cette épitaphe, conservée au Musée Borrély, rappelle, d'après M. de Rossi, un monument chrétien, qui remonte à l'époque de Hadrien ou des premiers Antonins (117-189) (1).

En voici le texte tel que l'a reproduit et complété M. Le Blant dans *le catalogue des monuments chrétiens du Musée de Marseille* :

En? sa TRIO VOLUSIANO

L? satrii EUTYCHETIS FILIO

Atque L? satrio FORTUNATO QUI VIM

*igni?*S PASSI SUNT

*eulo?*GIA PIENTISSIMIS POSuit

Christus REFRIGERET NOS Qui

omnia? POTEST

« C'est là, continue M. Le Blant, l'épitaphe de deux hommes (Volusien et Fortunat) qui, d'après ma restitution, auraient péri dans les flammes.

« Une femme nommée Eulogia, leur mère peut-être, a fait exécuter la tombe. Les défunts portaient, suivant le très vieil usage romain, les trois noms, le *praenomen*, le *nomen* et le *cognomen*, comme *Caïus Julius Caesar, Marcus Publius Cicero*.

« Le *praenomen* manque ; le *nomen* ou *gentilice*, c'est-à-dire celui de la famille, se terminait par TRIO...La lecture des *gentilices Sentrio* et *Satrio* qui se trouvent tous deux dans la contrée, est également admissible.

« A ces trois noms qui sont, comme je viens de le dire, une marque de haute époque, se joignent d'autres signes

2. DE ROSSI ; *Inscrip. christ. urbis Romae* 1888, t. II, p. x, etc.

d'antiquité : le style tout classique de l'épitaphe et la perfection des caractères, conditions si différentes de celles que présentent d'ordinaire les inscriptions chrétiennes. L'ancre qui suit la dernière ligne est, comme le montrent les monuments des plus anciennes galeries des catacombes romaines, l'un des premiers, sinon le premier des emblèmes qu'aient adoptés les fidèles. Bien que, parfois, on la rencontre sur des marbres païens, sa présence, le libellé exceptionnel du texte, le mot *passi* communément employé en parlant des martyrs, ne permettent guère de douter qu'il s'agisse ici d'une tombe chrétienne.

« Les suppléments que m'a paru comporter ce fragment me portent, je le répète, à croire que les défunts ont péri dans les flammes, martyrs peut-être de leur foi. Qu'il me suffise de rappeler ici ces lignes où Lactance parle de chrétiens suppliciés par le feu : « *Quum per multum diem decocta omni cute vis ignis ad intima viscera penetrasset* (*De mortibus persecutorum*, ch. XXI).

« Une raison d'une autre nature vient appuyer mon sentiment, c'est la présence du mot *refrigeret*, je veux dire de l'idée de rafraîchissement opposée, me paraît-il, à la mention des flammes ».

M. Le Blant appuie ici son opinion d'arguments et de textes décisifs, auxquels nous renvoyons le lecteur. Il conclut :

« Rien ne serait plus conforme au goût des anciens, et j'ajoute qu'en admettant l'hypothèse de la mort par le martyre, un tel rapprochement n'aurait rien d'inattendu. Dans plusieurs des vieux écrits où revit l'histoire des chrétiens brûlés vifs, il est dit, en effet, qu'en exhalant leur dernier souffle, ces victimes des païens ont répété les paroles du Psalmiste au Seigneur : *Transivimus per ignem et aquam et induxisti nos in refrigerium. Ps LXV, v. 12.* C'est là ce que mentionnent en même temps la passion de saint Mamaire, celle de sainte Regina, celle de trois jeunes vierges africaines : Maxima, Donatilla et Secunda, les actes de saint Urcicinus, ceux des saints Ptolémée et Romain ; et, si ces pièces ne sont pas toutes d'une authenticité indiscutable, au moins leur concordance montre-t-elle que l'espoir du *refrigerium* au Paradis avec les saints, comme il est dit dans une inscription authentique (Boldetti, *Osservazioni sopra i cimeteri di Santi martiri*, p. 87), animait les martyrs condamnés à périr dans les flammes. Aux textes que je viens de rappeler, s'ajoute celui où saint Maxime de Turin, exaltant la vertu de saint Laurent supplicié sur un gril, écrit que le martyr dévoré par le feu puisait sa force dans l'attente du rafraîchissement céleste, du *refrigerium*, promis par le Très-Haut (*Homil.* LXXIV).

« Telles sont les considérations qui me font regarder le marbre de Marseille comme l'une des plus précieuses épaves que nous aient laissées les premiers âges chrétiens » (1)

Parlant encore le cette inscription dans les *Inscriptions chrétiennes de la Gaule au* v⁰ *siècle*, t. II,-p. 306, M. Le Blant écrit : « Ce marbre se rattache par l'élégance de sa gravure aux plus beaux temps de l'épigraphie. Il offre les *tria nomina* du vieux système romain, tait le jour de la mort, mentionne la filiation, indique le nom de celle qui a fait faire la tombe ; ces détails lui assignent une époque antérieure à la création du premier formulaire chrétien. La présence de l'ancre, celle de l'acclamation, la font d'ailleurs contemporaine des plus vieux marbres de la Rome souterraine. »

L'opinion de MM. de Rossi et Le Blant est d'ailleurs partagée par MM. Albanès (2). Ulysse Chevalier, et le savant allemand M. Otto Hirschfeld (3), qui trouvent logique la déduction qu'on en tire pour établir la haute antiquité de la prédication de l'Évangile à Marseille. (4)

---

1. Edmond LE BLANT : *Catalogue des monuments chrétiens du musée de Marseille*, pp. 1 et suiv.

2. *Gallia novissima, Marseille.* Avant-propos.

3. *Inscriptiones Galliae Narbonensis latinæ.* (Corpus inscriptionum latinarum, t XII, Berolini, 1888, p 55-56).

4. Dans le bulletin de la Société d'Etudes historiques, scientifiques et littéraires des Hautes-Alpes, année 1924, troisième et quatrième trimestres, V⁰ série, n⁰ˢ 11 et 12, pp. 392-393. M. de Manteyer a proposé une autre lecture de ce texte qui, selon lui, en ferait alors une épitaphe païenne. Au lieu de *ignis*, il faudrait lire *maris*, et au lieu de *Christus, Jovis pater.*

Toutefois, l'auteur lui-même reconnaît que cette restitution

G) « Le groupement géographique des inscriptions, (1) poursuit M. Le Blant, nous a fait voir le christianisme apparaissant tout d'abord dans la partie de la Provence qui confine à la Méditerranée... La série des sarcophages chrétiens en rapporte sur ce point des données identiques à celles que fournissent les inscriptions. Un point doit être noté : la présence vers les confins du sud-est, dans la seconde Narbonnaise, de la plus ancienne des tombes chrétiennes sculptées qui nous soient parvenues. C'est là une preuve à ajouter à tant d'autres pour établir *la priorité des monuments de la Provence* sur ceux qu'ont laissés dans les Gaules les fidèles des premiers âges. » Cette tombe trouvée, vers le milieu du siècle dernier, à la Gayolle, ferme située à sept kilomètres de Brignoles et à douze kilomètres de Saint-Maximin, est conservée dans l'église de Brignoles. M. de Rossi l'a appelée « *princeps tumulorum* », le prince des tombeaux chrétiens, et ce nom est mérité.

Toujours d'après M. Le Blant, il y aurait dans les bas-reliefs qui décorent ce sarcophage un singulier mélange d'images chrétiennes et païennes qui montre un artiste

« donne un texte païen banal », et il convient que le terme *refrigerct* « répond par opposition à la mort ardente du feu beaucoup plus qu'au bain final pris dans les eaux tempérées de la mer bleue ». Nous n'attacherons pas à cette hypothétique lecture plus d'importance que son propre auteur y attache lui-même. Il est vrai que, d'après lui, les chrétiens de Marseille « ne peuvent invoquer aucune excuse raisonnable d'avoir laissé perdre la mémoire pendant plus de quinze siècles de ces deux martyrs. » Qui sait ? M. de Manteyer en parle à l'aise. Cela ne prouverait-il pas que les traditionalistes n'ont pas bien tort quand ils disent que tout ne s'écrit pas, même dans les martyrologes, que tout ce qui a pu s'écrire ne subsiste pas, surtout dans les pays qui, comme la Provence et la ville de Marseille en particulier, ont été soumis à toute sortes de bouleversements et de destructions? Il est vrai que reconnaître cela, c'est renoncer à un des canons fondamentaux de certaine critique...

1. Dans ce même diocèse de Marseille, à Aubagne, signalons encore l'épitaphe du jeune Quintus Vatinuis Ennatus, fils de Vatinius Hermès et d'Acte, accompagnée de l'ancre et de deux poissons, que Peiresc a décrite et dont on a perdu la trace depuis.

encore très familier avec les dernières et n'ayant pas encore un bagage de formules suffisant pour les besoins de la nouvelle foi.

Voici d'autre part, ce qu'en dit un auteur, M. le chanoine Béguin, qui a pu l'étudier de près pendant plus de trente ans :

« Grec par sa sculpture, ce tombeau l'est encore par sa matière, qui est du marbre de Paros. Son grain spécial et ses veines significatives l'assimilent absolument au marbre des tombeaux de sainte Madeleine et de saint Maximin. Il a dû être apporté tout sculpté d'Orient. »

A propos de ce sarcophage, cet auteur a hasardé une opinion qu'il nous sera permis de reproduire sous réserve, et qui nous paraît au moins vraisemblable.

« Au milieu de la face avant, écrit-il, une brisure considérable a fait disparaître tout le haut d'un personnage assis, devant lequel se tient debout un jeune enfant. Or, cet enfant, qui semble écouter respectueusement, ne serait-il point celui-là même qui a fait faire cette sculpture, et qui a voulu y être représenté devant son père spirituel, Maximin ? Tous les détails de la face de ce tombeau semblent l'indiquer. Considérons-les attentivement, en allant de gauche à droite. Nous voyons d'abord un buste isolé, à tête rayonnée, qui est connu comme le symbole du soleil, et dont la position extrême veut dire soleil levant. Cette première figure nous indique que le personnage qu'on veut rappeler ici est venu de l'Orient. Nous trouvons immédiatement après un pêcheur tirant de l'eau un gros poisson, le maître de la Gayolle, sans doute, retiré des eaux de perdition du paganisme. Il est pasteur, en même temps, et va joindre ce poisson, transformé en brebis, au troupeau qui est à côté de lui.

« Dans le compartiment suivant, ayant encore un bélier à côté de lui, ce pasteur prend un autre costume. Il est chaussé, et porte, sous le manteau, une robe, une aube plutôt, qui descend jusqu'à terre. Il a les bras étendus pour la prière. C'est un *Orante*, mais un orante au vêtement sacerdotal. Il est donc prêtre ou évêque. Signal de stabilité et de sécurité, une ancre est déposée à côté de

lui, pour indiquer qu'il a rempli ce ministère de prières et
de soins sacerdotaux pendant un laps de temps considérable. Elle peut signifier aussi, et tout aussi bien, sa venue
par mer.

« Tout le haut du groupe du milieu manque malheureusement ; mais ce qu'il en reste nous montre un personnage
assis, vêtu comme l'*Orante*, avec lequel il ne fait qu'un.
Il tenait à la main une baguette. L'enfant, bien jeune
encore, debout devant lui, est dans l'attitude d'un élève.
C'est l'éducation religieuse du maître de la Gayolle qu'on
a voulu rappeler.

« Dans le quatrième compartiment, c'est encore le
Pasteur, mais le Pasteur portant sur ses épaules un bélier
de forte taille, pour marquer probablement les nombreuses
conversions qu'il a opérées, ou le retour de quelque
grand pécheur qu'il a ramené au bercail.

« Nous devons croire que le dernier sujet n'est pas une
figure quelconque, mais celle du même personnage, arrivé
au terme de sa carrière, et jouissant aux Champs-Elysées
(Paradis) du repos dû à ses mérites. Il est assis ; il règne
paisiblement, le sceptre à la main. » (1)

Dans la *Revue des études archéologiques* de l'an 1910, p. 10
et suivantes, M. Camille Jullian a proposé une autre
interprétation. Pour lui, les diverses figures, au lieu d'être
simplement juxtaposées forment un tout. C'est toute la
vie de l'âme chrétienne qui serait là représentée : le
pécheur qui amène le poisson symbolisant le salut de
l'âme ; l'orante la montrant se sanctifiant par la prière ;
le Christ, sous la figure d'un pédagogue, l'instruisant ; le
Bon Pasteur l'amenant enfin à son Dieu représenté par
le personnage assis, tout serait d'inspiration chrétienne
y compris le soleil qui ne serait pas un emblème
mithriaque ou païen, comme le croyait M. Le Blant,
mais la face de Dieu.

Quoi qu'il en soit de ces interprétations qui ont au moins
le mérite de donner une signification claire et précise « à

---

1. M. le chanoine BÉGUIN : *la Madeleine*, pp. 552-553, note 9.

une page de sculpture qui, sans elles, resteraient une énigme insoluble », ce sarcophage est, comme l'a dit M. Le Blant, « un monument unique »... Il remonte à la fin du IIe siècle. La Gaule marche donc de pair avec l'Italie... Au point de vue du développement de la foi chrétienne en Gaule, ce marbre apporte un enseignement dont il faut tenir compte. Ainsi que je l'ai noté plus haut, il est intéressant de voir le plus ancien de nos sarcophages prendre place, à côté de nos plus vieilles inscriptions chrétiennes, dans la partie même de la Gaule où l'histoire nous signale les premières conquêtes de l'Évangile. (1)»

Si, à tous ces témoignages, on ajoute encore que « tout dans l'enceinte de la crypte de Saint-Maximin, toujours d'après les paroles de M. Le Blant, porte la marque d'un âge reculé »,et que, toutes les fois qu'on a entrepris des fouilles dans cette crypte, notamment, en 1857, en 1884, on a trouvé des preuves non équivoques d'une ancienneté contemporaine des premiers âges chrétiens, il est absolument impossible de se refuser à admettre que la Provence ait reçu le flambeau de la foi dès le premier siècle.

Du reste, l'école critique partage sur ce point l'opinion des « traditionalistes », et personne, actuellement, n'ose plus soutenir, avec Launoy et d'autres érudits du XVIIe siècle, que ce pays n'a pas été évangélisé avant le IIIe siècle.

C'est M. Duchesne lui-même qui écrit : « Il est probable que la ville grecque de Marseille s'ouvrit de bonne heure à la prédication chrétienne. Que, dans ce grand port si fréquenté des gens d'Asie-Mineure et des Syriens, il y ait eu, *dès le temps des Apôtres*, un petit noyau de fidèles; c'est ce qui est très vraisemblable. (2)» Au lieu de *vraisemblable*, mettons *sûr*, et nous serons certainement plus près de la vérité, ainsi que nous croyons l'avoir démontré. (3)

1 Edmond Le Blant : *Les Sarcophages chrétiens de la Gaule,* pp 158-159.

2. M. Duchesne : *Fastes épiscopaux de l'ancienne Gaule* T. I, p. 103, édit. 1907.

3 C'est l'avis formel de M. Camille Jullian : « Le christianisme, dit-il dans son *Histoire des Gaules*, suivit la route des

II. — Mais il y a plus, non seulement le flambeau de la foi a été apporté en Provence dès le premier siècle, mais il y a été apporté par des chrétiens venus d'Orient. M. Duchesne, on le voit, ne répugne pas à admettre cette opinion, et un de ses élèves, un adversaire non moins résolu des « traditions de ce pays », M. de Manteyer, l'admet, lui, formellement. « En réalité, dit-il, le nom d'Eutychès, père de Volusianus à Marseille, ceux de Trophime à Arles, de Démétrius à Aix, à Sisteron et à Gap, de Pothin et d'Attale à Lyon, d'Aschardios et de Pectorios à Autun, parlent très clairement... Attale venait de Pergame, Irénée de Smyrne...

« Il ne faut pas être trop surpris, en somme, que dès la fin de la première heure, ou dès le début de la deuxième, les ouvriers du Christ soient venus directement à Marseille du pays de Phocée. » (1)

Et maintenant, disons mieux encore.

Quand on sait à quel degré de prospérité et de civilisation les Romains avaient porté la Provence au 1ᵉʳ siècle ; quand on sait l'importance qu'avaient alors les villes de Forum-Juli, Massilia, Aquœ-Sextiœ, Arela ; quand on sait la fréquence et la régularité de relations qui existaient entre les ports de la Palestine et les porst

Romains. Il entra en Gaule par Marseille, apporté dans la ville grecque par quelques disciples des Apôtres, peut-être par Saint Paul lui-même désireux de révéler la bonne nouvelle aux cités de l'Occident ». Ailleurs ce même historien est plus explicite : « Le voyage de l'Apôtre (Saint Paul) en Espagne est trop bien attesté pour être sérieusement mis en doute. Or, les bâtiments qui se rendaient de Rome en Espagne touchaient habituellement à Marseille ». Ils touchaient aussi à Nice, Antibes, Fréjus, St-Tropez, etc., car ils ne venaient pas directement, comme nos voiliers et nos vapeurs actuels, des ports levantins sans jeter chaque soir l'ancre et même souvent aborder dans un port. Qui sait même s'ils se trompent beaucoup ceux qui, comme nous, sont portés à croire que la grande dévotion à Saint Étienne attestée par le nombre considérable de cathédrales, églises, chapelles, autels qui lui sont dédiés tout le long de la double voie terrestre et maritime qui va d'Italie en Espagne ne remonte pas à ce passage qui, pour M. Camille Jullian, ne peut être sérieusement mis en doute » ?

1. DE MANTEYER : *La Provence du Iᵉʳ au XIIᵉ siècle* p. 63.

du littoral provençal ; quand on se souvient du zèle et de l'ardeur des premiers apôtres et disciples palestiniens à répondre à l'ordre du Maître : « Allez, évangélisez », non seulement il ne faut pas être surpris, comme dit M. de Manteyer « de voir des ouvriers du Christ venir directement à Marseille », mais il faudrait plutôt être étonné qu'ils n'y soient pas venus. Et le fait, comme nous le verrons, que de très bonne heure en Provence nous trouvons les noms hébreux de Lazare, Maximin, Marthe, Sidoine, indique assez que les saints de ces noms ont dû participer à la christianisation de ce pays.

En résumé donc, l'histoire, et la critique elle-même, reconnaissent non seulement la probabilité, mais la certitude de l'arrivée d'évangélistes orientaux à Marseille dès le premier siècle. Toutefois, cette même critique, ou plutôt certains de ses interprètes, défendent absolument de désigner ces évangélistes par leurs noms propres. A les entendre, cette même critique obligerait expressément à exclure les noms de Lazare, Marthe, Marie-Madeleine, etc... désignés par les traditions. D'après eux, qui pourtant n'en savent rien, ce pourrait être d'autres noms, encore ignorés, ce ne serait sûrement pas ceux-là. Pourquoi? La critique l'a ainsi décidé. Nous verrons dans la suite s'il faut nous en tenir à ce verdict.

CHAPITRE TROISIÈME

ANOMALIES HISTORIQUES EXPLICABLES SEULEMENT PAR LES « TRADITIONS »

Un troisième argument en faveur des « traditions provençales » ressort d'un certain nombre de faits historiques explicables seulement par la croyance à ces traditions.

Ces faits sont :

1° La difficulté qu'il y aurait d'admettre que les églises de Provence n'aient pas conservé le souvenir de leurs fondateurs ;

2° La non reconnaissance, durant les premiers siècles, de la primatie d'Arles par les églises de Marseille, d'Aix et autres églises provençales considérées par ces traditions comme fondées par les Apôtres de la famille de Béthanie ;

3° L'approbation formelle donnée à diverses reprises par les pontifes d'Arles à l'antique croyance de l'apostolat provençal des Saints palestiniens ;

4° La célébration de la fête de saint Lazare et de sainte Marthe au 17 décembre et celle de la fête de sainte Marie-Madeleine au 22 juillet.

I. — L'annonce de la « Bonne Nouvelle » fut toujours et partout un événement considérable dans la vie d'un peuple. Aussi voyons-nous, même dans les contrées les plus barbares, les chrétientés naissantes conserver avec un soin jaloux les noms des premiers apôtres qui leur apportèrent le flambeau de la Foi. Dans la suite, avec les persécutions sanglantes, les invasions des barbares et les mille vicissitudes auxquelles furent plus ou moins en butte, dans l'empire romain, toutes les églises, il arriva que les noms des continuateurs de l'œuvre des ouvriers de la première heure trop souvent s'effacèrent de la mémoire des peuples.

Mais toujours, ou presque toujours, le souvenir des premiers ouvriers persista. C'est ce que M. Duchesne ne faisait aucune difficulté de reconnaître quand, parlant des divergences et des lacunes qui existent entre plusieurs listes épiscopales, il écrivait : « On a souvent conservé le nom du fondateur, tout en laissant perdre la liste. » (*Actes épiscopaux de l'Ancienne Gaule*, T. I. Province du sud-est, p. 33.)

Cela est tellement vrai que, tandis que nous connaissons, à n'en pas douter, par les Actes des Apôtres, les épîtres de saint Paul ou le témoignage de l'histoire, les fondateurs des églises de Jérusalem, Antioche, Alexandrie, Rome, Salamine, Athènes, Edesse, Corinthe, Tarse, Colosses, Thessalonique, Philippes, Ephèse, Apamée, Laodicée, Milet, Mire, Philadelphie, Pergame, Beyrouth, Damas, Smyrne, Césarée de Cappadoce, Césarée de Philippes, Hiérapolis, etc., etc... nous ne connaissons que quatre listes épiscopales complètes, et encore offrent-elles quelques obscurités ; ce sont les quatre premières : Jérusalem, Antioche, Alexandrie et Rome. (1)

Or, qu'aurait-il fallu pour que, d'après les exigences de nos modernes critiques, les noms des fondateurs ne pussent figurer à l'origine de ces églises? Simplement que le livre des Actes, ou telle Epître de saint Paul se perdît. N'aurait-on pas à déplorer cette perte, si ces livres n'avaient pas été des livres sacrés répandus déjà parmi toutes les églises, quand s'élevèrent les grandes persécutions, et en particulier celle de Dioclétien, qui, on le sait, eut pour but principal de détruire tous les documents conservés dans les chrétientés naissantes?

Si donc, à l'instar d'un grand nombre d'églises illustres, les églises de Provence ne peuvent fournir des listes épiscopales complètes, cela s'explique facilement par les persécutions d'abord, et, ensuite, par les ravages de toutes sortes que les multiples invasions des barbares exercèrent dans ce pays. Toutefois, parce que la Provence

---

1. Mgr BELLET : *Les Origines d Eglises de France*, p. 18-19. Séries *Episcoporum*. p. 438.

jouissait d'une civilisation très avancée quand l'Évangile y fut implanté, parce que, parmi les premiers chrétiens de ce pays, il y en eut plusieurs appartenant à la classe riche et cultivée, comme le prouvent les sarcophages de la Gayolle et de Saint-Maximin, il est à croire que le souvenir des pionniers de la Foi fut conservé là, au moins aussi fidèlement qu'ailleurs.

Or, si l'on n'admet pas l'épiscopat de Lazare à Marseille et celui de Maximin à Aix, il faut renoncer à connaître les noms des promoteurs de la foi en Provence car, de l'aveu de tous, l'apostolat du messager romain Trophime à Arles n'a pas dû précéder l'apostolat de ces chrétiens orientaux qui débarquèrent sur le littoral méidterranéen, sans mandat exprès de Rome, et montèrent jusqu'à Lyon, Gap et Autun (1). A qui fera-t-on croire que ces dernières villes ont pu être évangélisées avant Marseille, Aix, Arles qui gardaient l'entrée des voies pénétrant en Gaule?

*
* *

II. — Quoique de très bonne heure les pontifes d'Arles aient réclamé et obtenu le titre de primat en attribuant à leur antique siège la fondation de plusieurs églises voisines, on ne voit cependant nulle part dans l'histoire que jamais ces pontifes aient mis au nombre des églises fondées par saint Trophime et ses successeurs les églises d'Aix, de Marseille et d'Avignon.

Ce fait, on l'avouera, constitue une singulière anomalie, surtout quand on pense que les diocèses d'Aix, de Marseille et d'Avignon environnaient presque de tous côtés celui d'Arles.

Mais il y a plus. Non seulement les pontifes arlésiens n'ont jamais revendiqué la fondation des sièges d'Aix, de Marseille et d'Avignon, mais les évêques de ces trois sièges et plusieurs autres évêques provençaux n'ont reconnu que fort tard et non sans élever des protesta-

1. M. Duchesne : *Fastes épiscopaux*, T. I, pp. 103-104.

tions et des difficultés les prétentions de la primatie d'Arles.

Au IVe siècle, l'histoire atteste que les évêques d'Arles, de Marseille et de Vienne exerçaient chacun de leur côté les droits de métropolitain dans la province viennoise.

« A la fin de ce IVe siècle, écrit M. Duchesne lui-même, tous les évêques de la IIe Narbonnaise recevaient l'ordination des mains de l'évêque de Marseille, lequel d'ailleurs se considérait comme le fondateur de tous leurs sièges (1) ».

Au premier concile d'Arles tenu en 313, on voit l'évêbue de Marseille, Orose, signer le premier, avant même Marin d'Arles et Verus de Vienne.

En 398, au concile de Turin, convoqué en vue de mettre un terme au conflit survenu entre les successeurs de ces trois évêques à propos de leur droit de juridiction, Procule de Marseille, ayant fait valoir que lui et ses prédécesseurs avaient exercé leur autorité sur les églises jadis fondées par son siège et en avaient jusqu'alors ordonné les évêques, obtint pour jusqu'à la fin de sa vie l'exercice de ses droits de métropolitain. Et lorsque dix-neuf ans plus tard, sur la demande de Patrocle d'Arles, le pape Zozime, pour se conformer au décret du concile de Nicée ordonnant que désormais il n'y aurait plus qu'un seul métropolitain par province, attache ce titre à l'évêque d'Arles et interdit sous peine de déposition à Simplice, de Vienne, Hilaire, de Narbonne, et Procule, de Marseille, d'ordonner un évêque sans le consentement du nouveau métropolitain, nous voyons le même Procule de Marseille passer outre à cette défense et ordonner deux évêques, Tuentius et Ursus, de Senez (2). Déclaré déchu de son titre par Zozime, Procule réussit à conserver sa dignité et ses pouvoirs, soit qu'il ait justifié sa conduite, soit qu'il ait offert quel-

1. M. DUCHESNE : *Fastes épiscopaux*, T. I, p. 103.
2. M. DUCHESNE, *id.*, *id.*, pp. 86 et suivantes. Louis Saltet : Le commencement de la Légende de saint Saturnin. Cf, Bulletin de Littérature ecclés. de Toulouse (Janv.-février, 1922), pp 30 à 60.

que réparation, soit que le pape n'ait pas jugé opportun de faire exécuter sa sentence. Mais quelque blâmable que puisse nous paraître la conduite de Procule, tous ces faits n'en démontrent pas moins la non-reconnaissance jusqu'à ce moment-là de la primatie de l'évêque d'Arles par celui de Marseille.

Quelques années plus tard, un autre évènement nous confirme encore cette non-reconnaissance et nous montre que l'attitude du siège de Marseille vis-à-vis de la primatie d'Arles était encouragée et adoptée par plusieurs églises provençales. On sait qu'en 445 le pape saint Léon dépouilla saint Hilaire d'Arles de son titre de métropolitain de la province Viennoise et conféra ce titre à l'évêque de Vienne. A la mort d'Hilaire, son successeur, Ravennius, voulut rependre le titre et les droits dont Hilaire avait été privé. Sans l'assentiment du nouveau métropolitain et du pape, Ravennius ordonna un évêque de Vaison.

L'évêque de Vienne protesta contre cet empiètement et envoya à Rome des députés pour se plaindre de la conduite de son suffragant. D'un autre côté, dix-sept évêques placés antérieurement sous la primatie d'Arles adressèrent au Saint Siège une lettre pour demander le rétablissement des privilèges, dont saint Hilaire avait été dépouillé. « Nos prédécesseurs, déclaraient les signataires de cette supplique, ont toujours honoré l'Église d'Arles comme leur mère, et, suivant la tradition, ils se sont toujours adressés à ce siège pour demander des évêques. On sait que nous et nos prédécesseurs avons été ordonnés par l'évêque d'Arles (1) ». Or, fait à remarquer, parmi ces dix-sept signataires, on ne lit pas le nom de Vénérius, évêque de Marseille, pas plus que ceux des évêques d'Aix, d'Avignon, de Toulon, d'Orange, de Sisteron, de Cavaillon, de Glandèves et de saint Paul-Trois-Châteaux. Si ces sièges avaient été fondés par saint Trophime ou ses successeurs, on ne peut douter que les émissaires de l'évêque d'Arles n'eussent sollicité la signature des évê-

1. Libellus episcoporum Provinciæ Leoni papæ oblatus : Sacrosancta concilii studio Labbei. T. III, p. 1503.

ques qui les occupaient. Et si ces évêques n'ont pas signé, il est difficile de ne pas croire qu'ils ont eu pour motif du refus de leur signature le fait constant et public de la fondation de leurs sièges par d'autres pontifes que ceux d'Arles. Quels peuvent être ces pontifes ? Les traditions nous révèlent les noms de Lazare à Marseille, de Maximin à Aix et l'histoire nous apprend que Marseille fut de bonne heure considérée comme métropole (1). C'est M. Duchesne qui écrit : « Marseille fut pour la Provence ce que Lyon fut, pour la Gaule celtique, une église mère, un foyer de rayonnement chrétien. » Si Marseille fut ce que dit M. Duchesne et ce que nous avons vu ; si dans les premiers siècles les évêques de Marseille comme ceux d'Aix s'abstinrent d'assister à titre de simples suffragants aux divers conciles d'Arles, il est difficile de ne pas admettre que ces sièges aient été fondés par des apôtres aussi anciens et aussi éminents que le fondateur de l'église d'Arles. Si ces apôtres sont Lazare et Maximin comme l'enseignent les traditions, tout s'explique : disciples du Christ, ils ont pu facilement arriver en Provence avant Trophime ; mais si ce n'est pas eux, on ne voit pas quels personnages évangéliques ont pu devancer l'apôtre d'Arles et prendre le pas sur lui.

***

III. — Quelque vif et opiniâtre qu'ait été le zèle déployé par les évêques d'Arles pour conserver et défendre les prérogatives de leur siège, jamais, on doit le reconnaître, ces évêques n'ont essayé de dépouiller les sièges d'Aix et de Marseille de la gloire que les « Traditions » leur assignent dans l'évangélisation primitive de la Provence.

A côté de l'apostolat de Lazare et de Maximin, à côté

---

1. Comme l'a judicieusement remarqué le P. Longueval : *Hist. de l'Egl. gal.* T. I, liv. III p. 401, l'autorité de l'évêque de Marseille ne pouvait dériver du droit que son siège aurait pu tenir au titre civil de sa ville, puisque Marseille n'avait jamais été métropole civile de la Viennoise. Cette autorité venait donc de l'antiquité de son siège.

de l'apostolat de Marthe et de Marie-Madeleine, celui de Trophime, il faut l'avouer, a peu de relief. Si les « Traditions » avaient été fabriquées de toutes pièces, comme le veulent les hypercritiques, on ne comprendrait guère, disons mieux on ne comprendrait pas, comment les évêques d'Arles n'auraient point, pour donner plus de prestige à leur siège, tenté de faire passer pour fondateur de ce siège un des Saints du groupe de Béthanie. Que si leur conscience les avait empêchés d'émettre cette fausse prétention, on ne voit pas comment cette même conscience ne les aurait pas forcés de combattre les prétentions de Marseille, Aix et Avignon, si ces prétentions avaient été également fausses.

Or, non seulement les successeurs de saint Trophime n'ont pas protesté contre la croyance à l'apostolat des saints palestiniens à Marseille, Aix, Avignon, Saint-Maximin et aux Saintes-Maries, mais aussi haut que l'on peut remonter dans l'histoire, il nous faut reconnaître qu'ils ont admis et approuvé formellement cette croyance.

Sans tirer argument du fameux testament de saint Césaire mentionnant l'église de Sainte-Marie de la Barque : *Sancta Maria de Ratis* ; sans insister sur le fait de l'existence avant même l'invasion sarrasine d'un monastère de Sainte-Madeleine dans les environs d'Arles, d'une chapelle de Saint-Lazare dans le cimetière de cette ville et de plusieurs inscriptions portant le nom de Marthe dans l'Arelat, nombre d'actes publics des évêques d'Arles nous montrent que ces pontifes ont tenu pour certaines et indubitables toutes les données des « traditions ».

En 1040, nous voyons l'archevêque d'Arles assister à la tête des archevêques et évêques de la région à la consécration de saint Victor de Marseille, lorsque cette abbaye fut relevée des ruines où l'avait plongée l'invasion normande de 860.

Si l'on en croit de Saxi (l'érudit secrétaire Gaspard de Laurens, archevêque d'Arles, auteur des de offices publiés en 1612 par ce prélat) dès l'an 900, un archevêque d'Arles nommé Ravitanus? aurait écrit que l'ancien cimetière des Alyscamps avait été bénit par saint Trophime, saint

Maximin, évêque d'Aix, et autres illustres personnages. Quelle que soit l'exactitude du fait, qui n'est pas ici en cause, la présence de saint Maximin, sous le titre *d'évêque d'Aix*, à cette bénédiction des Alyscamps, fait encore l'objet d'une des leçons de la fête de saint Trophime dans l'ancien bréviaire d'Arles, et de la fête de saint Paul, évêque de Narbonne dans l'ancien bréviaire manuscrit de ce dernier diocèse. Elle est encore relatée par Michel de Mories, archevêque d'Arles, dans une lettre que ce pontife adresse en 1203 « à tous les prélats et autres ecclésiastiques, aux religieux et à tous les princes chrétiens» pour les inviter à subvenir de leurs aumônes à la restauration de ce fameux cimetière (1).

Par ailleurs, dans le plus ancien bréviaire manuscrit de l'église d'Arles, saint Lazare est décoré du titre de « *Glorieux martyr et évêque de Marseille, ami de notre Sauveur* ». (2)

On sait qu'en 1103, Gibelin, archevêque d'Arles 1080-1112, est présent avec l'archevêque d'Aix et les évêques Pierre, de Cavaillon, Béranger, de Fréjus et Ange, de Riez, à la consécration de la nouvelle cathédrale de Saint-Sauveur à Aix et qu'il y consacre un autel dédié à Saint Maximin et à Sainte Marie-Madeleine « premiers fondateurs de cette église », *primi fondatores*, dit la charte de consécration. (3)

On ne peut affirmer si Pierre Isnardi, archevêque d'Arles, assista à l'invention des reliques de sainte-Marthe à Tarascon en 1187, mais ce qui est sûr, c'est que son successeur, Imberti d'Ayguières, prit part en 1197 à la consécration de la nouvelle église érigée en souvenir de cette invention.

Faut-il dire encore que, le 18 décembre 1279, Bernard de Languisel, archevêque d'Arles, se trouve parmi les évêques et prélats convoqués à saint Maximin par le prince

---

1. Faillon : *Mon. in. T. II*, *n°* 54. Albanis *Gallia christ. novis.* Arles, n° 773.

2 Mss de la Bibliothèque nat. Colbert, 1018 in 4° fol. C C L I : « Sanctissimi et gloriosissimi martyris et episcopi Massiliæ Lazari, dilecti Domini nostri Salvatoris ».

3. Bibliothèque Méjanes in-7, folio 3. Faillon, *Mon. in.* T. II, n° 48.

Charles de Salerne en vue de procéder à la reconnaissance des reliques de sainte Marie-Madeleine ; que le 5 mai de l'année suivante ce même prélat revient à saint Maximin pour assister à la translation solennelle des dites reliques ; que ce même prélat enfin, avec les archevêques de Narbonne, et d'Aix et d'Embrun et les évêques de Maguelonne, d'Agde et de Glandèves, reconnaît l'identité et signe des son sceau les autographes des deux inscriptions trouvées dans le tombeau de sainte Madeleine?

Nous n'en finirions pas s'il nous fallait mentionner tous les actes public qui, dans le cours des âges, démontrent que les évêques d'Arles ont admis et, formellement approuvé l'enseignement des traditions. Qu'il nous suffise de dire pour clore cette longue énumération et établir que les successeurs de saint Trophime ont cru à l'apostolat des saintes Maries, aussi bien qu'à celui de sainte Madeleine, sainteMarthe, saint Maximin et saint Lazare, qu'en 1315, plus de 130 ans avant l'invention des reliques de · ces saintes, un évêque d'Arles approuvait le règlement de la confrérie des saintes Maries à Notre-Dame de la Mer qui a subsisté jusqu'après la Révolution(1).

***

VI. — Enfin, avons-nous dit, la date même assignée par les plus anciens martyrologes aux fêtes de sainte Marie-Madeleine, sainte Marthe et saint Lazare ne trouve son explication que dans la croyance aux données des « traditions ».

Les plus anciens martyrologes : le petit Romain, ceux d'Adon, d'Usuard et autres marquent une fête de saint Lazare et de sainte Marthe au 17 décembre.

Pendant longtemps, quoique cette fête fut célébrée à Tarascon et dans plusieurs églises de France et d'Italie ainsi qu'à Béthanie, on ignora la raison et les circonstances qui avaient donné lieu à cette solennité.

1. FAILLON, *Monuments inédits*, T. I, col. 1520,

Certains critiques : Launoy, Tillemont, Baillet etc. se basant sur ce que ces martyrologes n'indiquaient pas à cet endroit Marseille ou Tarascon, comme lieux de la mort et de la sépulture des saints dont la fête était ainsi annoncée, s'empressèrent de conclure que les traditions provençales n'existaient pas encore au temps où ces martyrologes furent composés. Et comme sur ces mêmes martyrologes l'épiscopat et le martyre de Lazare n'étaient pas mentionnés, ces patriarches de l'hypercritique n'hésitèrent pas à nier l'apostolat et la mort des saints de la famille de Béthanie en Provence (1).

Or, au siècle dernier, la découverte de la vie de sainte Marthe, du pseudo Raban-Maur, est venue donner le mot de l'énigme et montrer que les hypercritiques s'étaient trop pressés de chanter victoire.

Le pseudo Raban nous révèle, en effet, que cette fête commune de Lazare et de Marthe avait pour raison la dédicace de l'oratoire de Sainte Marthe à Tarascon, la mort de cette sainte en ce lieu et le martyre de saint Lazare son frère. (2)

Jusqu'au concordat de 1802, qui a transféré au dimanche après l'octave de la Toussaint la solennité de la dédicace de toutes les églises de France, cette fête de saint Lazare et de sainte Marthe se célébrait chaque année au mois de décembre à Tarascon, en l'église souterraine, qui renferme le tombeau de la sœur de Marie-Madeleine. Or, si on tient compte que dans les premiers siècles de l'église, avant même de choisir pour célébrer la fête d'un saint l'anniversaire de sa mort ou de sa sépulture, on célébrait cette fête à l'anniversaire du jour où son oratoire avait été dédié, il ne paraîtra point déraisonnable de dire que l'objet de cette fête révèle sa haute antiquité. Et les martyrologes dont nous avons parlé, comme la vie du pseudo Raban-Maur, en confirmant cette haute antiquité, nous démontrent

1. Cf. FAILLON : *Monuments inédits*, T. I, col. 636 et suiv.
2. Cf. FAILLON : *Monuments inédits*. T. II, Pièces justificatives N° 5, col. 549.

encore l'origine provençale de cette fête et partant la probabilité, sinon la certitude, de l'apostolat et de la mort de Marthe et de Lazare aux lieux immémorialement indiqués par les « traditions ».

« Depuis le IXe siècle, peut-être depuis le VIIIe écrit M. Duchesne, les martyrologes s'accordaient à marquer la fête de sainte Madeleine 22 juillet, sans aucune indication géographique, il est vrai, sans rattachement spécial à Ephèse ! »

Dom Plaine, à propos d'un texte espagnol du Xe siècle portant : « Le 22 juillet est occupé chez les chrétiens par la fête de sainte Marie-Madeleine », a tiré de ce fait les déductions suivantes qui méritent d'être remarquées :

« L'évêque d'Elvire qui rédigea le dit calendrier pour tenir son maître, l'émir de Cordoue, au courant des fêtes que célébraient les chrétiens, toutes les fois qu'il s'agit d'une fête particulière à l'Espagne, ne manque jamais de désigner la localité spéciale qui servait de centre à la fête en question.

« Un examen minutieux du calendrier démontre qu'en dehors de quelques fêtes de martyrs des IXe et Xe siècles, tous espagnols de nation, toutes les autres fêtes sans exception remontent plus haut que 711 et que la journée du Guadajara.

« Saint Grégoire le Grand († 12 mars 604) est le dernier saint non espagnol qui y figure. Or, sa mort est antérieure de plus d'un siècle à l'événement précédemment rappelé.

« Enfin ce qui prouve irrécusablement que le rédacteur ne s'est inspiré, pour dresser le calendrier, d'aucun usage postérieur à l'invasion arabe, c'est qu'on y cher- cherait vainement la double fête du 13 avril et du 1er novembre, qui l'une et l'autre étaient populaires dès le IXe siècle, sinon antérieurement, à Rome et dans tout l'Occident en dehors de l'Espagne.

« Il n'a pas voulu se conformer non plus à une prati- que récente des Gaules ou des Germains... en accordant une mention à saint Boniface, l'apôtre d'Allemagne, saint Remy, saint Denis l'aréopagite, etc.

« Il est donc moralement certain que le calendrier gothico-arabico-espagnol nous reporte, en ce qui touche le 22 juillet, à une date antérieure à l'année 711 » (1).

Donc, dès le IXe siècle, sûrement d'après M. Duchesne et avant le VIIIe, très probablement d'après dom Plaine, la fête de sainte Marie-Madeleine était fixée au 22 juillet par les martyrologes latins.

Par contre, c'est seulement au Xe siècle, toujours de l'aveu de M. Duchesne, que nous voyons paraître cette fête et à ce même jour dans les calendriers grecs.

Quoique cet auteur, sous prétexte qu'un vague texte de Modeste, *rapporté* ou *inventé* par Photius ! *tronqué* et *falsifié* par Launoy, mentionnant une Marie-Madeleine *vierge* et *martyre* !! morte à Ephèse, nous affirme « être moralement sûr que les Grecs n'ont pas emprunté aux Latins cette fête ». il nous sera permis, je pense, sans soulever les récriminations des hyper-critiques, de renverser la proposition et de dire, jusqu'à preuve du contraire, qu'il doit être au moins également certain que les Latins n'ont pas emprunté aux Grecs la dite fête.

Mais ici un problème se pose. Pourquoi latins et grecs ont-ils fixé au 22 juillet la fête de la sœur de Marthe et de Lazare?

Rien dans l'histoire ne répond à cette question, si ce n'est que les traditions recueillies dans les plus anciennes vies des saints du groupe de Béthanie font justement mourir ce jour-là en *Provence* Marie-Madeleine, sœur de Marthe et de Lazare, la glorieuse réhabilitée de Jésus. (2)

1. Dom Plaine dans la *Revue Ciudad de dios*. Madrid 1877, t. V, p. 202. Cité par le P. Sicard : *Sainte Marie-Madeleine*, t. I, pp. 56-57.

2. « Transiit autem XI Kalendarum augustarum. » Ancienne vie de Sainte Marie Madeleine : Faillon, t. II, col. 435. « Transiit autem undecimo calendas augusti ». Vie anonyme. Faillon, t. II, col. 445. « Transiit autem specialis amica Domini et apostolata salvatoris undecimo Kalendas augusti. » Vie par le pseudo-Raban-Maur. Faillon, t. II, col. 351.

C'est donc en *Provence* qu'il faut chercher l'origine de la fête du 22 juillet. Or, si l'on veut bien se souvenir que la fête des saints n'a d'abord été célébrée que dans les lieux où se trouvaient inhumés leurs corps, nous pouvons dire puisque la fête de sainte Madeleine a pris naissance en Provence, il est à croire et il est probable que son corps a été inhumé dans ce pays. Mais avec cette nouvelle probabilité qui s'ajoute aux précédentes, serait-ce trop hardi d'avancer que cela même devient moralement sûr ?

***

Il nous serait facile d'allonger encore ce chapitre et de présenter ici d'autres anomalies historiques qui pourraient offrir aux esprits sans parti pris, pour qui nous écrivons, d'utiles sujets de réflexion et de lumière. Mais ce que nous avons dit est suffisant, il nous semble, pour faire voir avec quelle circonspection il faut marcher dans le problème épineux qui nous occupe et avec quelle défiance dès lors, il faut accepter les affirmations plus souvent faciles et osées que judicieuses et fondées des hypercritiques. Du reste, quelques-unes de ces difficultés apparaîtront dans les chapitres suivants. Et en présence des réponses apportées par les défenseurs des « traditions » et leurs adversaires, on achèvera de se rendre compte de la valeur de chaque opinion.

CHAPITRE QUATRIEME

LES TOMBEAUX ET LES RELIQUES
DES SAINTS DE BÉTHANIE

La venue et la mort en Provence, des saints de la famille de Béthanie nous paraît d'autant plus admissible et croyable qu'il n'est aucun pays du monde qui, en dehors de la Provence, prétende sérieusement posséder leurs tombeaux et leurs reliques, et que les Orientaux eux-mêmes admettent, sur ce point, les traditions de l'Eglise latine.

A Béthanie, on montre bien un tombeau de Lazare, mais c'est le tombeau d'où Notre-Seigneur Jésus-Christ vint le délivrer pour lui redonner la vie. Nulle part ailleurs, en Palestine, on ne vénère de tombe qui aurait servi pour sa sépulture ou celle de ses sœurs Marthe et Marie-Madeleine. Et il n'est pas de villes, en ce pays, qui se glorifient de posséder les restes d'un seul membre de cette famille.

Launoy et les critiques de son école, y compris M. Duchesne, ont bien essayé d'établir que les Grecs avaient une tradition portant que Lazare et Marie-Madeleine avaient vécu et étaient morts à Ephèse, auprès de saint Jean. Mais cette tradition, comme nous le montrerons, est vague, remplie de variantes, et même de contradictions sur des points essentiels. En outre, elle est bien plus dépourvue de documents sérieux, susceptibles de confirmer sa valeur que les traditions constantes et universelles des églises de Provence. La tradition d'Ephèse, — si tradition il y a — ne peut donc être opposée aux « traditions provençales ». On peut même se demander si, en dehors des hypercritiques, qui déclarent du reste ne pa y croire quelqu'un a jamais songé à le faire. En tous cas, il paraît bien que les Grecs n'y ont jamais pensé.

Le P. du Sollier et Noel Alexandre rapportent, sur ce point, un témoignage significatif. Au xviie siècle, sous le coup de l'émotion soulevée par les critiques de Launoy, on consulta les moines Grecs de l'île de Chypre, gardiens de l'église du titre de Saint-Lazare, sur leur croyance relativement à la mort de Lazare et de ses sœurs. Or, ces moines répondirent « qu'il était constant et que les anciennes traditions établissaient que sainte Madeleine, sainte Marthe, sa sœur et saint Lazare, son frère, avaient abordé en Provence, et qu'en ce pays ils avaient leur tombeau ». (1)

Il serait difficile de souhaiter davantage. Car enfin, si l'on peut prétendre, contre toute vraisemblance, que les Provençaux ont inventé leurs traditions, on ne peut, en aucune manière, admettre qu'ils aient eu le pouvoir de faire disparaître de la surface du globe toute trace et tout souvenir, susceptibles d'aller contre ces traditions. On ne peut surtout admettre raisonnablement qu'ils eussent réussi à faire croire leur imposture aux Grecs et aux Orientaux intéressés à la dénoncer, et depuis long-temps ennemis déclarés de tout ce qui tient à l'honneur de l'Eglise latine.

Mais, dira-t-on, ce n'est pas en arguant qu'on ne trouve nulle part les tombeaux des saints de la famille de Béthanie, ni même en prétendant que les Orientaux à un moment donné ont pu croire à la venue et à la mort de ces saints en Provence, qu'on pourra avoir le droit d'affirmer la vérité historique des « traditions ». Toute trace et tout souvenir de ces tombeaux pourraient avoir disparu de la surface du globe, toute les églises et tous les religieux d'Orient pourraient soutenir que Lazare, Marthe, Marie-Madeleine se sont réfugiés en Provence, qu'il ne serait pas démontré pour autant que les prétentions des églises de Marseille, Aix, Saint-Maximin Tarascon et les Saintes Maries sont fondées.

1. Acta Sanctorum XXII Julii. Natalis Alexander, 1.

Soit ! Mais, répliquent les traditionalistes, si les Provençaux affirment posséder les tombeaux qu'on ne trouve
nulle part ailleurs, si ces tombeaux sont justement aux
lieux où sont morts, d'après les traditions, chacun des
saints du groupe de Béthanie, pourra-t-on affirmer encore
que leurs prétentions ne présentent aucun fondement ?
Or c'est justement ce qui se produit·

A Tarascon, où de temps immémorial la tradition place
la mort de sainte Marthe, existe un antique tombeau sur
une face duquel, entr'autres sujets de l'Ancien et du
Nouveau Testament, se trouve incontestablement représentée la scène de la résurrection de Lazare, frère de
l'apôtre de cette ville : Sainte Marthe.

A Saint-Maximin, où de temps immémorial les traditions
marquent la sépulture du Saint de ce nom, de Marie-
Madleine, de Sidoine, l'aveugle-né et des saints Innocents, on voit : (1)

1º un sarcophage, dit de saint Maximin, sur lequel le
Christ est représenté envoyant en mission non point un
apôtre mais un des 72 disciples, ainsi que nous paraît l'avoir
démontré M. Faillon, en se basant sur diverses indications caractéristique telles que la forme du vêtement, le
défaut de barbe, le genre de chaussures etc. qui différen-
cient la figure de ce personnage de celles des apôtres,
comme on avait alors coutume de les représenter. Or à
moins qu'on préfère renoncer à connaître à tout jamais ce
personnage auquel le tombeau a dû être destiné, il paraît
bien que ce doit être ce disciple du Christ, saint Maximin,
dont parlent les « traditions ». (2)

2e Un autre tombeau de marbre d'un grain plus précieux,
dit tombeau de sainte Marie-Madeleine, sur la frise duquel,
d'après plusieurs écrits antérieurs à la découverte de 1279,
étaient sculptés divers traits de la vie de la sainte Pénitente
et, en particulier, la scène de l'effusion des parfums chez

---

1. On sait que ces reliques surabondent. Il est à croire qu'ici
comme ailleurs il s'agit non point de reliques des enfants
massacrés par Hérode, mais d'autres enfants chrétiens ensevelis
par dévotion dans le lieu saint de sainte Marie-Madeleine.

2. Cf. FAILLON : *Monuments inédits* T. I, col. 438 et suiv.

Simon le Pharisien. Depuis longtemps la pieuse mais indiscrète dévotion des pèlerins a détruit complètement cette frise et mutilé déplorablement le corps même du tombeau. Malgré ces dégradations, on peut reconnaître maintenant encore, sur la face antérieure, quatre scènes de la Passion du Sauveur, c'est-à-dire de la partie de la vie de Jésus à laquelle Marie-Madeleine a été le plus intimement associée, et où son amour reconnaissant lui a inspiré le rôle le plus sublime.

3° Un troisième tombeau, dit de Saint-Sidoine, sur lequel on remarque, entr'autres scènes du Nouveau Testament, celle de la guérison de l'aveugle-né, que les traditions identifient avec Saint Sidoine successeur de Saint Maximin à Aix,

4° Enfin un autre sarcophage, dit des saints Innocents, sur lequel on distingue très nettement le massacre de ces enfants victimes de la fureur d'Hérode. (1)

En dehors de ces motifs de sculpture, aucune épitaphe ni inscription permettant de les identifier ne se trouvent sur ces sarcophages, pas même sur ceux qui portent une tessère.

Si, comme le prétend M. Duchesne, « la crypte de Saint-Maximin n'est autre chose que la sépulture d'une famille gallo-romaine du cinquième ou du sixième siècle », comment expliquer cette absence totale d'inscriptions?

Peut-on, en effet, admettre, dirons-nous après M. Albanès, que dans un hypogée sépulcral de toute une famille gallo-romaine, riche, importante (c'est l'hypothèse de M. Duchesne) il n'y ait pas un mot, pas une lettre rappelant les chers défunts qu'on avait perdus et qu'on pleurait? »

Et par contre, n'est-il pas évident que, « ce qui est inadmissible dans l'hypothèse d'un tombeau de famille, devient très compréhensible, s'il s'agit d'un groupe de sarcophages achetés ensemble à Arles, à Marseille, à Aix, pour y déposer les ossements vénérés de saints, morts

---

1. Cf. FAILLON : *Monuments inédits.* T. I, col. 455 et suiv.

depuis quatre siècles? » (1) Dans ce cas, chacun le comprend, il n'y avait plus « ni nécessité ni convenance d'y faire inscrire des épitaphes » : la gloire des Saints enfermés dans ces tombes et la dévotion des peuples envers leurs reliques pouvaient y suppléer avantageusement.

Car — et il importe de bien remettre en lumière, après MM. Le Blant et Albanès, ce point capital que, — ni M. Duchesne, ni M. Vacandard n'ont osé contester tant, cet argument a de force en faveur des traditions : les sarcophages de Saint-Maximin ont bien *été fabriqués pour contenir des reliques de Saints*. Ce qui achève de le démontrer à l'évidence, c'est la présence d'une « fenestella » dans deux au moins de ces tombeaux.

De la présence de ces « fenestella », tout visiteur qui a des yeux pourra se rendre compte. Quant à la signification de ce genre d'ouverture, voici ce qu'en dit Martigny dans son *Dictionnaire des Antiquités chrétiennes* :

« La *fenestella* avait été adoptée presque instinctivement dans tous les sanctuaires des *Saints illustres* du monde catholique et *notamment dans les Gaules*, ce qui est pour nous d'un intérêt spécial. Saint Grégoire de Tours. *De gloria Confess. cap. CXXXVII*. en constate l'existence et la décrit dans des termes presque identiques à ceux dont se sert le *Livre pontifical* quand il s'agit de Saint Pierre de Rome : « *Caput per fenestellam quicumque vult immitit, precans quoe necessitas cogit obtinetque mox effectum, si justa petierit* : chacun a la faculté de demander ce qui lui est nécessaire et il ne tarde pas à l'obtenir si la demande est juste (2). »

La « fenestella » dans un tombeau indique donc la présence des reliques d'un saint illustre. Or, deux des tombeaux de la crypte de saint Maximin ont cette particularité.

MM. Le Blant et Albanès en leur temps l'ont constatée

---

1. ALBANÈS, Lettre à Mgr Bellet. *Les Origines chrétiennes des églises des Gaules*, pp. 141.

2. MARTIGNY : *Dictionnaire des Antiquités chrétiennes*, p. 314.

dans celui des tombeaux où cette « fenestella est restée ouverte. »

Depuis, à la suite d'un vol sacrilège, opéré dans la nuit du 8 Avril 1904, les tombeaux ayant été déplacés dans la crypte pour opérer des travaux de sécurité, on put reconnaître dans la paroi d'un autre sarcophage une « fenestella » parfaitement obturée par un morceau de marbre du même grain que celui de la cuve, ayant 0,095 mm. de haut sur 0,200 mm. de large. Pas de doute possible, donc, nous sommes bien en présence de sarcophages ayant contenu les reliques de *saints illustres*. Quels sont ces saints ? Les « traditions provençales » bien avant les légendes de Vezelay, quoiqu'en disent MM. Duchesne et Vacandard, nous apprennent leurs noms. Si on se refuse à admettre ces noms il faut alors dire que l'histoire et les églises provençales avec elles, ont tout à fait perdu le souvenir de *saints illustres* renfermés dans un lieu saint, célèbre entre tous par le nombre et la valeur des sarcophages qu'il contient et qui, par cela même, aurait dû de tout temps depuis sa fondation, c'est-à-dire depuis, au moins, le IVe siècle, attirer la vénération des foules chrétiennes.

Si, à tort ou à raison M. de Manteyer trouve « que les chrétiens de Marseille ne peuvent invoquer aucune excuse raisonnable d'avoir laissé perdre la mémoire pendant plus de quinze siècles » (1) de ces saints Volusianus et Fortunat, dont on n'avait plus seulement ni reliques ni tombes, que ne devrait-il pas dire et que ne devrions-nous pas dire avec lui contre ces chrétiens provençaux qui auraient perdu le souvenir de *saints illustres*, dont les reliques et les tombes à Saint Maximin auraient dû être toujours l'objet de leur vénération ?

Mais admettons que cela ne suffise pas pour établir que ces sarcophages contiennent les corps saints désignés par les traditions, il reste cependant un fait certain et indubitable, reconnu par tous les archéologues, c'est que tous

1. M. DE MANTEYER : *Les origines de la Narbonnaise, des Alpes-Maritimes et de la Viennoise. Bul. de la Société d'étude des Hautes-Alpes Année 1924, troisième et quatrième trimestres, p. 394.*

ces sarcophages remontent au moins au quatrième siècle. Ils sont donc bien antérieurs à l'époque où, d'après M. Duchesne et autres critiques, prirent naissance les légendes de Vézelay. Par ailleurs à la date où, toujours d'après les mêmes auteurs, les « traditions » furent « fabriquées » en Provence, ces tombeaux étaient cachés et perdus dans le sous-sol de cryptes, dont on ne savait pas exactement le lieu. Dès lors, comment expliquer leur présence à des endroits où, prétend-on, longtemps plus tard seulement, des traditions devaient faire vivre et mourir les saints de Béthanie? Dira-t-on que c'est par un heureux coup de hasard que ces sarcophages et ces reliques ont été découverts dans les cryptes des saintes Maries, de Tarascon et de saint Maximin? Mais le hasard ici paraîtrait bien trop intelligent.

Dira-t-on que des mains intéressées ont construit en secret et au moment opportun ces cryptes et ces tombeaux et réussi à glisser subrepticement ces tombeaux dans ces cryptes? Il suffit d'énoncer une telle supposition pour comprendre qu'elle ne peut raisonnablement être admise, comme nous le démontrerons plus loin.

Cependant ces tombeaux existent. Il faut expliquer cette existence et leur présence aux endroits où ils furent trouvés. Si on accepte les données des tradition, on a cette explication. Si on croit devoir les récuser, trois problèmes restent à résoudre : Pourquoi ces tombeaux? Pourquoi ces tombeaux aux saintes Maries, à Tarascon et à saint-Maximin? Quels corps saints ont-ils abrités? La parole est à la critique. (1)

---

1. Sur les sarcophages de la crypte de St-Maximin, outre Faillon, Cf. Albanès : le couvent royal de St-Maximin, pp. 23 et suiv. ainsi que E. LE BLANT, les sarcophages chrétiens de la Gaule : Introduction p. XV, idem pp. 150 et suivantes.

CHAPITRE CINQUIÈME

LES TÉMOIGNAGES DE L'HISTOIRE EN FAVEUR DES TRADITIONS PROVENÇALES

Un cinquième titre en faveur des traditions provençales provient des témoignages fournis par l'histoire sur l'apostolat et la mort de Lazare, Marthe, Marie-Madeleine et les autres saints de leur groupe en Provence.

Pour confirmer la vérité des « traditions » et dirimer peut-être... ! aux yeux de certains critiques le problème, il faudrait pouvoir alléguer des témoignages formels, des documents authentiques et officiels, contemporains de la venue et de la mort des saints de Béthanie en Provence. Ces documents ont-ils existé ? Personne ne peut le dire. Mais ce qu'on peut dire c'est que, s'ils ont existé, ces documents ont bien pu disparaître.

Quand on sait que la persécution de Dioclétien eut surtout pour but de détruire, dans toutes les églises de l'Empire romain, tous les écrits relatifs à la vie et aux actes des martyrs ; quand on sait tous les ravages que les multiples invasions des barbares du Ve au Xe siècle, exercèrent sur ce pays de Provence, devenu comme leur boulevard, on ne saurait raisonnablement être surpris d'une telle disparition. Que de souvenirs et de monuments de l'époque grecque et romaine, contre lesquels il n'y avait pas les mêmes raisons de s'acharner, ont été engloutis ! Et s'il fallait un document officiel pour croire à la fondation de Marseille, ou de toute autre ville antique du littoral méditerranéen, les critiques pourraient-ils exhiber ce document?

Toutefois il ne faut rien exagérer. Si l'on ne peut exhiber de témoignages formels, d'actes authentiques et officiels, contemporains de la venue des saints de Béthanie en Provence, l'histoire offre cependant un certain nombre de témoignages qui méritent d'être pris en considération.

Quelques-uns de ces témoignages remontent aux premiers siècles et forment ainsi une sérieuse présomption en faveur de la vérité des traditions. D'autres plus récents, ont l'avantage d'être plus nombreux et plus catégoriques.

A) Nous avons déjà parlé des trois cryptes de Saint Maximin, de Saint Victor à Marseille, et de Sainte Marthe à Tarascon. N'est-il pas étrange qu'aux lieux mêmes où les traditions font vivre et mourir les apôtres de la Provence, se trouvent des lieux de culte et de sépulture remontant aux premiers siècles?

On ne peut dire qu'ils ont été inventés pour les besoins de la cause, pour rendre vraisemblables les traditions. Si la crypte de Saint-Victor était vénérée avant la découverte des reliques de saint Lazare, de sainte Marthe et de sainte Marie Madeleine, l'histoire par ailleurs atteste indubitablement que les traditions « existaient avant la découverte des cryptes et des reliques de Tarascon en 1187 de saint-Maximin en 1279 et des saintes Maries en 1448 ».

Une fois encore, il faut expliquer l'existence de ces cryptes. Si l'on accepte la véracité des « traditions », on a cette explication. Si l'on rejette cette véracité il faut alors chercher encore cette explication. Que les hypercritiques nous la trouvent.

B) Un autre ancien monument, dont l'origine est difficile à expliquer, est l'autel des saintes-Maries de la Mer.

Gervais de Tilbury, maréchal du royaume d'Arles sous Othon IV (1150-1220), et Durand de Mende (1237-1296), l'illustre canoniste, légat de Grégoire X au concile de Lyon, nous attestent que de leur temps, il y avait au « comté de Provence, dans la ville de Sainte-Marie-de-la-

Mer, un autel de terre, élevé dans ce lieu par Marthe, Marie-Madeleine, Marie Jacobé et Marie Salomé » (1).

Durand de Mende fait remarquer que cet autel est le seul de ce genre (2) : la sainte église n'employant dans les temples de Dieu que des autels de pierre.

Cet autel était entouré, d'après notre auteur, d'un profond respect, comparable à celui qu'on témoigne à l'autel de bois du Latran, et pour y célébrer la messe, il fallait être prélat, ou tout au moins religieux. (3)

Pourquoi cet autel de terre à un endroit si isolé? Pourquoi ce respect singulier envers un tel autel ? Ici encore, si nous acceptons les données des traditions, nous avons le mot de l'énigme ; autrement, il faut, une fois de plus, le chercher.

Parmi les témoignages des premiers siècles de l'ère chrétienne, rappelons encore :

C) Aux saintes Maries de la Mer, le couvercle d'un sarcophage en beau marbre blanc, de 1m. 93 de long, o m. 58 de large et o m. 20 d'épaisseur qui se voit à l'autel de la crypte où s'assemblent les Bohémiens durant la fête des 24 et 25 mai « en vue d'y célébrer leurs dévotions traditionnelles. » (4) Malgré l'absence de signes chrétiens, Mgr Wilpert, le très réputé archéologue de Rome, au dire de M. Chaillan, a cependant trouvé à ce sarcophage un air chrétien et l'a daté de la fin du IIIe ou des environs du IVe siècle.

D) Aux Saintes Maries encore, un fragment de sarcophage chrétien, jadis encastré dans les murs de l'église, et conservé actuellement au Musée lapidaire d'Arles, représentant le sujet bien connu des jeunes Hébreux dans la fournaise, qui, pour son inspiration et sa facture, doit remonter au IVe ou au Ve siècle.

1. Gervais de Tilbury : *De otio imperiali*. Faillon, T. I. col. 1278.

2. Durand de Mende : *Rationale divinorum officium*, appendice V.

3. M. le chanoine Lamouroux : *Les Saintes-Maries*.

4. Abbé Chaillan : *Communication faite en Sorbonne*, le 21 avril 1908. Cf. Sicard, p. 70, note 1.

E) M. Camille Julian pense que dans le passage ci-après
de Arienus, Rufus, Festus, versificateur latin du ive siècle.

> « *Gens hinc Nearchi, Bergineque civitas.*
> « *Salges atroces, oppidum priscum Ra*
> « *Uastrabalæ paludes, terga celsum prominent...*

il est fait mention pour la première fois du lieu connu
durant tout le Moyen-Age sous le nom de *Sancta Maria
de Ratis*. Il propose d'identifier cet « *oppidum priscum
Ra* « avec le *Ratis* de l'église sainte Marie et ajoute que
la traduction de *Sancta Maria de Ratis* par sainte Marie
de la Barque «serait un fort argument à l'appui de l'historicité des légendes saintes de Provence.». (1)

F) Quoi qu'il faille retenir de cette suggestion, ce qui
est sûr : c'est qu'au vie siècle saint Césaire (470-542) évêque
d'Arles pendant plus de quarante ans, lègue par testament, au monastère de religieuses qu'il a fondé près
du fameux cimetière des Alyscamps, des propriétés considérables en Crau, au Trébon, en Camargue, parmi lesquelles un « *Agellum sylvanieum in quo est sita ecclesia
S. Maria de Ratis* (2), Pas de doute qu'il ne s'agisse ici
de l'église des Saintes-Maries-de-la-Mer. Saint Cesaire
étant mort en 542, l'église est antérieure à cette date. Il
a fallu un motif vraiment important pour qu'à cette date,
en un lieu éloigné de toute grande ville, alors que les
campagnes étaient encore peuplées de « *pagani* » existe
déjà une église. Et ce nom de « *Ratis* », redirons-nous, est
bien significatif en un endroit que la tradition et
l'histoire désignent comme le lieu de débarquement des
premiers évangélisateurs de la Provence.

G) Mais plus significative encore, il faut le reconnaître
est la présence dans la crypte de Saint-Maximin, de quatre

1. Camille Jullian. Revue des études anciennes 1903, T. V,
pp. 137-138. Gazay, Annales du Midi, Origines des traditions
hagiographiques des saintes Maries de la Mer année 1900,
nº 87, pp. 293-299.

2. Testamentum B. Cesatii Sanctæ Arelatensis eccesiæ episco-
pian 543. Migne, Patrol. lat. T. LXVII, pp. 1139-1142 ou Gallia
christ. novis. Arles. Additions et corrections nº 131.

sarcophages que les archéologues font remonter au IIIe ou IVe siècle, au plus tard et dans la crypte de Sainte-Marthe, à Tarascon, d'un sarcophage semblable à ceux de Saint-Maximin, et d'un autel monolithe à cinq colonnes qui datent des siècles les plus reculés.

La tradition, avons-nous dit, nous assure que les sarcophages de Saint-Maximin contenaient les reliques de l'évêque de ce nom, de sainte Marie-Madeleine, de saint Sidoine et autres saints, et le sarcophage de Tarascon, les reliques de sainte Marthe. D'autre part, l'absence des noms sur la « tessère », l'existence d'une « fenestella » sur deux d'entre eux, la valeur des matériaux employés à leur confection, le genre d'ornements et de symboles qui les décorent, le caractère sacré des lieux où ils furent découverts, tout cela démontre à l'évidence que ces sarcophages ont été destinés, dès l'origine, à renfermer des corps de saints illustres.

Quels sont les noms de ces saints? L'histoire, il semble, devrait nous les apprendre, si ces noms n'étaient pas ceux que nous ont transmis les « Traditions ».

Jusqu'à présent, nous le reconnaissons, les témoignages historiques que nous avons invoqués ne nous affirment pas d'une façon formelle l'apostolat et la mort de saints de Béthanie en Provence. C'est seulement par des déductions, appuyées il est vrai sur l'enseignement des « traditions » et l'existence de ces monuments : cryptes, autel, sarcophages antiques, conservés encore à Saint-Maximin, à Marseille, aux Saintes-Maries et à Tarascon, que nous avons inféré le bien-fondé de la croyance à la venue de Lazare, Marthe, Marie-Madeleine et leur suite en ces contrées.

Mais, à mesure que nous avançons, l'histoire nous apporte des témoignages plus explicites et plus nombreux. Ces témoignages consistent :

1° En inscriptions, chartes et bulles ;
2° En livres hagiographiques ;
3° En livres liturgiques ;
4° En récits de pèlerinages ou relations de témoins.

Passons rapidement en revue ces différents témoignages.

I. — *Inscriptions et chartes*

1º Le plus ancieh témoignage catégorique, et formel en faveur de nos traditions, que l'histoire nous ait transmis, est l'inscription enfermée « dans un globe enrobé de cire » qui porte : *Hic requiescit corpus Mariæ Magdalenæ*. Cette inscription, découverte lors de l'invention des reliques de sainte Madeleine, en 1279, était tellement vétuste et oblitérée, qu'il fallut un « miroir » pour la déchiffrer. Or, affirme M. Edmond Le Blant, par sa rédaction, ce document remonte au cinquième siècle. Et voici comment cet illustre épigraphiste, disciple et émule de Rossi, nous le démontre : «A l'époque de la décadence, c'est l'effet d'une sorte de loi que les formules se compliquent et s'allongent. Cicéron, Pline, écrivent simplement, au début de leurs lettres : *Tullius Tironi salutem — Plinius Tironi suo salutem*. Au temps de saint Augustin, de saint Paulin de Nole, on y lira : *Domino merito venerabili et vere suscipiendo patri Augustino episcopo Mandanius. — Dilecto fratri merito prœdicabill et venerantissimo Pammachio Paulinus*. Le style épigraphique suit la règle commune, la formule *Hic requiescit* va se compliquant lorsque les temps s'avancent, et l'on voit successivement paraître chez nous, en 469, 478, 488 : *Hic requiescit in pace hic requiescit bonæ memoriæ, hic requiescit in pace bonæ, memoriæ*, avec cette circonstance remarquable que la formule la moins simple est, en même temps, la plus récente » (1)

Si ces conclusions de M. Edmond Le Blant sont exactes, — et nous ne croyons pas qu'on puisse le contester, — on le voit donc, l'inscription *Hic requiescit corpus Mariœ Magdalenœ* remonte au moins au cinquième siècle.

2º Une inscription non moins ancienne et non moins probante eu faveur des « traditions » est celle qu'on découvrit dans le sarcophage de sainte Marthe, à

---

1. *Inscriptions chrétiennes de la Gaule, antérieure: au* VIIIᵉ *siècle*, par Edmond Le Blant, t. I, préface p. IX, éd. 1856.

Tarascon, en 1187. Nous n'avons ni procès-verbal, ni récits officiels de l'invention des reliques de cette sainte. Mais si « nous ne sommes pas renseignés sur les circonstances de la découverte » — ce qui prouve au moins que les « gens du midi », même à Tarascon, n'inventent pas aussi facilement qu'on veut bien le dire les légendes, — nous savons ce qui a été découvert.

Or, nous savons qu'avec les reliques de sainte Marthe fut trouvée une inscription portant ces simples mots : *Beata Martha jacet hic.* La brièveté de cette inscription, l'ancienneté du sarcophage qui la contenait et celle du lieu où fut mis au jour ce sarcophage, tout nous permet de croire que, comme la précédente, cette inscription remonte au moins au ve siècle.

3° Nous parlerons plus loin du texte de l'inscription de 710. Ce texte, qui relate les circonstances du recèlement des reliques de sainte Marie-Madeleine et autres saints, dans la crypte de Sainte-Maximin, est on ne peut plus explicite. Son authenticité, nous le prouverons en examinant les objections de l'école critique, ne peut, en aucune façon, être mise en doute. C'est assurément, un document historique de premier ordre. A lui seul, avec les deux inscriptions dont nous avons déjà parlé, et que M. Duchesne a passées sous silence, il suffit pour détruire l'audacieuse assertion de ce savant critique, qui a osé écrire. « Aucun texte antérieur à 1279 ne nous montre les Provençaux revendiquant la possession des reliques de sainte Madeleine ». (1)

4° Mais tout n'est pas là. Plusieurs inscriptions lapidaires, dont l'une est conservée au musée d'Arles, établissent péremptoirement que le nom hébraïque de Marthe, et dès lors le culte de cette sainte étaient implantés et déjà populaires dès le viiie siècle dans l'Arelas. (2)

1. M. Duchesne : *La Légende de Marie-Madeleine,* p. 29.

2. M. de Manteyer l'admet et le prouve longuement. Cette opinion d'un adversaire de nos traditions mérite d'être connue : « Quoique son église (de sainte Marthe) ne soit citée, dit-il, qu'à partir du xe siècle, il est bien probable qu'elle existait sous ce titre dès le viie siècle En effet, le nom de

Parlant de cette épitaphe dont voici le libellé : HIC
IN PACE REQUIESCIT BM MARTA QVAE VIXIT PL MS ANN XXXV
OBI IT SVB D VII KAL OCTOB IND, VI, M. Edmond le Blant
écrit « le nom de Marthe porté par les femmes chrétiennes
du pays, est bien l'indice d'un culte traditionnel et tout
local.

« On remarquera la présence exceptionnelle de ce nom
d'origine hébraïque... d'une excessive rareté sur les
marbres des fidèles de l'Occident... On donnait rarement
aux chrétiens de nos contrées d'Europe des vocables d'origine hébraïque. (1) »

5° Deux chartes, l'une de 964, l'autre de 967, conservées
dans les archives des Bouches-du-Rhône, corroborent ce
que nous savions par ces inscriptions en mentionnant
une terre de Sainte-Marthe sur le territoire de Tarascon. (2)

6° Au dire de plusieurs historiens absolument sûrs, parmi

Marthe figure sur l'épita he, conservée à Arles, d'une femme
morte à l'âge de 35 ans, 25 septembre d'une année qui n'est
datée que par la VI⁰ indi tion. L'absence du consulat ou du
postconsulat permet de po ser que cette épita e ne peut guère
être antérieure au VII⁰ siècle ; d'autre part sa re action doit être
antérieure au VIII⁰ siècle. — Le nom de Marthe était porté au
début du IX⁰ siècle dans le pays arlésien d'Argence placé sur la
rive droite du Rhône, en face de Tarascon. Il l'était aussi,
d'ailleurs, dan les dépendances de l'évêché de Marseille ».

Et en note, le même auteur ajoute... » Le pouillé de l'évêché
de Marseille dressé en 813 et 814 indique cinq femmes portant ce nom : la première, dans les dépendances de la villa de
Lambesc, au diocèse d'Aix ; la seconde au diocèse d'Aix, dans
une villa *Virgonis* (le Vergon comm. Aix?) ; les trois dernières
au diocèse de Fréjus, dans les villas de Barjols (?) et de
Sillans (?) cart. de Saint-Victor, t. II, pp. 635, 649, 651, 652,
653. Le cartulaire de Saint-Victor mentionne aussi une *Fons*
Marthe, près de Salernes, au diocèse de Fréjus. Cartulaire de
Saint-Victor n⁰ 508 et 520. Au diocèse d'Avignon, dans la
commune d'Orgon, la carte indique le lieu dit Font-de-Marthe.
Dès le X⁰ siècle, le nom de Marthe se rencontre dans le comté
d'Uzès, (Charles de Cluny, n⁰ 817.) Cf. DE MANTEYER : *La
Provence du I⁰ʳ au XII⁰ siècle*, pp. 62, Paris, Picard 1908.

1. Edmond Le Blant : *Inscriptions chrétiennes de la Gaule
antérieures au* VIII⁰ *siècle*. T. I⁰ʳ, p. 146 et T II, n⁰ 612.

2. SICARD : *La Tradition et la critique*, p. 80, et BÉRENGER :
Les Traditions provençales, pp. 170 et 171.

lesquels dom Polycarpe de la Rivière, l'église d'Avignon, qui de temps immémorial considéra Marthe comme son premier apôtre, possédait jadis une inscription latine, gravée sur le portail de son antique cathédrale, portant que cette sainte avait implanté la foi en cette ville.

7° D'autre part, sur le tympan d'un portail de l'église de Tarascon, reste de l'église érigée après l'invasion sarrasine et antérieure par conséquent à l'invention du corps de Sainte-Marthe, qui n'eut lieu qu'en 1186, on put voir jusqu'à la Révolution française, d'un côté la résurrection de Lazare, de l'autre la victoire de Sainte-Marthe sur le dragon vulgairement appelé la tarasque. Sur plusieurs anciens sceaux de cette ville, antérieurs encore à l'élévation des reliques, on remarque tantôt Marthe en qualité d'apôtre de la foi assise dans une chaire, avec, autour de cette figure, l'inscription † Sancta Martha hospita Xti, tantôt la même Sainte avec le dragon.

8° A Arles, sur une des colonnes de la partie du cloître de Saint-Trophime remontant au IX⁰ siècle, Sainte Marthe est représentée tenant la tarasque enchaînée et l'aspergeant d'eau bénite. A côté de ce chapiteau il en est un autre sur lequel on voit Madeleine aux pieds du Sauveur qu'elle essuie de sa chevelure.

9° Une bulle de Benoît IX relative à la consécration de l'église de Saint-Victor, à Marseille, en 1040, nous apprend *qu'après l'expulsion des Sarrasins, l'ancienne abbaye des Cassianites fut relevée de ses ruines, et que, « ses cryptes furent enrichies des passions des martyrs Victor et ses compagnons... et aussi de saint Lazare ressuscité par le Christ Jésus ». (1)*

M. Blancard, le savant archiviste des Bouches-du-Rhône, a fait une étude à fond de cette bulle, et sa conclusion est que « le texte qu'on possède peut être considéré comme authentique, parce que la charte la plus ancienne qui l'ait conservé est *incontestablement* du XI⁰ siècle ».

1. Sur la charte marseillaise de Benoît IX, BLANCARD : *Bulletin du comité des travaux historiques et scientifiques.* Section d'histoire et de philologie, année 1893. Albanès, Gal. christ. novis. Diocèse de Marseille, n° 104, col. 54 à 58.

De plus, le fait essentiel qu'elle relate : la consécration de l'église des saints apôtres du monastère, est attesté par des actes dressés le jour même de cette consécration, à savoir : la dotation de ladite église faite par le vicomte de Marseille ; deux donations de divers biens, faites à la même église, en deux actes distincts, par les évêques de Vence et de Sénez.

Sauf sept mots relatifs à la présence du pape, que M. Blancard considère comme apocryphes, la charte de 1040 lui paraît donc *entièrement authentique.*

Cette opinion ne fait que corroborer celle du Cassianus illustratus, de Bouche, de Peiresc, de Mabillon, d'Albanès, et de l'illustre Léopold Delisle.

Devant de telles autorités, les simples soupçons de M. Duchesne, qui n'a pas lu la charte, ne sauraient prévaloir.

Quant à l'opinion de Launoy qui, le premier, tint cette bulle pour apocryphe, il suffit de signaler sur quelle ignorance et quelle mauvaise foi elle se fonde pour en faire justice. Ce docteur en Sorbonne avait prétendu que le titre d'*apostolicus* donné à Benoît IX montrait manifestement la non-authencité de la bulle Or, nous dit M. Ulysse Chevalier : « dans les éléments d'un long commentaire que M. Albanès avait réunis pour prouver l'absolue authenticité de cette pièce, il y a des centaines de textes rien que sur ce titre (1). »

Mais les deux documents les plus précieux que nous ait légués l'histoire, après les trois inscriptions trouvées dans les sarcophages de Tarascon et de Saint-Maximin, nous semblent être : la charte de Rostang de Fos, archevêque d'Aix, 1056-1082, et celle de son successeur sur le même siège Pierre Gauffridi, 1082-1101.

10e Albanès fixe la date de la lettre de Rostang vers l'an 1070. Dans cette lettre, sollicitant l'aumône de ses frères et de ses fidèles en vue de la construction d'une église digne de l'oratoire de Saint-Sauveur, l'archevêque s'ex-

---

1. Albanès. *Gallia novissima.* Marseille, col. 58.

prime ainsi : « Qu'il soit connu de vous, Pères, que saint
« Maximin qui fut un des septante-deux disciples du Sau-
« veur, et sainte Marie-Madeleine qui, de ses larmes
« arrosa les pieds du même Seigneur, et les oignit de
« parfums, et saint Lazare que le Sauveur ressuscita après
« quatre jours, se retirèrent de Jérusalem après la Passion
« du Seigneur, qu'ils prirent la mer et naviguèrent jusqu'à
« Marseille. Là, les Marseillais retinrent saint Lazare et
« l'élurent pour leur évêque, tandis que saint Maximin,
« avec la bienheureuse Marie-Madeleine, parvint jusqu'à
« la ville d'Aix, où le peuple d'Aix l'établit son archevê-
« que. Lui-même, servant Dieu avec une grande perfec-
« tion, construit, dans ladite cité, une église en l'hon-
« neur du Saint-Sauveur et de la Résurrection... dans
« laquelle, tant qu'il vécut, il servit le Sauveur avec
« sainte Marie-Madeleine. Après quoi il s'endormit en
« paix. Les sépulcres de l'un et de l'autre sont chez nous » (1).

11° Cette lettre est complétée par celle que Pierre
Gauffridi, archevêque d'Aix ; Raymond, évêque de Marseille ; Didier, évêque de Cavaillon, et plusieurs seigneurs
provençaux adressent à leur peuple en 1092 et dans
laquelle on lit : « Nous voulons qu'il parvienne à la
« connaissance de tous les fidèles, que le siège de l'église
« consacrée en l'honneur de Sainte Marie, avec l'oratoire
« du Saint Sauveur, notre Dieu, et le baptistère du bien-
« heureux Jean, par suite de la destruction des gentils
« demeurera avec la cité d'Aix en solitude pendant le cours
« de nombreuses années. Mais grâce à la divine Miséricor-
« de, et par respect et amour pour ce vénérable oratoire,
« quelques hommes religieux commencèrent à établir leur
« demeure en ces lieux ». (2)

Cette charte de Gauffridi nous montre que l'oratoire de
Saint-Sauveur, bâti, d'après la charte de Rostang, par
saint Maximin et Marie-Madeleine, avait survécu aux dévas-

---

1. ALBANÈS : *Gallia Christ, novis. Provincia Aquensis Instrumen* 31. *Append. VI.*

2. ALBANÈS : *Gallia christ. nov. Prov. aq. Instrumen* 1. *Appendice VII.*

tations des Sarrasins. Ces barbares ayant envahi la Provence en 729, le culte de saint Maximin et de sainte Marie-Madeleine était donc antérieur à cette date, comme l'était l'oratoire lui-même. Et cette antériorité s'appuyant sur le double fait 1º de la possession des sépulcres de saint Maximin et de Sainte Marie-Madeleine 2º de la croyance de tous « à la tradition», l'archevêque Rostang la *fait remonter à la venue* des saints Palestiniens en Provence.

12º Au cours encore de ce XIᵉ siècle une charte du monastère de Saint-Victor, datée de l'an 1038, nous montre Pierre Iᵉʳ archevêque d'Aix, ses trois frères, la femme et les enfants d'un quatrième frère déjà mort, faisant donation ou mieux peut-être restitution à l'abbaye marseillaise d'une partie de l'alleu du comté d'Aix comprenant les églises de Saint-Maximin, de Saintes-Maries, Saint-Jean, Saint-Mitre situées dans le territoire de Castrum Rodenas (1), En Janvier 1039, Ponce et Bonnefille, son épouse, donnent à la même abbaye la huitième partie de l'alleu « in territorio Sancti Maximini « *sublus castrum qui vocatur Rodenas* » Plus tard en 1050-1054, les neveux du même Pierre Iᵉʳ abandonnent tous les droits qui leur restaient aux églises du dit lieu de Rodenas. Or, Pierre Iᵉʳ dans la première de ces chartes, dit tenir ces terres de ses ancêtres qui les avaient reçues en alleu au lendemain de l'expulsion des Sarrasins de la Provence car on ne peut croire que « ses ancêtres eussent dépouillé l'abbaye de ses possessions (3). Dès lors encore, il faut admettre que ces églises, y compris celle de Saint-Maximin étaient *antérieures* à l'invasion des Sarrasins et, par conséquent, dataient d'avant le VIIIᵉ siècle, comme cette église Saint-Sauveur d'Aix fondée par Saint-Maximin et Sainte Marie-Madeleine sœur de Lazare dont nous a parlé plus haut la bulle de Rostang en 1070.

13º La bulle de Pascal II (1102), qui accorde à Pierre III, archevêque d'Aix, l'usage du pallium pour les fêtes de

1. Cartulaire de Saint-Victor, T. Iᵉʳ, p. 311.
2. *Id.*, T. Iᵉʳ, p. 317.
3. *Id.*, T. Iᵉʳ, pp. 314-318.

sainte Madeleine, saint Maximin, évêque et confesseur, et autres martyrs ayant leurs tombeaux dans l'église d'Aix la charte de la consécration de la basilique de Saint-Sauveur en 1103, dans laquelle les évêques consécrateurs rappellent que Maximin et la bienheureuse Madeleine avaient été les fondateurs de cet oratoire corroborent encore cette prétention.

14° E.: fin, clôturons cette première série de documents formels en faveur des traditions en mentionnant les bulles de Pascal II, en 1113, d'Innocent II, 1135, d'Eugène III, en 1150 qui nous parlent d'un prêtre desservant l'église Sainte Marie de la Baume (1) ce qui prouve, comme le dit Albanès, que non-seulement le pélerinage était déjà fréquenté, mais qu'il devait l'être avant l'invasion sarrasine, car on ne peut supposer qu'une église ait été fondée et un ermitage bâti à cet endroit durant le temps de cette invasion.

II. — *Manuscrits hagiographiques*

Commençons par noter ici une présomption de plus en faveur du bien-fondé des » traditions » provençales. Seule l'église latine possède des *Vies* de sainte-Madeleine et des saints du groupe de Béthanie.

Les Grecs et les Orientaux n'en ont pas (2). A peine

1. A cette liste de monuments, on pourrait ajouter un spécimen de sculpture d'une portée significative. Il s'agit d'un bas-relief découvert en 1907, à Autun, en creusant un égout. On y voit une femme nimbée, élevée dans les airs, les bras étendus et soutenus par deux anges, au-dessus d'une voûte en plein cintre, représentant l'ouverture d'une grotte. M. Em. Male qui a étudié ce bas-relief dit qu'il aurait été sculpté vers 1150 par l'artiste bourguignon Guilbert, l'auteur du célèbre tympan, un jugement dernier, qui décore le grand portail de la cathédrale d'Autun. Ainsi dès le milieu du XIIᵉ siècle, dans le Morvan, la pénitence de Madeleine était connue et localisée à la sainte Baume.

2. Au cours de nos nombreux séjours à Salonique et de nos voyages à Athènes, Constantinople pendant et après la dernière guerre, nous avons souvent interrogé à ce sujet de nombreux missionnaires versés dans la connaissance des diverses liturgies orientales et en particulier : Mgr Petit, alors archevêque d'Athènes, M. l'abbé Lévêque, Lazariste, Supérieur

nous le verrons plus loin, s'ils peuvent présenter un fragment d'un authenticité douteuse, attribué à Modeste, et conservé seulement par Photius. Quant à leurs ménologes, ils se contentent de mentionner le nom et la fête de sainte Marie-Madeleine, Lazare etc.

Par contre, nous possédons, en Occident, plusieurs Vies de sainte Madeleine, datant d'une époque antérieure à celle de l'invention des reliques en 1279.

Comme M. Duchesne prétend que les « traditions provençales ne peuvent se réclamer d'aucun témoignage antérieur au onzième siècle avancé », (1) nous allons voir encore quel cas il faut faire de cette affirmation.

A) Par une lettre de saint Didier (580-654), plus connu à Cahors et dans le Quercy sous le nom de saint Giry nous savons qu'une Vie de sainte Madeleine existait au septième siècle. Voici, en effet, ce que ce saint évêque de Cahors écrivait à une religieuse déchue, l'abbesse Aspasie : « Emu de tes larmes, je t'ai déjà procuré l'histoire de cette femme remarquable entre toutes dans l'Evangile, Dans cette histoire, tu trouveras les dignes fruits de pénitence qu'elle produisit, et la joie qui remplit le ciel, lorsque celle qui avait été précédemment pécheresse, mérita par ses larmes devant les anges de Dieu, l'assurance du salut ». (2)

---

de Zeitenlick etc. tous nous ont confirmé l'exactitude de cette assertion. Une chose qui nous a également étonné c'est le peu de place que les Saintes Femmes tiennent dans l'iconographie de ces églises orientales. Parmi les centaines d'églises de différents rites que nous avons visitées dans l'Archipel, en Grèce, la Turquie d'Europe et d'Asie et le nord de l'Egypte, nous avons vu bien souvent et partout l'image de Constantin et de Saint-Hélène avec la Croix. par contre bien que nous l'ayons particulièrement cherchée nous n'avons pour ainsi dire pas rencontré l'image des Saintes Femmes au pied de la Croix.

1. DUCHESNE : *Fastes épiscopaux de l'ancienne Gaule*, t. Ier, é p. 322, d. 1907.

2. *Patrologie latine* : MIGNE, t. LXXXVII. M. Duchesne prétend qu'il s'agit « non d'une composition hagiographique mais du passage de l'Evangile de saint Luc. ch. VII ». Mais l'abbesse n'avait-elle donc pas cet Evangile dans son couvent que St-Ciry eût dû le lui procurer ? Peut-on prendre ce mot histoire par deux fois répété pour un passage de l'Evangile ? Et puis, où voit-on dans l'Evangile de saint Luc qu'il soit question des « dignes fruits de pénitence » de Madeleine ?

Est-il téméraire de penser que cette vie de sainte-Madeleine, saint Didier l'avait trouvée en Provence, quand on sait que son frère aîné, Siagrius, avait été préfet et gouverneur de Marseille, et qu'à la mort de ce frère, le roi Dagobert l'avait appelé à son tour pour administrer la grande cité provençale?

On ne saurait affirmer si cette vie de sainte Marie-Madeleine dont parle saint Didier nous est parvenue.

Ce qui est sûr et ce qui tendrait à faire croire que le texte mentionné par le saint évêque de Cahors n'est peut-être pas complètement perdu, c'est que les nombreuses vies encore existantes de sainte Marie-Madeleine contiennent toutes, trop souvent délayé au milieu de légendes sans fondement et d'interpolations fantaisistes, un texte primitif et commun, sur lequel les auteurs ont plus ou moins brodé.

On pourra facilement se convaincre de la justesse de cette remarque, si on se reporte aux diverses vies que M. Faillon a éditées (1).

Nous n'entreprendrons pas ici, on le comprend, une étude détaillée sur chacune de ces vies. Il suffira pour le but que nous proposons, de fixer particulièrement notre attention sur deux d'entre elles.

---

1. On a beaucoup médit dans le camp des hypercritiques et même en d'autres camps de l'œuvre considérable de l'auteur des « *Monuments inédits* ». M. Duchesne en particulier a jeté la suspicion sur les travaux de ce modeste mais acharné travailleur. Que dans l'œuvre de l'érudit sulpicien il y ait des parties faibles, qu'il s'y trouve des documents douteux, des conclusions hâtives et réformables, des arguments sujets à critique, nous n'en disconviendrons pas. Ceux-là seuls sauraient s'en étonner qui n'ont jamais abordé un problème historique. Mais ce serait ingratitude, aussi bien de la part des critiques que des traditionalistes, que de nier le travail prodigieux et consciencieux de ce hardi pionnier de l'histoire de nos origines chrétiennes. Pour nous, nous somme heureux de saisir cette occasion pour rendre un hommage mérité à l'érudit écrivain, qui en son temps servit puissamment la vérité historique. Et quiconque après avoir lu les études de M. Duchesne et de M. Vacandard voudra bien se rapporter à l'œuvre imposante de l'humble sulpicien sera péniblement affecté de constater qu'ayant exploité comme ils l'ont fait cette œuvre, ils n'aient pas eu un mot d'admiration et de reconnaissance pour son auteur.

B) La première est celle que M. Faillon a attribuée, très probablement à tort, à l'évêque de Mayence : Raban Maur. Cf. appendice. Pièces justificatives. II.

Cinq copies de cette vie de sainte Marie-Madeleine ou plutôt de sa sœur sainte Marthe, par le pseudo Raban nous sont parvenues. On les trouve dans :

1º Un manuscrit de vies de Saints en 5 volumes, de la Bibliothèque de la Faculté de médecine de Montpellier, 1, T. III. 117-139, exécuté en France, à la fin du xIIe siècle, s'il faut en croire M. Paul Meyer et M. Chabaneau (1).

2º Deux manuscrits conservés à Oxford, l'un à Magdalen College, édité par Faillon, et l'autre au collège de Brasenove, et reproduit ;dans les « *Catalogi de Coxe* ». M. Paul Meyer fait remonter ces deux manuscrits au xIVe siècle.

3º Deux autres copies, déposées au *British Museum*, exécutées avec les deux précédentes en Angleterre vers le xIIIe siècle, toujours d'après M. Paul Meyer (2).

M. Duchesne paraît ne pas avoir étudié ni même connu ces cinq manuscrits. En tout cas il ne parle que de celui de Magdalen collège, découvert et étudié par M. Faillon. Il déclare loyalement n'avoir jamais vu ce manuscrit. Cela ne l'empêche pas de conclure, sans apporter d'ailleurs aucune preuve de son opinion « qu'on n'a pas lieu de croire que 'a rédaction de ce texte remonte beaucoup plus haut que sa transcription dans ce manuscrit » c'est-à-dire au xIVe siècle.

Ce n'est pas là, on le sait, l'avis de M. Faillon, qui attribue ce texte à Raban Maur et le fait ainsi remonter au IXe siècle. Le docte sulpicien s'est très probablement trompé sur l'auteur, et sur la date, mais il est sûr, que M. Duchesne se trompe bien plus quand il affirme que ce texte ne re-

---

1. Paul Meyer : Histoire littéraire de France XXXII p. 96 Chabaneau : Vies provençales de Sainte-Marie-Madeleine, extrait de la Revue des langues romanes, 3· séries. T. IX p. 105 et suivants.

2. Paul MEYER : *Histoire littéraire de France*, XXXII, p. 96.

monte qu'au XIVe siècle, puisque les deux copies du British Museum et celle de Troyes sont du XIIIe et que, d'après M. Paul Meyer, la copie de Montpellier doit être portée au XIIe. Mais il y a plus. Deux érudits consciencieux qui ont lu et étudié ces manuscrits avec des yeux non provençaux, les Bollandistes Van Haeke et Benjamin Bossue, n'hésitent pas à affirmer, tout en refusant de l'attribuer à Raban Maur, que l'auteur de ce manuscrit écrivait, comme l'a dit M. Faillon, au IXe siècle.

« Je ne crains pas d'adopter pleinement, dit le P. Van Haeke, l'opinion qui place au IXe siècle l'apparition de ce livre », et après avoir exposé les motifs de cette opinion (à savoir : les erreurs et les hérésies que l'auteur dans le cours de sa narration mentionne comme étant de son temps et qui sont celles du IXe siècle, le dénombrement qu'il fait des provinces de la Gaule, etc.), le même hagiographe conclut : « Il devient par là manifeste que l'auteur de ce livre a dû vivre au IXe siècle, et sur ce point je suis tout à fait de l'avis de M. Faillon » (1).

Sur cette question de la date le P. Benjamin Bossue n'est pas moins catégorique. « Je crois, écrit-il, que le livre récemment publié, le manuscrit d'Oxford, bien qu'il faille l'attribuer à un autre qu'à Raban, *démontre* qu'au IXe siècle la tradition touchant l'apostolat de ces Saints (en Provence) était en pleine vigueur et que, sur ce point, les assertions contraires de Launoy ne méritent aucune créance » (2).

Et fallut-il reculer de quelques années et même d'un siècle la composition de ce manuscrit parce que au chapitre XXXVII la copie de Magdalen Collège et celle de Montpellier parlent « de la seconde Lyonnaise qu'est maintenant la Normandie » laquelle n'a été ainsi appelée qu'après le traité de Saint-Clair-sur-Epte en 912 — il n'en resterait pas moins que M. Duchesne a tort d'affirmer que

---

1. Cf. *Acta Sanctorum*, 8e vol., octobre, p. 29, T. LVI.
2. Cf. *Acta Sanctorum*, 9e vol., octobre, p. 452, T. LVII.

ce texte date du XIVe siècle. (1) N'aurions-nous pas les quatre copies antérieures de Montpellier, du *British Museum* et de Troyes qu'il faudrait dater le manuscrit original d'avant l'année 1187 ! date de l'invention des reliques de sainte Marthe. que l'auteur de ce manuscrit aurait sûrement racontée s'il avait écrit après cette date.

B) La seconde Vie de sainte Marie-Madeleine, sur laquelle nous voulons appeler l'attention du lecteur, est celle que M. Faillon a éditée sous ce titre : *Ancienne Vie de Sainte Marie Madeleine, écrite au ve et au vi· siècle par un auteur anonyme, et insérée textuellement par Raban Maur dans celle qu'il a composée.* (2)

S'il en faut en croire le pseudo-Raban, des faussaires « conteurs de fables, semblables aux empoisonneurs qui pour faire avaler plus sûrement le poison ne manquent guère d'y mêler le miel en abondance », joignirent à la vie primitive de Sainte-Madeleine des récits très faux empruntés à l'histoire de Marie la Pénitente d'Égypte.

Il suit de là, dit M. Faillon : que « dès le viie siècle il dut exister deux sortes de vies de Sainte Madeleine. Les unes plus anciennes et plus courtes exemptes de ces

---

1. Comme nous l'écrivait M. Oudot de Dainville, archiviste départemental de l'Hérault, pour déterminer sûrement la date exacte de la composition de ce texte, il faudrait posséder la connaissance approfondie de tous les manuscrits de Vies de Saints contemporaines ou antérieures à ce texte conservés dans les bibliothèques d'Europe. Quel est le savant, quel est l'Institut religieux qui à cette heure peut entreprendre et mener à bien une œuvre si formidable et si onéreuse ! Le fait qu'on lit dans le manuscrit de Magdalen Collége et celui de Montpellier *Rotomagus cum sua provincia lugdunensi secunda quæ· nunc est Normandia*, ne prouve pas nécessairement que le texte primitif ne remonte pas avant la signature du traité de St-Clair sur Epte. « *Quæ nunc est Normannia* » a peut-être été ajouté à ce texte primitif par les copistes postérieurs à ce traité. M. Oudot de Dainville nous fait remarquer que postérieurement au XIII· siècle on a ajouté g après *Rotomag* et indiqué h en surcharge : *Rothomag* dans le manuscrit de Montpellier. Malgré donc cette mention de la Normandie MM. Faillon, Bossu et Van Haecke pourraient ne pas avoir tort de penser que le texte original remonte au IX· siècle.

2. Cf. FAILLON : *Monuments inédits,* T. I, col. 405 et suiv. Cf. Appendice : *Pièces justificatives,* I.

additions, les autres amplifiées et corrompues que signale le pseudo Raban ».

Or, l'auteur des Monuments inédits croit avoir trouvé le texte de cette ancienne *Vie de sainte Madeleine*, exempte d'interpolations et tel qu'il est rapporté par le pseudo-Raban. Ce texte, le docte Sulpicien l'a relevé sur trois manuscrits qu'il fait remonter au xe siècle, parce que, dit-il, ils ont été peints à cette date (1). M. Duchesne les croit de la fin du xie ou du commencement du xiie siècle (2).

A la vérité, cette divergence d'avis sur la date des transcriptions n'a pas grande importance (3).

Deux de ces manuscrits sont conservés à la Bibliothèque nationale : in folio Notre-Dame, n° 101 . et in-folio Saint-Martin des Champs, n° 107.

Le troisième était d'après Faillon à à la Bibliothèque de Sainte Geneviève. Outre qu'il est littéralement re-

---

1. Cf. FAILLON : *Monuments inédits*, T. I, col. 405 et suiv.

2. Cf. *La Légende de Sainte Marie-Madeleine*, p. 14.

3. Pour tirer au clair cette question de date d'original et de copies, nous nous sommes adressé à la direction de la Bibliothèque Nationale et de la Bibliothèque Sainte Geneviève Voici tout ce qui nous a été répondu : Bibliothèque Nationale, Paris, le 23 février 1925. Les ms Notre-Dame 101 et Saint Martin-des-Champs 107 (dont parle Faillon) portent respectivement aujourd'hui dans notre fonds latin, les n°s 17627 (Notre-Dame) et 18299 (Saint Martin). Le premier est des xi et xii siècles et le second du xi siècle. En parlant du vi siècle l'abbé Faillon a voulu désigner la date de composition et la vie et non la date des manuscrits dans lesquels on la trouve » signé : illisible. Bibliothèque Sainte Geneviève, Paris, le 5 mars 1925... « la Bibliothèque Sainte Geneviève ne possède aucun manuscrit du x siècle comprenant une vie de Sainte Marie-Madeleine... Le plus ancien manuscrit qui rapporte la vie de Sainte Marie Madeleine actuellement à la Bibliothèque ne date que de la fin du xi et n'a rien de commun avec la vie de Sainte Marie-Madeleine publiée par Faillon dans ses pièces justificatives au tome II de ses *Documents inédits*... Ce manuscrit porte le n° 557 dans notre collection et la vie de la Sainte commence au f° 226 verso », signé Bornet administrateur. Nous avouons avoir renoncé à chercher et à comprendre comment M. Faillon si précis et si sûr habituellement dans l'indication de ses sources a pu attribuer à la Bibliothèque Sainte Geneviève un manuscrit qui ne s'y serait pas trouvé...

produit par le pseudo-Raban, le texte de ces trois manuscrits l'est encore dans une multitude de vies plus récentes de Sainte Marie-Madeleine, ainsi que dans l'ancienne liturgie de l'église d'Aix, de Marseille, où elle forme les leçons de l'office de Saint-Maximin, dans les liturgies d'Apt, d'Arras, d'Autun, de Cambrai, de Beauvais, de Meaux et d'autres églises, où elle constituait les leçons de Sainte Madeleine.

Voici maintenant les observations que M. Faillon croit devoir présenter sur l'âge du texte original :

« D'abord, remarque cet auteur, cette *Vie* est antérieure aux Vies interpolées dès le VIIe siècle, dont parle le pseudo-Raban.

« On n'y voit ni l'enlèvement aux cieux de sainte Marie-Madeleine par les Anges, ni les aliments célestes que ces esprits lui auraient servis, ni l'épisode du prêtre qui la visita dans son désert, ni enfin les autres traits que Raban donne comme empruntés de l'histoire de sainte Marie l'Egyptienne.

« Bien plus, une circonstance remarquable exclut manifestement tout alliage venu de cette dernière source. D'après l'ancienne *Vie*, Sainte Marie-Madeleine mourut le 22 juillet, jour auquel l'Eglise a toujours célébré sa fête. Or, cette circonstance est tout à fait incompatible avec l'addition tirée de la *Vie* de Sainte Marie l'Egyptienne, puisque d'après cette addition, elle aurait dû mourir le propre jour de Pâques, comme il est rapporté de Sainte Marie d'Egypte ».

« Cette vie est, selon toutes les apparences, la première qui fut publiée sous le nom de Sainte Marie-Madeleine. On pourrait même douter si elle ne serait pas un simple extrait de la *Vie* de Saint-Maximin, perdue depuis longtemps, plutôt qu'une *Vie* de Sainte Madeleine elle-même. Car il est à remarquer qu'on n'y dit rien du pays de cette sainte, de sa famille, de Saint Lazare, son frère, de sainte Marthe, sa sœur. On n'y rappelle point ses rapports avec Notre-Seigneur, les onctions qu'elle fit, ses courses au tombeau (1). On ne parle pas même de sa pénitence à la Sainte Baume. Il n'y est question que de son arrivée à Aix avec Saint-Maximin, de sa mort et de sa sépulture, ou plutôt on voit qu'il n'est parlé de ces faits qu'à cause de la part qu'y a prise Saint-Maximin ». Aussi ne fait-on mention de Sainte Madeleine que d'une manière secondaire, comme par accident, tandis qu'on s'étend sur la mort et la sépulture de Saint-Maximin à l'abbaye de ce nom.

De plus, toujours d'après M. Faillon, dans presque tous les manuscrits, cette *Vie* est précédée d'un court préambule qui montre péremptoirement qu'il existait déjà à l'époque où elle fut composée une *Vie de Saint-Maximin* perdue depuis, on ne sait exactement à quelle époque, mais sûrement avant le XIIIᵉ siècle. Or, nous avons constaté l'existence d'une *Vie de Sainte Marie-Madeleine* dès le VIIᵉ siècle et peut-être le VIᵉ, celle que Saint-Didier, évêque de Cahors, envoyait à l'abbesse Aspasie. Par le pseudo-Raban nous savons que de bonne heure vers le VIIᵉ siècle, la vie de l'illustre Pénitente fut altérée par l'adjonction d'épisodes tirés de la vie de Sainte Marie l'Égyptienne. Il faut donc conclure. que cette *Vie ancienne et abrégée de Sainte Marie Madeleine* comme la *Vie primitive de Saint Maximin*, dont on nous parle, remonte au commencement du VIᵉ ou à la fin du Vᵉ siècle.

L'étude intrinsèque du texte appuie, du reste, cette conclusion.

En effet, « le style et la manière de cet écrit poursuit le docte Sulpicien, sont assez différents des *Vies* de Saints composées au VIIᵉ siècle. Au VIIᵉ siècle, disent les *auteurs de l'Histoire littéraire de la France*, on continua, comme au VIᵉ, à se plaire aux prodiges et à ne goûter que le mer-

1. Cette lacune ne s'expliquerait-elle pas par le souvenir du massacre, dans l'église même de la Sainte à Béziers, de 7000 hérétiques qui avaient proféré cet infâme et très impudent blasphème, que c'était l'amour charnel qui avait uni Marie Madeleine au Christ ? » Devant un tel danger, on comprend jusqu'à un certain point la réserve des hagiographes de la Sainte sur cette partie de sa vie.

veilleux et l'extraordinaire et presque toutes les *Vies* des Saints que l'on composa alors sont plutôt des éloges et des panégyriques que des relations simples et naïves de leurs actions et de leurs vertus. On y employa (pendant ces deux siècles) une fausse éloquence qui ne consistait qu'en des pensées peu justes et naturelles des tours guindés, des expressions affectées, des pointes recherchées, un amas [d'épithètes sans ordre, sans discernement, des cadences réitérées, mais, plus propres à ennuyer qu'à réveiller l'attention du lecteur. (1) On ne remarque point ces défauts dans cette *Vie de Sainte Madeleine*, et nous pouvons ajouter qu'elle réunit les caractères, pour discerner les actes sincères, assignés par Tillemont » (2), à savoir qu'ils soient forts courts et extrêmement simples, qu'il y ait peu de miracles et peu de citations de l'Écriture. »

D'ailleurs, ajouterons-nous, toujours d'après M. Faillon, on ne voit rien dans cette ancienne Vie de Sainte-Madeleine qui ne s'accorde avec les usages et les mœurs du ve ou du vi^e siècle. D'abord, il est à remarquer qu'on n'y donne point à Saint-Maximin le titre d'*archevêque*, comme on fait dans les épisodes ajoutés à ce dernier font et comme fait le pseudo-Raban lui-même. Dans cette vie Saint-Maximin est qualifié : *pontifex, ecclesiæ présidens, antistes confessor et pontifex* ; toutes appellations usitées aux ve et vi^e siècles. La Provence est y appelée royaume, et à cette époque elle était bien le royaume des Goths. On y parle du *comté d'Aix*, il y avait, en effet, des *comtes* qui gouvernaient le territoire dépendant d'une ville. Le lieu où Saint-Maximin et Sainte Madeleine furent inhumés est appelé *l'abbaye de Saint-Maximin* et cette circonstance, qui était restée inconnue, confirme l'opinion maintenant acquise, qui attribue aux Cassianites la fondation du monastère de Saint-Maximin La dénomination de *basilique*, donnée à cette église, confirme

----

1. FAILLON : *Monuments inédits*, T. I, col. 409 et suiv.

2. TILLEMONT : *Mémoires pour l'hist. eccl.*, T. II, col. 435, 104 et 85 additions.

ce qu'a prouvé M. de Valois et ce qu'ont reconnu Mabil-
l n, les continuateurs de Ducange et autres savants, qu'au
VIe siècle par le mot *basilica*, on entendait toujours en
France une église de moines ; au lieu que les cathédrales
et les paroisses étaient appelées *ecclesiæ*. L'interdiction
faite aux hommes armés et aux femmes d'y entrer n'a rien
que de conforme aux usages du temps.

Si cette vie remonte au Ve ou au VIe siècle, comme nous
sommes fondés à le croire, il résulte que dès cette épo-
que saint Maximin, premier évêque d'Aix, était regardé
comme l'un des 72 disciples de Notre-Seigneur, qu'on
tenait pour certain que son corps était inhumé dans
l'abbaye de saint Maximin ; que sainte Madeleine, sœur
de Marthe et Lazare, avait vécu à Aix auprès de saint
Maximin et que son corps reposait aussi dans la même
abbaye.

Il suit encore que les tombeaux renfermant les corps
de saint Maximin et de sainte Madeleine, étaient alors un
objet de dévotion publique et singulière ; qu'ils étaient
réputés si anciens qu'on les attribuait l'un et l'autre à
saint Maximin ; que celui de sainte Madeleine était en
marbre blanc et portait en bas-relief plusieurs traits de
l'histoire évangélique de cette sainte.

Et maintenant mettons les choses au pire et supposons,
comme le dit M. Duchesne, que « ce document soit seulement du onzième ou du douzième siècle », il n'en resterait pas moins établi que, à cette époque, toutes les conclusions déduites par M. Faillon étaient admises par l'auteur
de cette vie. Peut-on raisonnablement soutenir que si
elles avaient daté de la veille, si les croyances qu'elles
supposaient avaient été fabriquées de toutes pièces, ces
conclusions auraient été si facilement acceptées et propa-
gées par cet historien? Et si on dit que cet historien lui-
même a « fabriqué » ces croyances, aura-t-on la hardiesse
de prétendre que ce même historien a « fabriqué »
aussi les documents divers et nombreux qui, nous l'avons
vu, font supposer ou établissent que ces croyances existaient avant l'époque, où, d'après M. Duchesne, écri-

vaient les auteurs de ces manuscrits? Une fois de plus
la parole est à la critique (1).

III. — *Les livres·liturgiques*

Les martyrologes et autres livres liturgiques des premiers
siècles, tant en Orient qu'en Occident, ne font pas mention
de la fête des saints de Béthanie. On pourrait être surpris
de ce silence, si l'on ne savait que les livres liturgiques
des églises ne mentionnèrent pendant longtemps que les
apôtres, puis quelques martyrs, et finalement les saints qui
leur étaient propres.

Mais, fait remarquer avec raison le P. Sicard, « dès
qu'on commence à se relâcher de cet usage ou de cette
règle, c'est vers Marie-Madeleine avant toute autre sainte
ou tout autre saint étranger, que se tournèrent la piété des
pasteurs et celle des fidèles». Et l'historien de sainte Marie-
Madeleine cite des homélies de saint Pierre Chrysologue,
cinquième siècle ; un acte de donation de reliques de sainte
Madelei ne, faite par Clovis à saint Pater. : deux homélies
de sai. c Grégoire le Grand (540-604), un texte du
bienheureux Bède (672-735) qui démontrent lumineusement
en quel honneur était tenue, dans l'église latine, l'illustre

1. NOTE : S. fondant sur ce que Jacques de Voragine, Bernard Gui et l'auteur du poème provençal en 1200 vers alexan-
drins de la vie de sainte Madeleine reproduisent avec des
variantes une même narration. M. Paul Meyer en a encore déduit
qu'une vie de sainte Madeleine en provençal et en latin, maintenant perdue, a dû exister avant l'époque où écrivaient ces
auteurs (*).

Dans la collection des *Vitæ Sanctorum*, T. III, 29 juillet,
Bibliothèque de la Faculté de Médecine de Montpellier (fonds
Clairvaux), XII° siècle, se trouve une vie abrégée de sainte Madeleine par saint Odon, 942, abbé de Cluny. L'auteur de la
collection affirme que saint Odon écrivit cette *Vie* pour servir
de complément à une vie plus ancienne. Cette vie plus ancienne
et plus courte, qui commence où finit celle de saint Odon, est
reproduite immédiatement après dans la même collection**.

L'illustre et saint abbé de Cluny, comme le pseudo Raban,
est parfaitement au courant des traditions provençales.

* Paul MEYER : *Romania*, t. VII, p. 234.

** *Vitæ Sanctorum*. Bibl. de l'Ecole de médecine, Montpellier, T. IV, XXIX Juli.

convertie qui répandit aux pieds du Christ, avec ses parfums, ses larmes et son amour.

M. Duchesne reconnaît que « depuis le neuvième siècle, peut-être le huitième, les martyrologes s'accordaient pour marquer la fête de sainte Madeleine au 22 juillet, sans aucune indication géographique (1). Il est vrai que le chef de l'école critique s'empresse d'ajouter comme pour témoigner le regret d'un tel aveu : « Jusqu'au dixième siècle, Lazare, Madeleine, et leur groupe ne sont connus en Occident que par l'Evangile et les martyrologes. Ils n'ont ni légende, ni sanctuaire spécial » (2). Nous avons vu déjà le cas qu'il faut faire d'une pareille affirmation. Depuis que M. Duchesne l'énonçait, il lui est arrivé d'Angleterre une de ces déconvenues qui marquent dans la carrière d'un historien, fut-il hypercritique.

A) Six ans après la publication de la *Légende de sainte Marie-Madeleine*, dans les *Annc's du Midi*, un érudit anglais, M. Cokkinger, découvrait « dans deux ou trois manuscrit différents, d'une époque antérieure aux Normands, une copie d'un martyrologe anglo-saxon « qu'il a imprimé » sous le titre fantaisiste de Martyrologe du roi Alfred (871-901 ».

« Ce martyrologe, dit le P. Herbert Thurston S. J., dans une étude sur sainte Marie-Madeleine, parue dans » THE MONTH » 1899, T. XCII, p. 75, etc., semble, pour plusieurs raiso" mériter une attention spéciale... Nous désirons en re ter un passage, c'est la notice de sainte Marie-Madeleine qui paraît à sa vraie place le 22 juillet. Sa traduction très littérale pourrait être rendue ainsi en anglais moderne :

« Le 22 juillet est l'anniversaire de Marie, la femme de Magdala. Elle fut d'abord pécheresse et remplie de sept démons, c'est-à-dire de tous les vices. Mais elle vint à N.-S. qui était alors en ce monde, pendant qu'Il était à table, dans la maison d'un docteur juif, portant un alabastrum,

---

1. DUCHESNE : *Fastes épiscopaux*, t. I, éd. 1907. *La Légende de sainte Marie-Madeleine*, p. 236.

2. M. DUCHESNE : *Fastes épiscopaux*, t. I, p. 327.

c'est à dire un vase de verre rempli d'un parfum précieux. Alors le Seigneur lui dit : « Vos péchés vous sont remis et allez en paix ». Dans la suite elle fut élevée par le Christ, pour recevoir son apparition, après la résurrection, la première de tous les mortels, et pour annoncer cette résurrection aux apôtres. Et après l'ascension, elle fut tellement pénétrée du regret de son absence, qu'elle ne voulut *plus regarder aucun visage d'homme,* et *se retira dans le désert, ou elle demeura trente ans* inconnue à tout le monde. *Elle ne prenait ni nourriture ni boisson matérielle, mais a chaque heure de la prière, les anges de Dieu descendaient du Ciel et l'enlevaient en l'air, et elle entendait l'harmonie céleste, et puis ils descendaient dans sa caverne creusée dans le rocher.* Et c'est pour cette raison qu'elle n'éprouvait ni la faim ni la soif. Et il arriva qu'après trente ans, un prêtre la rencontra dans le désert et il la conduisit à son église, et il lui donna la sainte communion, et elle rendit son esprit à Dieu, et le prêtre l'ensevelit, et beaucoup de miracles s'accomplirent à son tombeau ».

« Ce passage, poursuit le P. Thurston, fait remonter la légende à une époque bien antérieure à celle que fixe M. l'abbé Duchesne. Le manuscrit duquel il a été tiré est de la première moitié du onzième siècle. Mais des fragments de ce même martyrologe qui ont été conservés ont fait juger par les hommes les plus compétents, soit d'après l'écriture, soit d'après certaines particularités grammaticales, qu'il remonte au temps du roi Alfred, c'est-à-dire à la fin du neuvième siècle ».

Après quelques observations, l'auteur de cet article ajoute en note : « La martyrologe peut-être antérieur au neuvième siècle, mais difficilement beaucoup plus ancien ».

Il ne nous en faut pas plus pour avoir le droit de dire que M. Duchesne s'est trompé en prétendant que les traditions provençales « ne peuvent se réclamer d'aucun titre antérieur au onzième siècle avancé » (1).

Quant à prendre la peine de réfuter les auteurs qui

1. M. DUCHESNE : *Fastes épiscopaux de l'ancienne Gaule* t. I, p. 322.

ont soutenu qu'on ne peut, en faveur de ces traditions, tirer aucun argument de la légende anglo-saxonne, et que la Marie pécheresse dont il est ici question pourrait bien être sainte Marie l'Égyptienne, nous n'en avons ni le temps ni le courage. Qu'il nous suffise de prier nos contradicteurs de relire le texte du martyrologe du roi Alfred, et en particulier les passages que nous avons soulignés. Quoi que l'on veuille il n'y a pas deux grottes dans lesquelles *la Marie-Madeleine qui fit effusion de parfum sur Notre-Seigneur* se retira pendant trente ans : il n'y a pas deux traditions qui fassent descendre *les anges du ciel pour l'enlever dans les airs à l'heure de la prière* (1).

B) M. Faillon (T. II, col. 587 et suivantes) a reproduit le plus ancien office de saint Maximin en usage dans l'église d'Aix et les proses de la fête de sainte Marthe, selon la liturgie antique des églises de Lyon, d'Arles, de Marseille, de Cologne, d'Auch, etc... D'après lui, ces pièces remontent au début du XIᵉ siècle, en tout cas sûrement avant l'invention des reliques de sainte Marthe 1187, dont il n'est pas fait mention. Or, comme on pourra s'en convaincre en parcourant cet office et ces proses, les auteurs de ces morceaux en maints endroits témoignent de la croyance à la venue, à l'apostolat et à la mort de saint Maximin, de sainte Marie-Madeleine et de sainte Marthe en Provence.

C) Il ne sera pas inutile de citer encore un extrait des leçons de l'office de sainte Marie-Madeleine, suivi par les Dominicains vers 1250. On ne pourra pas dire que cet office a été inventé pour les besoins de la cause puisqu'il fut rédigé 45 ans avant que la garde des reliques de l'illustre convertie de Jésus et des lieux sanctifiés par sa présence leur fut confiée. « Le bienheureux Maximin,

____

1. Saint-Vincent Ferrier, dans un sermon sur Marie-Madeleine, 22 juillet ; saint Antonin, dans un sermon sur la conversion de Marie-Madeleine, et le Martyrologe romain révisé par Baronius font aussi mention de la grotte de sainte Marie-Madeleine, sans indiquer le nom et le lieu de cette grotte ; dira-t-on que ces auteurs ne connaissaient pas la Sainte-Baume

avec Lazare et ses sœurs, et un grand nombre d'autres, conduits sur la mer par le Seigneur, arrivèrent à Marseille. Après qu'ils eurent converti et par la parole et par les miracles la ville et la province d'Aix, la bienheureuse Madeleine, désirant s'occuper de Dieu seul demeura plus de trente-deux ans, ignorée des hommes, dans une roche élevée, à près de quatorze milles de Marseille.

Là, aux sept heures canoniales, tous les jours, elle était portée par les mains des anges, et après qu'elle s'était abondamment rassasiée des louanges de Dieu au milieu du concert des anges, ces esprits célestes la reportaient en sa demeure.

... « Maximin, à l'heure que Madeleine lui avait fait annoncer, entra dans l'église... Et ayant reçu la sainte communion de l'évêque, devant l'autel, la Sainte, priant et pleurant, expira en présence de ceux qui l'entouraient » (1).

Dans cet office, on le voit, la même tradition que dans le martyrologe anglo-saxon se trouve rapportée. Bien plus, les personnages sont désignés nommément, et, sans l'être par son nom, le lieu de la pénitence y est marqué clairement : « à près de quatorze milles de Marseille ».

C) Notons encore que cinq ans avant ce bréviaire, en 1245 Jacques de Voragine dans « La Légende Dorée » rapportait la même tradition

IV. — *Relations de pèlerins et témoins*

Un des plus anciens et des plus explicites témoignages de pèlerin étranger à la Provence en faveur de la croyance à la venue et à l'apostolat des saints de Béthanie est celui qui *nous a été transmis par Guy de Bazoches, chantre de la cathédrale de Châlons-sur-Marne qui passait à Marseille pour se rendre en Palestine, en l'année 1190.*

Guy de Bazoches nous rapporte « qu'après l'ascension

____

1. *Bréviaire dominicain à la Minerve*, Rome, 22 juillet.

du Sauveur, Maximin un des disciples, Lazare le ressuscité, Marie-Madeleine et Marthe ses sœurs avec l'aveugle-né Sidoine débarquèrent sur ce rivage », que Maximin fut le premier métropolitain d'Aix, Lazare le premier évêque de Marseille et — détail précieux qui nous donne une idée de l'état de la croyance à cette époque, au moins dans l'esprit d'un Français du Nord — que le corps de Lazare et celui de sa glorieuse sœur Marie-Madeleine avaient été transportés auprès du « *castrum* » d'Avallon par Gérard prince de Bourgogne. (1)

B) M. l'abbé Albanès est d'avis que le double oratoire de Sainte-Marie et de Saint-Cassien à la sainte Baume accuse une fondation primitive datant du ve siècle ». Ce même auteur est parvenu à dresser la liste de quelques prieurs du monastère fondé là par les Cassianites. Le plus ancien de ces prieurs qui nous soit actuellement connu est Raymond Amati. Il vivait en 1174. Mais antérieurement à cette date nous avons trois bulles des Papes : Pascal II en 1113 Innocent III, en 1135, et Eugène III, en 1150, qui mentionnent l'église grotte de Sainte Marie de la Baume : « Sancta Maria de Balma ». Or, pour M. Albanès — et quiconque connaît le site ne pensera pas, autrement que ui — une église en cet endroit désert et une église desservie par des religieux et des prêtres ne pouvait servir que de lieu de pélerinage. Cette induction n'a rien de forcé, puisque, dès le commencement du xiie siècle, un gentilhomme italien, venu en pélerin à la

---

1. Ad hanc urbam (Massiliam) post asensionem Domini sub persecutione Judaicœ divina Providentia transferantes applicuisse leguntur beatus exdiscipulorum numero Maximinus sanctus quoque Lazarus post quatriduanum a Domino suscitatus sed et Maria Magdalena cum Martha venerandœ sororis ipsius et quam Dominus illuminavit ex sputo Sidonius nomine cœcus natus. E quibus S. Maximinus primus Aquensis provinciœ metropolitcmus : S. Lazarus primus, Massimiliensis epis, est effectus. Sed post longa temporum spacia cum gloriosa sorore Maria per prefectum Burgundiœ principœm Gerandum quid Avalonem-castrum suum est inde transvectus.

Q. Neues archiv. 1890. T. XVI, p. 104.

Sainte-Baume, obtint sa guérison et fonda en reconnaissance la Chartreuse de Montrieux en 1117 (1).

Déjà l'ancienne vie de sainte Madeleine, dont M. Faillon fait remonter le texte prim tif au ve ou vi^e siècle, nous apprend que le lieu de la sépulture de cette sainte et de saint Maximin était devenu de son temps « si sacré qu'aucun prince ou autre personnage distingué du siècle n'osait y entrer sans avoir auparavant quitté ses armes ».

S'il en faut en croire un ancien registre appelé *Journalier* conservé jusqu'en 1791 dans le couvent de la sainte Baume et détruit à cette époque, les papes Etienne IV en 816, Jean VIII en 878, et dans le même siècle Boson 1er roi de Provence et en 935 Guillaume Gérard, fils de Hugues, roi d'Italie et marquis de Provence, auraient visité par dévotion la grotte de sainte Marie-Madeleine en Provence. (2)

Quoiqu'il en soit de ces témoignages, dont il est impossible actuellement de discuter le bien fondé : ce registre *Journalier* ayant disparu dans la tourmente révolutionnaire, il est un fait certain et indiscutable qui reste acquis. Ce fait, c'est que les plus anciennes relations de pèlerins qui nous soient parvenues nous font clairement entendre que la Sainte-Baume était depuis longtemps un lieu de pèlerinage fréquenté et célèbre.

C) Fra Salimbène de Parme, moine franciscain dans sa « chronique » de l'an 1168 à l'an 1287 nous raconte en ces termes sa visite à la grotte en 1248 : « La caverne où sainte Marie-Madeleine a fait pénitence pendant trente ans est à quinze milles de Marseille. J'y ai couché une nuit, le soir de sa fête. Elle est située dans un rocher très élevé, et, à mon avis, elle est assez vaste pour contenir mille personnes. Il y a trois autels et une fontaine, pareille

---

1. *La Charte de Montrieux et les traditions provençales*, In-8, Apt., Vve Jean, 1897. Faillon, *Mon. in.*, T. I, col. 805-806.

2. DE HAITZE, T. III, *Description de la Sainte Baume*, fol. 6, 1 M. de la Bibliothèque publique de Marseille. Faillon, *Mon. in.*, T. I, col. 803-804.

à celle de Siloe. Il y a *un très beau chemin* pour y arriver. En dehors, près de la grotte, est une église desservie par un prêtre. Au-dessus, la montagne est encore aussi élevée que le baptistère de Parme, et la grotte elle-même se trouve à une telle hauteur dans un rocher que les trois tours Asinelli de Bologne ne pourraient y atteindre : les grands arbres de la forêt semblent, d'en haut, de l'ortie ou de la sauge. Et comme toute la contrée est inhabitée et déserte, les femmes nobles dames de Marseille, quand elles y viennent par dévotion, ont soin de conduire avec elles des ânes qui portent du pain. du vin, et autres provisions dont elles ont besoin (1).

Le même M. Albanès, a qui nous devons encore la découverte de ce précieux document de Fra Salimbène, ajoute avec raison : » Il serait difficile de trouver quelque chose de plus clair, et les renseignements qui ressortent de ce texte capital sont de la plus haute importance. Tandis. que les adversaires de nos traditions soutiennent qu'avant saint Louis, la Sainte-Baume est inconnue, que tout est incertain et légendaire dans ce qu'on débite à son sujet, il est positif, au contraire, qu'avant ce temps, la Sainte-Baume est en pleine lumière et dans toute la clarté de la certitude historique. Un témoin qui l'a vue vient de nous rapporter ce qu'il y a trouvé, et quelque importune que soit sa déposition, il faut bien l'accepter. Il en résulte qu'au treizième siècle la Sainte-Baume était parfaitement connue : son pèlerinage était établi, de beaux chemins y conduisaient, on y célébrait la fête de Sainte Madeleine, et l'on y assurait qu'elle avait vécu là pendant trente ans. La grotte avait trois autels, on y voyait la source où s'abreuvaient les pèlerins. Un prêtre y était à demeure pour le service divin. En d'autres termes, la Sainte-Baume était alors précisément ce qu'elle est de nos jours, sauf peut-être cette chapelle extérieure *quœdam ecclesia*, dont il est fait mention. Et tout cela, qu'on le

____

1. Chronica Fra. Salimbene de Parma, ord. Min. ab anno 1168 ad an 1287. Bibl. Vatic. codex 7260, fol. 2221. Cf. Albanès : couvent royal de St-Maximin, pp. 15 et suiv.

remarque bien, avait lieu longtemps avant les Dominicains, avant saint Louis, avant l'invention des reliques...

« Il faut avouer que ceux qui ont nié l'antiquité du culte de sainte Madeleine à la Sainte-Baume, et qui en ont marqué le commencement à la fin du treizième siècle, étaient bien hardis et bien imprudents, puisqu'il suffit du récit d'un pauvre moine pour faire crouler tout l'échafaudage de leurs dénégations.

« Devant son naïf et pieux témoignage, il ne reste rien de leurs difficultés, et l'histoire reprend ses droits. Or, comme les choses que Fra Salimbène a vues n'avaient aucune apparence de nouveauté, et qu'en tout cas, il avait fallu de longues années de travail pour les établir comme elles étaient, son attestation ne prouve pas seulement pour son siècle, mais pour les siècles précédents, où nous avons le droit de dire que l'état de la Sainte-Baume était ce qu'il est aujourd'hui. Remercions le moine étranger qui a apporté au culte de sainte Madeleine un secours inattendu et précieux » (1).

D) Connu en Italie, trente-un-ans avant la découverte des reliques de sainte Marie-Madeleine, le pèlerinage de la sainte Baume et de saint Maximin était également connu dans le Nord de la France avant cette découverte. Et, chose curieuse, qui mérite d'être notée, la croyance de Vézelay ne paraissait nuire en rien à l'enseignement des traditions provençales (2). C'est ainsi qu'en 1254, au retour de sa première croisade, saint Louis, absent de son royaume depuis six ans et pressé d'y rentrer, trouve le temps de se détourner de son chemin pour aller à la Sainte-Baume et à Saint-Maximin. par dévotion pour sainte Madeleine. Joinville, sur ce

---

1. ALBANÈS : *Histoire du couvent royal de Saint-Maximin.* p. 76 et suivantes.

2. Comme les papes Lucius III, Clément III et plusieurs rois de France, saint Louis crut que des reliques de sainte Marie-Madeleine étaient conservées à Vézelay. Cela ne l'empêcha pas, on le voit, d'aller vénérer « son corps qui, disait-on, gisait encore à ce moment-là à Saint-Maximin ». Preuve qu'il n'y avait pas incompatibilité entre les deux croyances.

point, est formel : « Li roy, écrit-il s'en vint par la contrée de Provence, jusques à une citei que on appela Ays en Provence, là où l'on disait que le corps à Magdeleinne gisoit, et fumes en une voûte de roche moult haute, là ou l'on disait que la Magdeleinne avait été en hermitaige dix-sept ans ».

Bien que l'histoire du bon Sénéchal n'ai été é rite qu'entre 1304 et 1309, le fait de ce pèlerinage du saint Roi nous paraît plus fort que le texte le plus explicite, pour établir que, bien avant la découverte du corps de sainte Madeleine, « les Provençaux revendiquaient non seulement l'hermitage de la sainte, mais ses reliques ». Car, comme le dit M. Albanès, « il fallait bien que la tradition provençale fût alors vivace, générale, précise pour décider le roi de France à retarder son retour à Paris et à se porter sur les lieux qu'on lui désignait comme consacrés par le séjour de Madeleine. Ce saint Roi était plein de foi et de piété, mais il n'avait pas l'habitude d'innover en matière de dévotion. Pourquoi donc serait-il allé à la Sainte-Baume si l'on n'était pas dans l'usage d'y aller ? » (1).

Aux témoignages si explicites de Fra Salimbène et de Joinville, touchant l'ancienneté et la célébrité du pèlerinage de Saint-Maximin et de la sainte Baume, M. Albanès est venu joindre une nouvelle preuve, fort embarrassante pour les critiques. Il s'agit d'une inscription datant de 1220, qui se trouve dans une petite égl se de la campagne de Rome, appelée la *Nunziatella*. Cette inscription énumère les reliques qui furent déposées dans l'autel le jour de sa consécration, par l'évêque d'Anagni, sous la cinquième année du pontificat d'Honorius III, en 1221. Or, parmi ces reliques, on lit : « Une pierre de la grotte où Marie-Madeleine fit pénitence ; un fragment du bras de saint Maximin ». Ces reliques de saint Maximin et cette pierre de la grotte de sainte Madeleine nous font voir que, dès le com-

---

1. ALBANÈS : *Histoire du couvent royal de saint Maximin*. Marseille 1830, pp. 11 et 12.

mencement du XIIIᵉ siècle, les lieux saints de Provence étaient connus à Rome et leurs traditions acceptées. Car, ainsi qu'on l'a dit, il n'y a pas au monde deux grottes consacrées par la pénitence de Madeleine, et jamais Vézelay, ni Rome ni Ephèse, ni Jérusalem ne songèrent à disputer à la Provence la Sainte-Baume.

E) Bien avant l'invention du corps de sainte Marthe à Tarascon et des reliques des Saintes-Maries au lieu qui porte leur nom, ces deux sanctuaires furent aussi l'objet de la dévotion des pèlerins.

A quelque date qu'on fixe la composition de l'œuvre du pseudo-Raban, il est impossible, il nous semble, de ne pas dire que cet auteur écrivait antérieurement à la découverte et à la translation des reliques de Sainte Marthe en 1187, sinon on ne comprendrait pas qu'ayant à parler de cette sainte, il passe sous silence un évènement de cette importance.

Or, au chapitre XLIX de la *Vie de Sainte Marie-Madeleine*, le pseudo-Raban nous rapporte un pèlerinage du roi Clovis au tombeau de l'apôtre de Tarascon et nous dit que « des miracles sans nombre se sont opérés dans cette basilique où des aveugles, des sourds, des muets, des boiteux, des paralytiques, des lépreux, des démoniaques et d'autres qui souffraient de divers maux ont reçu leur guérison ».

Quand même il ne faudrait pas prendre à la lettre toutes ces affirmations du pseudo-Raban, on a peine à croire que cet auteur eut parlé d'un si grand nombre de miracles, si le tombeau de Sainte-Marthe n'avait pas été l'objet, en son temps, du culte des pèlerins. (1)

F) Comme Saint Maximin, la Sainte-Baume et Tarascon, le sanctuaire des Saintes-Maries fut également un lieu de pèlerinage avant la découverte des reliques que nous y vénérons.

Nous avons déjà vu qu'en ce lieu habité bien avant l'ère chrétienne, comme le prouvent surabondamment

1. Cf. FAILLON : *Monuments inédits*, T. I, pp. 581 et suiv. T. II, pp. 338, 340 et pp. 556-557.

quantité de fragments de tuiles, briques, poteries, mosaïques et de multiples vestiges d'habitations antiques, dès le VIe siècle se trouvait érigée une église sous le vocable de Sainte-Marie de la Barque. Et nous avons souligné, après M. Camille Jullian et Mgr Chaillan, combien était suggestif un pareil vocable appliqué à un endroit où les « traditions » placent le débarquement des premiers apôtres de la Provence.

Comme le monastère de l'Almanarre à Hyères, comme les abbayes de Lérins, de Saint-Victor, de Psalmodi, le monastère et l'église des religieuses césariennes de Sainte Marie de la Barque eurent à souffrir de ces invasions sarrasines et normandes qui ont fait tant de ravages sur le littoral provençal. A ces ravages, il il semble, les adversaires des « traditions » ne croient pas assez. Et cependant, Nîmes et Arles saccagées, Aix, réduite en solitude, Marseille, Toulon plusieurs fois attaquées, Fréjus ruinée, cent autres bourgs et villages définitivement détruits, disent assez haut que ces temps de dévastation ne sont pas imaginaires. (1). N'est-ce pas ce que reconnaissait le pape Adrien Ier dans sa bulle du 1er janvier 1774, rendant leur droit primordial de métropole à Aix, Embrun, etc., quand il déclarait « que soixante ou quatre-vingts ans de dévastation n'avaient pu leur faire perdre leur antique dignité ? » (2).

Du reste, la structure de l'église forteresse que, vers cette époque, les comtes de Provence ou les archevêques d'Arles éprouvèrent le besoin d'ériger pour se défendre contre les incursions de ces pirates, prouve surabondamment la réalité du péril. Et l'histoire nous a transmis le souvenir de l'archevêque Rotland qui, surpris par les Sarrasins dans le Vaccarès, après avoir vu massacrer les 300 hommes qui composaient son escorte,

1. Gallia christ. Sammarthan T. II, p. 588. Cart. de Saint-Victor, n°s 15, 17, 101, 155, 269.

2. Patr. Latin, T. 96, col. 1215. Faillon, *Mon. in.*, T. I. col. 794 ; Gal. ch. novis, T. I, p. 13, note 6.

succomba à son tour sous les mauvais traitements, le 18 septembre 869 (1).

Après la défaite des Sarrasins, en 975, à Fraxinetum, le comte Guillaume Ier restitua l'église de Sainte-Marie de la Barque aux religieuses de Saint-Césaire, en 992. Puis, cette église devint tour à tour la propriété des archevêques d'Arles, du chapitre de cette ville, en 1061, et, finalement, en 1084, de l'illustre abbaye de Montmajour qui la garda jusqu'à la veille de la Révolution.

C'est au commencement du XIIe siècle que *Sancta Maria de Ratis* changea son vocable en celui de *Sancta Maria de Mari*, ainsi que l'atteste un parchemin des archives de Montmajour.

Avec la construction de la nouvelle église tout autour de l'église primitive de saint Césaire et l'établissement des religieux de Montmajour, le pèlerinage des Saintes Maries-de-la-Mer dut refleurir.

Une première preuve formelle du culte des saintes Maries en ce lieu et à cette époque nous est fournie par un groupe de pierre datant de la construction de l'église, qui représente deux femmes dans une nacelle battue par les flots de la mer, érigée actuellement encore au sommet du toit dallé de la basilique.

Le texte (2) de Gervais de Tilbury, maréchal du royaume d'Arles, sous Othon IV (1198-1218), ne laisse aucun doute sur l'ancienneté du culte des saints palestiniens.

En disant que « sur ce rivage se trouve la première de toutes les églises du continent fondée en l'honneur de la Très Sainte Mère de Dieu par les disciples expulsés de Judée et jetés sur une barque sans rame » et que « sous l'autel de cette basilique formé de terre pétric par Maximin, Lazare, Marthe, Marie-Madeleine et couvert ensuite d'une petite table de marbre, sont renfermés les restes des deux Maries qui vinrent avec des parfums sur le tombeau

1. Gallia christ. novis, Arles, n° 211.
2. De otio imperiali : Gervais de Tilbury. Voir Faillon Mon. in. T. I. col. 1278 etc.

du Sauveur », Gervais a soin de faire remarquer qu'il parle d'après une antique tradition pleine d'autorité « *tenet auctoritate plena vetustas* ». Il n'invente donc pas.

Ce n'est pas non plus un homme comme Durand de Mende qui, dans un ouvrage tel que le « *Rational des Offices divins* » se serait fait, sans raison l'écho d'une croyance qui aurait été sans fondement. Il faut, par ailleurs, que la renommée du pèlerinage des Saintes fut répandue au loin, pour qu'en 1332, un évêque de Saint-Pol-de-Léon, en Bretagne, atteint de paralysie ait fait, vœu d'y venir implorer sa guérison, et que, l'ayant obtenue, il ait, en l'honneur de ses saintes protectrices, composé un office propre, institué une fête au 25 mai, érigé trois autels : l'un à Nantes en l'église Saint-Pierre, un second, au Val des Ecoliers à Longjumeau et un troisième dans l'église des Carmes à Paris.

Quelques années plus tard, en 1343, l'évêque de Paris, Foulque II, informé des merveilles opérées par les Saintes, fait le même pèlerinage et à son retour dans la capitale décrète la célébration de leur fête dans son diocèse. Ainsi on le voit le pèlerinage des Saintes Maries, comme celui de sainte Marthe à Tarascon et celui de sainte Marie-Madeleine à Saint-Maximin et à la Sainte-Baume, était connu au loin avant même l'invention de leurs reliques qui n'eut lieu qu'en 1448.

CHAPITRE SIXIÈME

DÉCOUVERTE DES RELIQUES DE SAINTE MARIE-MADELEINE A SAINT-MAXIMIN EN 1279 ET DE CELLES DES SAINTES MAR'ES JACOBÉ ET SALOMÉ AUX SAINTES, EN 1448, CINQUIÈME TITRE EN FAVEUR DE LA VÉRITÉ DES « TRADITIONS ».

Le récit de l'invention des reliques de sainte Marie-Madeleine est relaté par un grand nombre d'historiens contemporains, dont on ne peut soupçonner la bonne foi et la sincérité. Les principaux sont : Fra Salimbène, moine franciscain, venu en pèlerinage à la Sainte-Baume en 1248 ; Ptolémée de Lucques (1237-1327), évêque de Torcelles, près de Venise : Bernard Guy (1260-1331), évêque de Lodève, et Philippe de Cabassole, chancelier de la reine Jeanne.

Fra Salimbène, « célèbre historien franciscain, inséra le récit de cette découverte dans la chronique écrite au jour le jour, et par suite absolument contemporaine (1) ».

Après avoir délivré ce brevet d'authenticité au récit de notre historien, M. Duchesne résume ce même récit en ces termes : « Salimbène rapporte donc qu'en l'année 1283 on découvrit à Saint-Maximin, en Provence, le corps de la Bienheureuse Marie-Madeleine, au complet, sauf une jambe. Il était accompagné d'une épitaphe si ancienne qu'on eut de la peine à la déchiffrer, même en s'aidant d'un cristal. »

Ptolémée de Lucques, de l'ordre des FF. Prêcheurs, raconte que « le prince de Salerne, plus tard roi de Sicile, releva et transféra le corps de sainte Marie-Madeleine, qu'on venait de découvrir dans un tombeau de marbre, à l'endroit où saint Maximin l'avait placé, dans la ville qui porte son nom. Il enferma la tête de la sainte dans une très belle

1. DUCHESNE : *La légende de Sainte-Marie-Madeleine*, p. 23.

châsse ornée d'argent, d'or et de pierres précieuses. A cette translation assistaient les archevêques de Narbonne, d'Arles et d'Aix et plusieurs évêques, un grand nombre d'abbés, de religieux, de seigneurs et de nobles. La garde de ces précieuses reliques fut confiée aux Frères Prêcheurs (1) ».

Voici maintenant en quels termes Bernard Guy rapporte cette même découverte : « L'an de grâce de Jésus-Christ MCLXXIX et le IX du mois de décembre, le prince Charles, fils du roi de Sicile, comte de Provence, et plus tard lui-même roi de Sicile, désirait ardemment trouver le corps de sainte Marie-Made-leine. Avec autant de zèle que de piété, il se mit à faire des recherches dans le saint oratoire où Maximin, l'un des soixante-douze disciples de Jésus-Christ et premier évêque d'Aix, avait enseveli cette Bienheureuse *comme en font foi des actes antiques et authentiques.*

« Cet oratoire se trouve dans la ville qui porte aujourd'hui le nom du Pontife : Saint-Maximin. Ayant enlevé la terre qui était au milieu du sol et ouvert tous les tombeaux qui étaient rangés des deux côtés, l'on trouva le corps de la très sainte Madeleine, non dans le tombeau d'albâtre où il avait été primitivement enfermé et que l'on voit encore avec ses sculptures historiques, mais dans un autre tombeau de marbre... Il se produisit de nombreux miracles, *que j'ai moi-même entendu raconter par ceux qui en avaient été témoins.* Dans ce tombeau, à côté du corps l'on trouva dans un coffret de bois, disposé de manière à résister à la corruption, un parchemin très ancien, irrécusable, éclatant témoignage de vérité. Il portait cette inscription : « L'an de la Nativité du Seigneur DCCX, VIᵉ jour de décembre, dans la nuit et très secrètement, sous le règne du très pieux Eudes, roi des Francs, au temps des ravages de la perfide nation des Sarrasins, ce corps de la très chère et vénérable Marie-Madeleine a été, par crainte de ladite perfide nation transféré de son tombeau d'albâtre, dans ce tombeau, après en avoir enlevé le corps de Sidoine, parce qu'ici il est mieux caché ».

1. Cf. FAILLON : *Monuments inédits* T. II, col. 775. Hist. eccl. a l'atre Ptolomeo de Luca.

« *Ce parchemin très ancien, je l'ai lu moi-même* qui écris
ce récit, et je l'ai vu dans la sacristie où on le conserve
comme un temoignage de vérité.

« Le prince et comte Charles, toutes choses ayant été
examinées avec la plus grande attention, convoqua les
archevêques de Narbonne, d'Arles et d'Aix, d'autres
évêques et prélats, des abbés et des religieux, ses barons,
le clergé et le peuple. Le corps de la bienheureuse Madeleine fut relevé le 3 des nones de mai (6 mai), l'an du
Seigneur MCCLXXX, et renfermé dans une châsse précieuse
enrichie d'or, d'argent et de pierreries... Alors, dans les
recherches faites par le même Charles, en compagnie des
prélats, *l'on trouva dans le tombeau cette autre inscription
qu'on eut beaucoup de peine à déchiffrer : Ici repose le corps
de Madeleine.*

« Charles, devenu roi de Sicile, établit le couvent des
Frères Prêcheurs, qui remplacèrent ainsi, par décision du
Pape Boniface VIII, les moines de Saint-Victor de
Marseille, l'an 1295. En l'honneur de saint Marie-Madeleine,
le roi fit élever une superbe église, qu'il enrichit de dons
magnifiques (1). »

Ce récit, Bernard Guy le répète mot pour mot dans le
Miroir Sanctoral. Il ajoute que la seconde inscription
avait été trouvée enfermée dans un globe de forme ronde,
enduit de très vieille cire, qui la mettait à l'abri de l'air (2).

Le chancelier de la reine Jeanne, Philippe de Cabassole,
complète cette narration par des détails précis et intéres-
sants, qu'il nous faut mentionner : « Lorsque Charles de
Salerne eut trouvé l'endroit qui lui avait été signalé *par les
écrits et les récits des vieillards*, il travailla lui-même à
enlever la terre qui remplissait la crypte. Il vit alors, à
la droite d'un tombeau d'albâtre, un tombeau de marbre
plus commun duquel s'échappa un délicieux parfum.
L'ayant fait ouvrir, il y trouva un écrit disant que le corps

1. *Scriptores Ordinis Prædicatorum*, t. II, p. 576 ; *Muratori.
Script.*, t. III, 1re partie, p. 607.

2. Bernardi Guidonis : *Sanctoralis par.* IV.

de la Bienheureuse avait été caché là plus sûrement (1), par crainte des Sarrasins. *A la tête manquait la mâchoire inférieure, et sur l'os frontal était resté intact un morceau de chair.*

« *Devant ces reliques bénies, le roi, ayant prié et versé un torrent de larmes, donna l'ordre de recouvrir le tombeau et d'y apposer son sceau.*

« *Le 3 des nones de mai* (6 mai), *le roi* convoqua les prélats du royaume et de la Provence, et ayant constaté que les sceaux étaient intacts, il les fit rompre et ouvrir le tombeau. Au milieu des reliques, l'on trouva un globe enrobé de cire, et à l'intérieur cette courte inscription : *Ici repose le corps de Madeleine.*

« Cependant, Charles de Salerne, désirant informer le Pape de cette découverte, porta lui-même à Rome les deux inscriptions et la tête de sainte Madeleine. Le Pape, sachant qu'on possédait dans les reliquaires du Latran une relique de la même sainte, la fit apporter et put constater qu'elle s'adaptait parfaitement au bas de la mâchoire : il la remit au roi qui s'en montra tout heureux et reconnaissant... (2) »

Quoiqu'on pense de la valeur des « traditions », on ne saurait nier l'authenticité de ces récits, et quelque surprenants que ces récits puissent paraître, on ne peut mettre en doute la sincérité de leurs auteurs. Ces auteurs jouissent tous d'une réputation incontestable de loyauté et de valeur scientifique. Le nom de Bernard Guy en particulier, nous dit Muratori, résumant Sponde, Raynaldi, Baluze, est illustre parmi les historiens ecclésiastiques, et sa réputation est tellement établie dans les ouvrages des savants, qu'il serait superflu d'ajouter quelque chose sur sa vie et ses écrits (3).

---

1. Le fait que le tombeau contenant le corps de Marie-Madeleine fut le dernier découvert par ceux mêmes qui le cherchaient expressément indique suffisamment qu'il était le plus caché et que les précautions prises à cet effet par les moines cassianites, au VIIIᵉ siècle, n'étaient pas aussi naïves que M. Duchesne paraît le croire.

2. Philippe de Cabassole : *Manuscrit de la Bibliothèque nationale* 1072. Vol. 55 et suivants. Faillon, t. II, col. 790-795.

1. *Muratori, Rerum Italicarum Scriptores*, t. III, par. 1. Prologomen.

M. Léopold Delisle, membre de l'Institut, qui a étudié à fond la vie et l'œuvre de l'éminent Dominicain, inquisiteur de France et procureur général de son ordre, après l'avoir montré prieur à Albi en 1274, à Carcassonne en 1297, à Castres en 1301, à Limoges en 1307, puis dans les hautes fonctions d'inquisiteur de France, de procureur de son Ordre, d'évêque de Tuy en Castille, et de Lodève en 1323, formule ainsi son jugement :

« Au milieu d'occupations si multiples et si absorbantes, Bernard Guy sut trouver le temps nécessaire pour composer des ouvrages historiques d'une étendue et d'une valeur considérables.

« Depuis sa jeunesse jusqu'à la veille de sa mort, il a tenu la plume pour préparer, rédiger et compléter d'immenses compilations qui embrassent l'histoire générale, l'hagiographie, les annales des Dominicains et différents détails d'histoire civile et religieuse (1)... Il nous a conservé sur l'histoire du Midi de la France, au XIIIe siècle et au commencement du XIVe, une multitude de renseignements précieux, dont l'équivalent n'existe nulle part ailleurs.

« Un autre genre de mérite ne saurait lui être contesté : il a épuisé tous les moyens qu'on avait de son temps, pour arriver à la connaissance de la vérité.

« Il a compulsé les registres, il a lu beaucoup de chartes originales, pour en tirer, soit des éléments chronologiques, soit des notions sur la vie des grands personnages, sur l'origine des églises... Il portait le scrupule jusqu'à marquer l'état matériel des documents qui lui passaient par les mains... Suivant des procédés que la critique moderne ne désavouerait pas, Bernard s'attache à distinguer nettement ce que, de son chef, il ajoute aux citations d'auteurs plus anciens, il met en balance les témoignages contradictoires, il discute les dates et ne confond pas ce qui est simplement probable avec ce qui lui paraît démontré (2) ».

2. Léopold Delisle : *Notice sur les manuscrits de Bernard Guy*, page 184.

1. Léopold Delisle : *Notice sur les manuscrits de Bernard Guy*, pp. 367 à 372.

Or, c'est ce même Bernard Guy, dont M. Delisle fait un tel éloge ; c'est cet inquisiteur de la foi qui a la connaissance et la pratique des hommes et des choses ; c'est cet esprit actif et délié, cette conscience scrupuleuse et incorruptible qui nous dit : « Moi-même qui écris ces choses, j'ai lu et relu ce très vieux parchemin qui est conservé pour rendre témoignage à la vérité (1). » Et Bernard Guy, comme tous les contemporains, admet l'authenticité des deux inscriptions et des saintes reliques trouvées en 1279.

Le témoignage de Cabassole n'est pas moins digne de créance. Evêque, légat, cardinal, conseiller de Robert, fils de Charles II, Philippe de Cabassole a toutes les qualités d'un témoin informé et véridique. Son récit a la valeur, peut-on dire, du récit d'un témoin oculaire, puisqu'il en tient le détail de la bouche même du roi Robert, fils de Charles II. Or, Cabassole, sur les points essentiels, est absolument d'accord avec Bernard Guy.

Ce que nous disons de Cabassole et de Bernard Guy pourrait être dit de Fra Salimbène, de Ptolémée de Lucques, de François Pépin de Bologne, Guillaume Sanhet, Jordan, Amaury Auger de Béziers, et autres chroniqueurs dont M. Faillon rapporte les témoignages (2).

Et ces témoignages, il faut le souligner, ne font que corroborer le procès-verbal officiel de l'invention de 1279, qui fut signé par le prince de Salerne, les trois archevêques d'Aix, d'Arles et de Narbonne, plusieurs hauts personnages, clercs et laïques, dont il est impossible de suspecter la bonne foi.

Mais ce qui, pour nous, catholiques, prend, après ce que nous venons de dire, une signification dans laquelle notre piété aime à se complaire, ce sont les phénomènes singuliers qui marquèrent l'invention des reliques de sainte Marie-Madeleine.

« Lorsqu'on ouvrit le tombeau, dit Bernard Guy, il s'en

1. Bernardi Guidonis : *Chronica.* — *Biblioth. nationale*, 504. — Cf. Faillon, t. II.

2. FAILLON : *Monuments inédits*. T. II, Ptolémée de Lucques, nᵒ 66. François Pépin, nᵒ 69. Guillaume Sanhet, nᵒ 70. Jordan, nᵒ 71. Auger de Béziers, nᵒ 72, etc.

exhala un parfum très pénétrant comme si l'on eût ouvert un magasin rempli d'essences aromatiques les plus suaves. La langue de la sainte se trouva adhérente aux os du gosier. Il en sortait une racine se continuant en branche de fenouil assez longue et qui s'étendait au dehors.

« Sur le front, tout le monde vit une petite portion de chair, revêtue de sa peau, de l'épaisseur d'un demi-doigt, molle et de couleur rousse, comme serait une chair morte (1).

L'apparence merveilleuse de ces détails risque, nous le savons, de faire sourire certains esprits. Ne croyant pas au surnaturel, naïvement convaincus qu'ils ont percé toutes les énigmes de l'univers, ces esprits, formés — ou déformés — par un faux rationalisme », prétendent ne pouvoir admettre que ce qu'ils croient comprendre. Pour eux, les faits n'existent pas ; pour eux, les témoignages ne comptent pas, si les faits et les témoignages ne cadrent pas avec la Science ! *leur* science, la Raison ! *leur* raison.

Ne leur dites pas avec Shakespeare : « Pauvres gens ! il y a plus de choses dans le ciel et sur la terre que votre philosophie n'a jamais pu en rêver. » (*Hamlet* act. V.)

N'ayez pas la cruauté de leur insinuer que si les astres, pour accomplir leur course, et l'humanité pour vivre sa vie, avaient attendu leurs lumineuses explications, il y aurait beau temps que, sans espoir de le reprendre, les astres et l'humanité auraient suspendu leur mouvement. Ils ne comprendraient pas.

Aussi bien, ce n'est pas pour ces esprits forts, ou plutôt ces infirmes d'esprit, que nous écrivons. Nous écrivons pour tout homme, croyant ou incroyant, mais loyal, pour lequel un fait constaté, un témoignage authentique et vérace, restent un fait constaté un témoignage authentique et vérace et, partant, un témoignage digne de foi. Et, à cet homme, nous disons : les faits merveilleux que vous venez de lire sont attestés par Bernard Guy, qui, en dédiant l'ouvrage où il les a relatés au Pape

____

1. Bernard Guy : *Chronique des Papes. Miroir Sanctoral* Biblioth. national. Mss. latins, 5042 et 5046.

Jean XXII, ancien évêque de Fréjus, ne craint pas d'avancer que tous ont vu ce qu'il raconte.

Ce témoignage, dont nous connaissons déjà la valeur, est appuyé, en outre, par ceux de Philippe de Cabassole, Guillaume Sanhet, contemporain de Jean XXII ; Amaury Auger, chapelain d'Urbain V ; Jean Laziard de l'ordre des Célestins, Baptiste Platina, Etienne de Conty, Pierre de Hérentals, prémontré, du comte de Namur ; Zanfilied de Liège et l'auteur de l'Office de l'Invention. (1). C'est plus qu'il n'en faut pour mettre hors de doute, historiquement la vérité de ces faits.

La Providence, du reste, semble avoir pris soin de les authentiquer. Pendant près de cinq siècles, en effet, le, miracle du *Noli me tangere* a subsisté tel que le prince de Salerne, les archevêques de Narbonne, d'Arles, d'Aix et les autres témoins clercs et laïques, qui signèrent les procès-verbaux de l'invention, l'avaient constaté en 1279. De nombreuses générations de pèlerins l'ont vu et affirmé : des relations et des inventaires officiels l'attestent, et des enquêtes juridico-médicales l'ont constaté à diverses reprises dans le cours des siècles (2).

Maintenant encore, à l'endroit où, jusqu'à la Révolution française, — exactement en 1780, — on vénéra le *Noli me tangere*, on remarque une différence de teinte sur l'os frontal. Quant à la parcelle du *Noli me tangere* miraculeusement échappée, comme les autres reliques, aux profanations des révolutionnaires, on peut la voir encore à Saint-Maximin.

Ce reste de peau souple et molle sur un crâne desséché

---

1. FAILLON : *Monuments inédits.* T. II, de 767 à 799.

2. Voir Sicard : *Sainte Marie-Madeleine : la Tradition et la Critique*, pp. 153, 232, 256, 269, 271. En 1640, enquête juridico-médicale présidée par Louis de Valois, lieutenant général de Provence, conduite par le célèbre Gassendi et plusieurs savants. En 1716, nouvelle enquête, signée entre autres de Estienne Bonnet et de Louis Saint-Marc, docteurs en médecine. En 1780, nouvelle vérification du *Noli me tangere* par le médecin Marie Sauveur, qui constate que le morceau de chair s'est détaché de l'os frontal, où on l'avait vu jusqu'alors. Dira-t-on que ce phénomène permanent est encore l'œuvre d'une main habile?

depuis des siècles, cette langue sans corruption, cette verte tige de fenouil à cet endroit (1) et en cette circonstance, sans compter les raisons d'un autre ordre que nous avons exposées, ne nous donneraient-ils pas encore le droit de dire que, par le fait même que ces phénomènes merveilleux se produisaient alors qu'on était persuadé, par ailleurs, se trouver en présence de reliques de sainte Marie-Madeleine, on peut raisonnablement croire que Dieu a voulu mettre là son signe et authentiquer Lui-même, les précieux restes de celle à qui il fut beaucoup pardonné parce qu'elle avait beaucoup aimé ? Ne peut-on pas penser aussi que Dieu voulut ainsi récompenser la foi de ceux qui, à l'exemple de Marie-Madeleine, désiraient avant tout travailler pour son amour et pour sa gloire ?

Nous avons tenu à insister un peu longuement sur ce point de la découverte des reliques de Sainte Marie-Madeleine. Comme dans la question qui nous occupe, ce point est d'une importance capitale, les critiques ont porté là leurs attaques les plus acharnées.

Ils n'ont pas craint de traiter de « *supercherie* » le fait même de la découverte et de taxer de faux les récits qui nous l'ont rapportée. Nous discuterons plus loin ces accusations.

Pour le moment, qu'il nous suffise d'avoir fait juges nos lecteurs de la prudence et de la probité des auteurs et des narrateurs de cette découverte.

Ce que nous avons dit de ces personnages, nous pourrions le répéter de ceux qui participèrent en 1448, à l'invention des reliques des Saintes Maries ou en donnèrent une relation. Soit dédain, soit oubli, M. Duchesne ne s'est pas arrêté à nous faire connaître sinon son opinion, du

---

1. Qu'on ne se méprenne pas sur le sens de notre pensée : il est possible qu'un de ces trois phénomènes et même tous les trois, pris à part, puissent s'expliquer naturellement. Mais ce qui est surprenant ici, c'est que ces trois phénomènes se produisent en une circonstance où il est difficile que notre piété ne voie pas une confirmation d'une croyance qui s'impose par ailleurs à notre raison.

moins les motifs de cette opinion sur cette autre découverte.

Il suffira d'en faire le récit d'après les procès-verbaux authentiques dont les originaux nous ont été conservés, pour voir combien il paraît difficile d'admettre que ses auteurs ou ces historiens aient été trompeurs ou trompés.

Comme à Tarascon et à Saint-Maximin, aux Saintes Maries-de-la-Mer les reliques des saintes Marie Jacobé et Marie Salomé étaient cachées depuis l'époque des invasions barbares. Le roi Charles II, comte de Provence, avait bien fait des recherches pour les mettre à jour, mais il avait eu moins de succès qu'à Saint-Maximin : ce qui, soit dit en passant, donne une preuve de plus de sa bonne foi, et un formel démenti à M. Duchesne et à son dévoué défenseur M. Vacandard, qui affirment qu'il est toujours facile de trouver les reliques qu'on cherche... et les parchemins destinés à les authentiquer. Aux Saintes Maries (M. Duchesne et M. Vacandard ont oublié de nous expliquer cette négligence) il n'y eut point de parchemins, comme on va le voir.

Ce ne fut que plus d'un siècle et demi après l'invention des reliques de Sainte Marie-Madeleine, qu'un successeur de Charles II, celui que l'histoire a surnommé le bon roi René, reprit les fouilles en 1448 aux Saintes-Maries-de-la-Mer.

Persuadé, avec l'opinion générale de l'époque, que les corps des Saintes Maries Jacobé et Salomé sont enfermés dans l'église enclose dans la basilique des Xe et XIe siècles, René écrit en juillet 1448 au Pape Nicolas V, pour lui demander « de l'aider à chercher, à reconnaître et à élever solennellement ces précieuses reliques. »

Par une bulle du 3 août suivant, le Pape accueille favorablement la demande du Roi et délègue, en qualité de commissaires apostoliques Robert Damiani, archevêque d'Aix et Nicolas de Brancas, évêque de Marseille. Immédiatement, l'archevêque d'Aix se met en mesure d'exécuter les ordres du Pape et du Roi en chargeant le chevalier Jean Arlatan, chambellan, de diriger les fouilles, que quatorze ouvriers assermentés sur les saints Evangiles, entreprennent bientôt en sa présence.

Croyant que les précieuses reliques reposent sous le maître-autel de l'église primitive, on commence à explorer le sol en cet endroit, mais on ne trouve que la petite source d'eau douce du puits voisin.

Poursuivant la tranchée vers l'avant, dans le couloir de droite compris entre la paroi extérieure de l'église primitive et la paroi intérieure de la basilique, à l'entrée du chœur de celle-ci, on découvre une tête humaine assez grosse, enveloppée d'une lame de plomb, sans autres ossements. Continuant les fouilles dans le chœur, vers le milieu, les terrassiers rencontrent une voûte ou grotte qu'ils percent et dans laquelle ils recueillent des écuelles et vases en terre intacts ou brisés, avec de la cendre et des morceaux de charbon de bois. Dans le mur transversal qui sépare la grotte en question de l'église primitive, on met à jour une porte fermée par une pierre. A une canne — c'est-à-dire environ deux mètres du maître-autel placé au fond de la basilique — on rencontre une espèce de terre pétrie au milieu de laquelle se dresse un petit pilier de pierre blanche tout corrodé, surmonté d'une petite table de marbre en forme d'autel portatif qui est brisée, par mégarde, d'un coup de pioche.

Les fouilles ayant continué vers le maître-autel, on découvre enfin du côté de l'Evangile, la tête et les ossements d'un corps humain qui avait les mains croisées sur la poitrine, et du côté droit (épître) à la même profondeur, un autre corps dans la même position entouré de pierres légères appelées vulgairement lauzes (1). » Par crainte d'ébranler les fondements de l'édifice, on ne creusa pas davantage à cet endroit et l'on reprit les fouilles du côté gauche de l'entrée du chœur à la hauteur de la tête couverte de la lame de plomb. Après de longues recherches on trouva trois petites têtes disposées en forme de triangle et qui, avec l'autre plus grande,

1. Mgr Chaillan, pp. 120-124 : *les Saintes Maries.*

découverte à droite du chœur, semblaient représenter une croix. Par ordre du directeur des fouilles, Jean Arlatan, les têtes furent enfermées dans la sacristie et les deux corps furent gardés sur place, chacun protégé par un cadre de bois couvert d'une pièce de soie. Les recherches s'arrêtèrent là : elles avaient duré du commencement à la mi-août.

Informé de l'heureux résultat des fouilles, le roi en fit part au Souverain Pontife, lui demandant la permission de relever solennellement de terre les précieuses reliques pour les placer dans les châsses. Le pape Nicolas V chargea le cardinal Pierre de Foix, évêque d'Albano et légat *à latere* d'Avignon, de procéder à la reconnaissance et à la translation des corps saints. Sur l'ordre du roi René, l'évêque de Marseille, plus haut désigné, va à Avignon pour se concerter avec le légat à ce sujet. Le jeudi 14 novembre, Nicolas de Brancas, accompagné du notaire apostolique, Humbert de Rota, se rend à Arles (1) pour — en l'absence du cardinal Louis Allemand, archevêque de ce diocèse, privé de son gouvernement par suite des troubles du concile de Bâle — commencer son enquête sur l'invention des reliques des Saintes Maries.

L'évêque de Marseille et sa suite logent à l'auberge du Mouton, où le 15 novembre, le chevalier Arlatan vient le rejoindre. Le dimanche 17 novembre s'ouvre la procédure.

Le vicaire-général et official de l'archevêché Jean Arboleti, ayant lu les lettres apostoliques désignant Nicolas de Brancas, conjointement avec l'archevêque d'Aix, en qualité de commissaire du Pape pour la présente affaire, lui montre la *Légende* des Saintes relatée dans le bréviaire d'Arles et dans ceux des autres diocèses célébrant cette fête, ainsi que les textes de Gervais de Tilbury et de Durand de Mende dont nous avons parlé plus haut. L'évêque de Marseille entend ensuite neuf

1. FAILLON : *Monuments inédits*, T. II, pièce 230, col. 1229 à 1266.

témoins notables ecclésiastiques et laïques de la ville d'Arles qui, tous, affirment, sous la foi du serment « avoir entendu rapporter ouvertement, publiquement, communément, comme chose notoire, que les corps des Saintes sont inhumés et que cette croyance autorisée par divers miracles, publiquement, manifestement, sans hésitation ni doute, remonte à une époque si lointaine que l'origine en est ignorée... » Ces informations ayant été consignées au procès-verbal, le mardi 19, de bon matin, l'évêque de Marseille, le chevalier Arlatan, le notaire Humbert de la Rota et leur suite, quittent Arles pour venir aux Saintes-Maries-de-la-Mer. Là, « *illico* », vers trois heures de l'après-midi, l'évêque fait approcher le bailli du roi, les syndics de la ville et ceux qui avaient fait les fouilles. Tous se rendent à l'église fermée et gardée depuis la découverte des reliques. Nicolas de Brancas ordonne qu'on en ouvre la porte. Il entre avec sa suite qu'accompagnent Girard Samson, moine de Montmajour, prieur et Hugues Rolland, vice-curé du lieu. « Nous avons examiné la dite église, rapporte l'évêque dans son procès-verbal, et nous avons reconnu qu'elle n'avait à l'extérieur que deux portes, l'une plus grande que l'autre, à savoir : une porte sur chacun des côtés. Nous avons constaté que l'église elle-même est divisée en trois parties : une nef pour la première partie ; une chapelle assez allongée, fermée sur le devant par une grille en fer « *clédassio* » et sur les deux côtés et le fond par un mur en pierre de taille, pour la seconde partie ; un chœur, ou enceinte réservée aux clercs qui chantent l'office, pour la troisième et dernière partie, en laquelle on n'accède que par un long couloir formé par le mur latéral de la dite chapelle. [1] »

Le commissaire papal considère attentivement les fouilles. Il interroge sur les trouvailles qui ont été faites et qu'on lui montre : saintes reliques, poteries, fragments de vases, colonne et plaque de marbre de l'autel en terre pétrie.

L'examen des choses et des lieux terminés, le commis-

1. Chaillan : Les Saintes-Maries-de-la-Mer, p. 94.

saire papal se retire dans ses appartements à l'auberge de la ville où il fait transcrire, l'un après l'autre, séparément et sous la foi du serment, les témoignages des syndics et des personnes qui ont participé aux fouilles et assisté à l'inspection de l'église.

Le lendemain, mercredi 20 novembre, l'évêque de Marseille quitte les Saintes Maries et arrive à Avignon le jeudi. Le samedi 23 novembre, le roi René se présente avec un magnifique cortège d'évêques, de prélats, de chevaliers et de notables devant l'église Notre-Dame des Doms d'Avignon, où le cardinal-légat, Pierre de Foix le reçoit assisté d'évêques, de prélats, de gentilshommes de la ville et du Comtat. Adhémar Fidélis, confesseur du roi et prieur des Dominicains de Saint-Maximin, prend la parole et lprie le cardinal de vouloir bien exécuter la mission que e Saint-Père lui a confié de reconnaître et d'élever les reliques des glorieuses Saintes Maries Jacobé et Salomé. Puis le Roi présente au cardinal-légat la bulle du Pape datée du 20 octobre. Après lecture publique de cette bulle, le cardinal répond qu'il est prêt à obéir aux ordres du Pape et du Roi.

Le dimanche 24 novembre, dans la même église et devant la même assistance, l'évêque de Conserans chante la grand'messe du Saint-Esprit, pendant laquelle le Père Martial d'Auribeau, professeur de théologie au *studium* dominicain d'Avignon, fait l'éloge de la piété et de la généreuse initiative du Roi, et annonce de sa part et de celle du cardinal-légat que l'élévation des reliques des Saintes-Maries commencera le lundi 2 décembre suivant.

Le samedi matin, 30 novembre, le cardinal-légat part d'Avignon en bateau avec une nombreuse suite et arrive sur le soir à Arles, où l'archevêque d'Aix l'attendait au port du Rhône avec une escorte pour l'introduire en ville. Le Roi René, accompagné de la cour et d'une foule pressée de gens de toutes conditions, vient à la rencontre du légat pontifical.

La journée du dimanche, 1er décembre, se passe à Arles, et le lendemain, à la première heure, tout le monde part pour les Saintes-Maries-de-la-Mer. A l'arrivée l'évêque d'Orange chante les vêpres, puis, dans la grande salle de l'auberge, le Roi présente au cardinal le procès-verbal de l'évêque de Marseille concernant les fouilles et les autres informations et textes relatifs à la sépulture des Saintes-Maries. Le cardinal-légat ayant examiné ces pièces, entre en délibération avec les évêques, abbés, chanoines, docteurs en théologie et en droit présents à cette cérémonie. C'étaient : Robert Damiani, archevêque d'Aix ; Nicolas de Brancas, évêque de Marseille ; Antoine Ferrier, évêque d'Orange ; Pierre Nasond, évêque d'Apt ; Jean de Colliargis, évêque de Troie ; — et non de Troyes, comme l'a cru Launoy — Gaucher de Forcalquier, évêque de Gap, Guillaume Soybert, évêque de Carpentras ; Tristan de l'Aure, évêque de Conserans ; Pierre Turelure, évêque de Digne ; Palamède Carret, évêque de Cavaillon ; Guillaume Guezi, évêque de Grasse ; Pierre Marin, évêque de Glandève ; Pons de Sadone, évêque de Vaison ; Pierre du Lac, abbé de Saint-Victor de Marseille ; Armand de Saint-Félix, abbé de Psalmodi ; Jean Préverand, abbé de Saint-Gilles ; Jean Eustache, abbé de Sainte-Marie de Nizelle ; Adhémar Fidèle prieur de Saint-Maximin ; Jean de Badoire, prieur de Bedoin ; Jean Arbolet, prévôt et vicaire général d'Arles ; Louis de Frassenge, doyen de la collégiale de saint Pierre d'Avignon ; Jean Paillère, archidiacre de Carpentras ; Arnaud Guilhem de Sansac, chanoine d'Adura ; Jacques Guilhot, d'Orléans, professeur de droit ; Guilhem d'Arencourt ; Jean Huet et Marquet de Ricc protonotaires assistants au Saint-Siège apostolique.

Avec une grande partie de l'épiscopat de la Provence et du Comtat, ce fut, comme on le voit, un nombre imposant de dignitaires notables : abbés, prieurs, chanoines qui prirent part à cette délibération.

De son côté, le roi René avait auprès de lui : la reine Isabelle, son gendre, Frédéric de Lorraine ; Jean Martin, maître rational, chancelier de Provence ; Tanneguy du Chatel, sénéchal ; Héli, seigneur de Montfaucon ; Jean Arlatan, seigneur de Châteauneuf ; le chevalier Jean de Quiqueran ; Louis, seigneur de Clermont ; Jean de Cossa, seigneur de Grimauu, tous conseillers à la cour ; Girard de Pontmarin, camérier ; Garcia de la Motte, trésorier ; Romain Goy, secrétaire ; Jean Malrois, doyen administrateur et Jean Sevais, doyen, chanoines d'Avignon ; Ernest Buguet, archidiacre et chanoine d'Arles ; Jean, Seigneur de Fos ; Jean de Châteauvert, Etienne Gauffridi, Arnaud de Cerasa, Arnaud de Montjoie ; Antoine de Réal dit Cabassole, écuyers ; les notaires Humbert de la Rota, Pierre de Bleuger, Jean Rastezin ; nombre de moines de Montmajour et de notables ecclésiastiques et laïques formant une suite de trois cents personnes.

C'est devant cette assemblée et la grande foule de pélerins qui l'avait suivie, qu'après la conférence, dont nous avons parlé, le cardinal légat, du haut d'une estrade, prononça au nom du Saint-Siège apostolique la sentence sur l'authenticité des reliques des Saintes-Maries découvertes en ce lieu et ordonna qu'elles fussent enfermées dans une châsse convenable et placées honorablement dans l'église le jour suivant.

La foule des pélerins passa la nuit en prières auprès des saintes Reliques. Le jour suivant, mardi 3 décembre, le cardinal de Foix célèbre la messe pontificalement en présence des prélats revêtus des marques de leurs dignités. Le gendre du roi, Frédéric de Lorraine et le sénéchal de Provence servent à l'autel. Le roi, la reine sont au premier rang de l'assistance.

La messe finie, le cardinal relève les saintes Reliques, les dépose sur une table. Les évêques de Marseille et de Couserans les lavent, selon le cérémonial liturgique, avec du vin blanc dans des vases d'argent, et les passent au légat qui les range dans une châsse double préalablement bénite et magnifiquement ornée.

Après-midi, pour satisfaire la piété de la foule, on transporte la châsse sur la place publique. Le Père Adhémar, prieur dominicain de Saint-Maximin, prononce un émouvant panégyrique des Saintes, puis a lieu l'ostension solennelle des reliques à la foule qui est débordante de joie. Après quoi, la châsse est fermée à quatre clefs dont deux sont confiées au roi René et deux autres au prieur claustral de Montmajour, Jourdan Guavaretti, de qui dépend l'église des Saintes-Marie-de-la-Mer.

Le lendemain, mercredi 4 décembre, le légat dépose dans une autre châsse en bois de noyer les têtes et autres ossements trouvés dans l'église au cours des fouilles, et ordonne d'élever la châsse des Saintes dans la chapelle supérieure dite de Saint-Michel.

Le chant du *Te Deum*, l'oraison et la bénédiction du cardinal-légat couronnent cette mémorable cérémonie. Après quoi, par ordre, maître Humbert de la Rota, notaire apostolique, rédige et signe le procès-verbal de tout ce qui vient d'avoir lieu. Le roi, le cardinal, les évêques et dignitaires y ajoutent leurs témoignages avec apposition de leurs sceaux. La minute originale de ce procès-verbal sur parchemin est encore conservée aux Saintes-Maries. Une transcription, certifiée conforme par le notaire et donnée au roi René, est gardée dans les archives départementales des Bouches-du-Rhône série B 1192. Rien de plus impressionnant que la lecture de ces pièces où, tour à tour, des témoins nombreux, d'une indiscutable bonne foi, viennent, après avoir juré sur les Saints Évangiles, soit attester la croyance immémoriale en la sépulture des Saintes dans l'église où aucun défunt ne fut enterré à cause de la profonde vénération dont cette église était entourée, soit raconter où, quand et comment les précieuses reliques ont été retrouvées.

Si le témoignage humain est un moyen d'information pour l'histoire, s'il doit être pris en considération quand il offre des garanties de sincérité et de véracité, rarement, peut-on dire, témoignages se présentèrent aux yeux de l'historien avec de plus fortes marques de valeur intellectuelle et morale que ceux qui furent apportés au tribunal du cardinal de Foix et devant l'élite de la haute société provençale de l'époque. Que les adversaires des traditions prennent la peine de lire dans les textes ces pièces du procès, et qu'ils nous disent s'il est beaucoup de faits historiques établis sur de plus solides témoignages. Il faudrait renoncer à écrire l'histoire si on pouvait démontrer que tant d'hommes ont pu se concerter, sans que rien ni personne ne décèle leur mauvaise foi, pour accréditer un mensonge ou une croyance purement imaginaire.

Du reste, disons une bonne fois pour toutes : si comme le prétendent Launoy et M. Duchesne, il était si facile autrefois et en Provence surtout, de fabriquer des légendes ou des reliques et d'accréditer ensuite ces inventions, pourquoi les fortunés habitants de ces pays oublièrent-ils de fabriquer une légende sur la découverte des reliques de sainte Marthe, d'inventer des reliques de saint Lazare dont le corps a disparu de Marseille, de rédiger de faux authentiques pour expliquer la présence des reliques des Saintes en Camargue?

Puisque tout cela était si facile, pourquoi les Marseillais, les Arlésiens et les Aixois qui, dans ces découvertes des reliques, paraissent le plus mal partagés ne se sont-ils pas arrangés pour être plus favorisés?

Est-ce que, par hasard, manquant de critique — comme nous l'apprend M. Duchesne — les Provençaux manqueraient encore d'audace? Vraiment, il faudrait alors reconnaître que les Provençaux sont des gens remplis de défauts. C'est pourquoi, sans doute pour être à l'abri de tels reproches, feu M. Duchesne avait... pris soin de naître en Normandie ! comme son plus dévoué défenseur en cette affaire...!!!

CHAPITRE SEPTIEME

DE L'ARGUMENT D'AUTORITÉ

Un septième et dernier argument en faveur des traditions provençales se tire de ce que les savants les mieux informés de l'histoire ecclésiastique de ce pays ont admis et admettent encore le bien fondé de ces traditions.

Et d'abord un aveu : nous sommes les premiers à reconnaître que l'argument d'autorité — en supposant qu'il puisse être présenté — ne peut suffire à lui tout seul à clôre la controverse qui nous occupe.

Aussi bien, pas plus que dans les deux précédentes éditions de cet ouvrage ne l'aurions-nous in.. qué si un des plus récents et des plus représentatifs ...versaires des « traditions provençales », M. Vacandard, ex-aumônier du lycée de Rouen, n'avait cru devoir le reven.iquer à son avantage en ..iéguant l'autorité de M. Duchesne et du R. P. Delahaye, Bollandiste (1).

Puisque donc M. Vacandard a cru devoir faire appel à cet argument, on ne trouvera pas mauvais que nous le suivions sur ce terrain.

L'autorité de M. Duchesne et du P. Delahaye ! Certes elle mérite considération en matière d'histoire ecclésiastique, et on verra plus loin que nous en tenons compte. Mais nous ne craignons pas de dire — et tout homme informé sera de notre avis — que sur la question qui nous occupe, elle ne peut entrer en parallèle avec l'autorité d'Albanès et d'Ulysse Chevalier, encore moins la contrebalancer.

1. Cf. Revue des Questions historiques, 55e année, no 206 1er octobre 1924, p. 294.

Pour démontrer à l'évidence la vérité de ce que nous avançons, il suffira de dire ce que furent la vie et l'œuvre de ces deux savants. Écoutons pour cela un maître :

« La vie d'Albanès, a écrit M. Camille Jullian, a été une et méthodique. Elle peut être proposée comme idéal à ceux qui font de la science la règle principale de leur conduite intellectuelle. Il l'a consacrée, depuis l'adolescence jusqu'aux dernières limites d'une vieillesse vigoureusement active, à l'histoire religieuse de la Provence, son pays natal. Il ne séparera jamais dans ses affections les patries de son corps, de son esprit et de son âme : la France, l'histoire et l'Église et pour les servir toutes les trois il se voua à l'étude des Annales ecclésiastiques des diocèses provençaux...

« Un des tout premiers en France, il a abordé et fouillé les registres du Vatican et ceux mêmes du Latran si longtemps inaccessibles. Chaque année, il reprenait la route de Rome et occupait une partie du printemps à fouiller les archives pontificales. Il conduisait ses recherches méthodiquement, sans hâte et sans répit, avec une persistance d'attention qui lui était particulière. Plus que septuagénaire, il continuait, en souriant, dans les salles familières du Vatican, la besogne ardue du copiste. Puis, de retour à Marseille, il coordonnait ses découvertes.

Albanès s'était donné mission de dresser les Annales des diocèses provençaux.

« Il a voulu refondre et refaire la *Gallia christiana*. C'était une très haute et très audacieuse ambition. Il n'a jamais eu la fausse modestie de la diminuer et ceux qui ont vécu dans son intimité la trouvaient toute naturelle.

« Peu de savants ont eu, dans ce siècle, l'esprit moins étroit, la science moins exclusive. La nature de ses travaux l'appelait surtout au Moyen-Age. Il ne s'y enferma jamais. Il se rendait naturellement compte de la solidarité qui unit toutes les sciences historiques et toutes les périodes de l'histoire.

« Paléographe en temps ordinaire, il aimait particulièrement l'épigraphie et la numismatique.

« Dans les rares loisirs qu'il passait à la campagne, il parcourait la Provence en archéologue. Il a étudié l'œuvre des intendants et des ingénieurs du XVIIIᵉ siècle pour retrouver, au delà des transformations modernes, le sol et les routes primitives de la Provence chrétienne...

Il avait un tel plaisir de la vérité, un tel souci de méthode, qu'il était incapable, même pour les temps qui lui étaient le moins familiers, de hasarder une hypothèse mal justifiée. Car toujours, et sur tous les points, il en revenait à ses préoccupations intimes : la connaissance et la critique des sources. Dans ses causeries scientifiques où il voulait bien admettre quelques amis, il ne parlait pas autrement que Fustel de Coulanges. »

« Qu'il me soit permis de rappeler ce que M. Albanès a été pour moi. Il y a dans toute éducation scientifique ou industrielle, l'enseignement de l'école et celui de l'atelier. Après mes maîtres de l'Université, je ne dois à personne plus qu'à M. Albanès. Que de longues heures il m'a permis de passer près de lui dans le déchiffrement d'inscriptions, l'analyse d'une vie de saint, la discussion d'une hypothèse nouvelle. Ces moments-là, je me sentais dans cette mêlée scientifique qui est pour nous une école de plein air. Car avec M. Albanès, dont l'ardeur était combative et l'intelligence sans cesse en éveil et en émoi, la science ressemblait un peu à une bataille. Chacun de mes voyages à Marseille était pour moi une expérience de plus et j'étais fier de me retrouver, auprès de ce maître toujours au travail, studieux apprenti ».

Or, ce savant, dont M. Camille Jullian, bon juge et sous tous les rapports, on le reconnaîtra, fait un tel éloge ; cet historien tout à la fois paléographe, archéologue, épigraphiste, numismate ; qui connaît sa Provence mieux que personne ; « qui avait un tel plaisir de la vérité, un tel souci de la méthode qu'il était incapable, même pour les temps qui lui étaient les moins familiers de hasarder une hypothèse mal justifiée, » Albanès, le rénovateur de l'histoire religieuse de la Provence, a toujours cru à la véracité des traditions provençales touchant l'apostolat de Lazare,

Marthe, Marie-Madeleine, et en a toujours défendu avec force le bien fondé.

« Cette foi invincible, dit M. Camille Jullian dans la biographie déjà citée, l'a conduit à mettre en vedette cette inscription de Volusianus et ce sarcophage de la Gayolle qui ont une antiquité comparable aux plus anciens vestiges de la Rome souterraine. »

Elle lui a fait entreprendre nombre d'autres travaux, dont, la seule énumération comprendrait plusieurs pages et suffirait à montrer que rien parmi les faits et les monuments de l'histoire provençale n'était ignoré de cet humble savant qui en fouilla les sources pendant soixante ans. »

B) L'autorité de M. Ulysse Chevalier, ex-professeur à l'Université Catholique de Lyon et ex-membre de l'Institut, est plus connue encore que celle d'Albanès, sinon des érudits, du moins des profanes, en matière d'histoire religieuse du Sud-Est de la France.

Or, M. Ulysse Chevalier, héritier de la pensée et travaux d'Albanès, nous a révélé son opinion sur le bien fondé des traditions provençales. Dans le tome I de cette *Gallia Christiana novissima* qu'il a éditée après la mort de son savant ami, il écrit en guise d'introduction :

« Dans cette introduction il restera une lacune considérable qu'il n'a pas semblé possible de combler. Le public attendait avec impatience la mise en œuvre d'arguments que M. Albanès tenait pour irréfragables en faveur de l'apostolat des églises de Provence.

« Quelque opinion qu'on ait à cet égard, on regrettera toujours que le représentant le plus autorisé de l'école dite légendaire, n'ait pas eu le temps de résumer des idées qui avaient mis un demi-siècle à s'élaborer dans son esprit, Des papiers renfermant des notes et extraits de documents sur la question, mais nullement la trame d'une démonstration sur la certitude de laquelle il n'avait jamais varié. »

Et plus loin : « De tous temps on a cru en Provence, que saint Maximin avait prêché l'Evangile à Aix et avait été le premier évêque de cette ville. Durant le Moyen-âge ce fut une croyance générale... Aujourd'hui comme alors, malgré des attaques passionnées, insidieuses, qui n'ont ébranlé ni les simples fidèles, les hommes instruits, c'est encore la croyance parmi nous que la Provence a été évangélisée au 1er siècle par les disciples du Sauveur. C'est la foi constante de toutes nos populations. C'est le résultat forcé de l'étude de nos vieux documents chrétiens, qui viennent successivement au jour, au grand ébahissement de nos adversaires qui ne s'y attendaient pas. Déjà il n'est plus permis à la science d'ignorer et de ne pas avouer que l'évangélisation de la Provence au 1er siècle est un fait incontestable. Or, la Provence évangélisée au 1er siècle, à l'ère des Apôtres, qu'on le veuille ou qu'on ne le veuille pas, c'est Lazare à Marseille Marthe à Tarascon et Marie-Madeleine à la Sainte Baume. (1) »

Et M. Ulysse Chevalier non seulement donne, après Albanès, Lazare comme 1er évêque de Marseille et Maximin, comme 1er évêque d'Aix dans la « *Gallia christiana novinum* » mais dans son magistral « *Répertoire des sources historiques du Moyen-Age* » T. 1 col 1500 il inscrit : Marie (Sainte) Madeleine (de Magdalum) en Provence 1er siècle juillet, 22 à Marseille (à Vézelay).

Telle est l'opinion— fruit chez l'un comme chez l'autre de nombreux travaux et de longues reflexions qui ont duré plus d'un demi-siècle — de ces deux maîtres hors de pair qui s'appellent Albanès et Ulysse Chevalier.

M. Duchesne avec sa causticité habituelle, pas toujours très spirituelle et encore moins charitable, a paru faire bon marché de la valeur scientifique de ces deux défenseurs des « traditions ». Si cela ne l'honore guère, cela surtout ne diminue en rien la valeur scientifique de ceux qu'il a voulu atteindre.

Or, entre l'autorité d'un Albanès et d'un Ulysse Chevalier en matière d'histoire religieuse provençale et l'autorité d'un M. Duchesne et d'un P. Delahaye, qui n'ont guère fait dans la question en litige que reproduire en les rajeunissant les objections de Launoy, il y a — on nous l'ac-

_____

1. Gallia christiana novissima. T. Ier. Diocèse d'Aix.

cordera, j'espère, après ce que nous venons de dire — toute la distance qui sépare des maîtres informés et scrupuleux de peu compétents et peu sérieux apprentis.

En cette affaire, quoiqu'en dise M. Vacandard, ces deux historiens éminents, par ailleurs se sont prononcés à la légère: ils n'ont pas pris la peine seulement d'étudier dans Faillon même tous les éléments de la question, de visiter les lieux, en un mot de se faire une opinion personnelle. Ils se sont contentés de rajeunir les vieilles critiques de Launoy, sans tenir compte des réponses qui leur avaient été faites ni même des découvertes qui, sur certains points, les annihilaient.

Aussi bien, on va le voir après Faillon, à qui tous : partisans et adversaires des traditions sont pour des motifs divers également redevables, les plus récents défenseurs de ces traditions les Albanès, les Ulysse Chevalier, les Bellet, les Sicard, les Cortez, les Béranger, les Marbot, les Chaillan ont opposé aux critiques de leurs adversaires des raisons généralement satisfaisantes et souvent décisives.

Avec une patience et une bonne volonté vraiment méritoires, ils ont donné des explications qu'on a feint ne pas entendre pour se dispenser de les discuter et quand, comme nous, ici, il leur est arrivé de poser des questions nettes et précises à M. Duchesne et Vacandard ces questions sont demeurées sans réponse. (1)

Point n'est besoin dans ces conditions de renoncer à des traditions, dont on a vu le bien fondé pour adopter des opinions tout au moins hasardeuses....

---

1. C'est très intentionnellement que nous faisons ici cette remarque. Comme son maître : M. Duchesne, M. Vacandard, dans son article du 1ᵉʳ avril 1924, publié dans la *Revue des questions historiques*, paraissant dédaigner M. Faillon, nous tenons à lui rappeler qu'il est, lui aussi autant que nous, redevable au docte sulpicien, sinon directement, du moins indirectement, ne serait-ce que pour avoir pris chez M. Duchesne la documentation que celui-ci avait puisée dans l'auteur des *Monuments inédits*. Il suffira de confronter les textes pour voir la vérité de notre affirmation.

DEUXIÈME PARTIE

*Valeur des critiques dirigées contre
les traditions provençales*

CHAPITRE PREMIER

Les premières attaques sérieuses, en dehors du protestantisme contre les traditions provençales ne remontent guère qu'au XVIIe siècle.

Elles furent portées par Jean Launoy, 1603-1678, et réunies par lui, dans un livre publié vers 1640, qui a pour titre : *De commentitio Lazari et Maximini Magdalenae et Marthae in Provinciam appulsu, dissertatio.*

Docteur de Sorbonne, janséniste renforcé, Launoy qui avait déjà tenté de dénaturer le texte même du concile de Trente, entreprit de contester à la plupart des églises de France leurs antiques et glorieuses traditions. Les traditions provençales ne trouvèrent pas grâce devant la manie de destruction de celui que ses contemporains appelaient : « le dénicheur de Saints, » et que l'illustre et savant canoniste Benoît XIV devait qualifier de « menteur le plus impudent et le plus misérable ». (1)

Cela n'empêcha pas Launoy de faire école. C'est ainsi que, par la suite, ses critiques furent acceptées et reprises par Fleury 1640-1723, Baillet 1649-1706, Papon 1734-1803, Siméon Luce (2), etc.

Comme les principales objections de ces divers auteurs ont été retenues et rééditées en ces derniers temps

1. *Benedictus XIV, de Festis,* lib. II, cap. 25, nº 12 : *Launoyum impudentissime turpissimeque mentitum.*

2. Nous devons à la vérité de dire que l'article de M. Siméon Luce (*Revue des sociétés savantes*, t. VI, t. VI, 1882, p. 125), consacré au compte-rendu du livre : le *Couvent royal de Saint-Maximin*, de M. Albanès, est moins tranchant et moins absolu que celui de M. Duchesne. Ce compte-rendu est élogieux, il contient plutôt des réserves que des attaques proprement dites.

par M. Duchesne, il suffira d'examiner l'argumentation de ce dernier pour avoir une idée de la valeur des critiques des anti-traditionalistes.

Toutefois, M. de Manteyer, après dom Morin et M. François de Saint-Vincens, ayant émis une opinion qui se trouve en désaccord avec celle du chef de l'école néo-critique relativement à l'origine des traditions provençales, et certains autres auteurs ayant soulevé quelques objections contre les traditions des Saintes-Maries de la Mer nous consacrerons deux chapitres à l'examen des arguments de ces divers auteurs.

*
* *

M. Duchesne, nous le savons, — et il ne nous déplaît pas de le rappeler, — protesta véhémentement quand on lui dit qu'il ne faisait guère que renouveler les objections de Launoy et autres anti-traditionalistes, objections déjà réfutées par Pagi (1624-1690), Noel Alexandre (1639-1724), le bollandiste du Sollier, xviiie siècle, Faillon et Albanès.

Pour se défendre contre une telle imputation, l'auteur de la *Légende de sainte Marie-Madeleine* alla jusqu'à écrire dans les *Annales du Midi* qui avaient eu la primeur de son étude : « Pas plus pour cette question que pour d'autres analogues, je n'ai pris connaissance des écrits de Launoy. Dans sa grande bonne foi, M. Faillon crut devoir joindre à son livre la dissertation du célèbre sorbonniste : de cet appendice je n'ai lu que le titre. On me dit que mes conclusions, en ce genre de choses, ressemblent souvent à celles de Launoy. C'est possible, mais ce n'est pas ma faute. Depuis plusieurs années, je préside deux fois par semaine des conférences d'érudition, dans la bibliothèque de la Sorbonne. Derrière ma chaise s'étale, en une série d'in-folio, la collection complète des œuvres du docteur. J'en suis encore à remuer un de ces tomes, et je ne pense pas que

l'esprit qui les inspira se communique à moi par le
contact de leurs reliures (1). »

Nous nous garderons bien de discuter la parole de
l'honorable académicien. Toutefois, il nous sera permis
de faire remarquer que, si nous traitions le témoignage
de M. Duchesne avec la même désinvolture qu'il traite
celui de tous les témoins de l'invention de 1279, son autorité d'historien en sortirait sans doute atteinte et diminuée.

Mais si nous nous abstenons de discuter l'affirmation
de M. Duchesne, nous ne pouvons oublier que la vérité
et l'histoire ont des droits. Or, qu'il ait lu ou qu'il n'ait
pas lu Launoy, la vérité est que. dans son étude sur la
Légende de sainte Marie-Madeleine, l'ex-directeur de l'école
française de Rome a reproduit toutes les objections de
Launoy, plus deux autres qui sont de l'historien provençal Papon. Et l'histoire retiendra que sciemment ou
inconsciemment, le chef des anti-traditionalistes parut
donner raison à ces accusateurs, quand, transportant son
article des *Annales du Midi* dans le tome 1er de ses
Fastes épiscopaux, il retrancha purement et simplement le
passage relatif à Launoy. Ce passage le gênait-il? Nous
l'ignorons. Toujours est-il qu'il l'a omis. Mais il est écrit
et il reste dans les *Annales du Midi*.

Cette remarque préliminaire n'était peut-être pas
inutile. Une autre nous paraît non moins nécessaire avant
d'aborder l'examen de l'argumentation de M. Duchesne
et des anti-traditionalistes.

Pour reconnaître le bien-fondé des traditions provençales, M. Duchesne voudrait des documents et des témoignages formels, remontant aux premiers siècles. Nous
croyons avoir le droit de nous élever légitimement
contre de pareilles exigences. Depuis quand, en histoire,
une tradition ne vaut-elle qu'autant qu'elle est soutenue
par des documents écrits aussi antiques qu'elle? « Afficher
de semblables prétentions, c'est oublier que beaucoup de
faits historiques, pourtant reconnus et admis, sont loin

1. *Annales du Midi*, 5e année : la *Légende de sainte Marie-
Madeleine*, p. 2.

d'être en règle avec de telles conditions de crédibilité. C'est encore oublier que, dans l'église, en matière de culte et · de liturgie, la tradition joue un rôle prépondérant et nécessaire. Sans doute, à travers le cours des âges, après tant de bouleversements et de ruines, les titres qui, en principe, justifiaient cette tradition ont pu périr et se perdre, mais le fait de la possession a survécu, il est lui-même un témoignage de haute valeur, et le moindre sentiment d'équité oblige à en tenir compte. Il y a là pour une église un bien précieux, qu'elle possède et conserve, tout comme le propriétaire d'un champ possède et garde son bien patrimonial, quoique souvent il ne puisse plus reproduire, aujourd'hui, les titres authentiques qui en légitimaient autrefois la possession entre les mains de ses ancêtres ». (I)

Mais, nous l'avons dit, les traditions provençales sont loin d'être un bien sans titres. Les églises qui les détiennent, et l'église catholique qui les approuve, au moins par sa liturgie, invoquent plus qu'un droit de possession pure et simple. Ces églises présentent des titres. Et ces titres sont, suivant les temps, des vraisemblances très rationnelles, des présomptions sérieuses, des probabilités fondées, enfin des témoignages formels en faveur de la vérité de ces traditions. De tout cela, M. Duchesne ne tient nul compte ou à peu près. Il commence par proclamer avec Launoy que les traditions provençales « ne peuvent se réclamer d'aucun témoignage antérieur au XIᵉ siècle avancé ». (2) Puis, avec Launoy encore, il déclare qu'on chercherait en vain « à expliquer cette pénurie par les ravages des Sarrasins, ou par d'autres circontances locales » (3) ce qui est cependant plausible.

1. M. BELLET : *Les Origines des églises de France*, préface, p. 8.
2. M. DUCHESNE : *Fastes épiscopaux de l'ancienne Gaule*, t. I, Paris. Fontemoing 1907, p. 322.
3. Inutile de rappeler ici que plusieurs auteurs sérieux ne partagent pas l'avis de M. Duchesne et de Launoy. Papon, un adversaire des traditions, constate avec peine, dans son *Histoire de Provence*, que toutes nos archives ont été brûlées par les Barbares, et que, malgré toutes ses recherches, il n'a pu avoir

Après quoi, voulant expliquer où, quand et comment s'est formée la légende de sainte Marie-Madeleine, il tâche d'établir :

entre les mains que peu d'actes antérieurs au XI⁰ siècle. Les faits sont là, du reste, pour attester la vérité de cette constatation historique.

Les hypercritiques insistent et disent que les Barbares n'ont pas supprimé les œuvres de Fauste, de Cassien, de Vincent de Lérins, de Gennades, ni les Vies de saints martyrs ou confesseurs dues à la plume d'Honorat, de Cyprien et de leurs émules. Sans doute, mais on peut répondre :

1º Que les auteurs désignés sont des directeurs d'âmes, des conducteurs de peuples : évêques ou moines théologiens, orateurs, ascètes, mais nullement des chroniqueurs et des historiens ;

2º Si leurs œuvres ont survécu, c'est justement à cause de leur caractère d'œuvres doctrinales, destinées à la formation ou au développement de la vie chrétienne, qui les faisait se répandre rapidement et partout où se trouvaient des couvents. Par contre, on comprend que des inscriptions isolées, des titres d'églises ou de monastères, des documents conservés dans les archives existant le plus souvent en un seul et unique exemplaire aient disparu plus facilement ;

3º Que si, malgré ce que nous venons de dire, quelqu'un s'étonnait encore de la disparition de ces documents, nous le renverrions à l'étude approfondie que dom Prosper Guéranger a écrite sur nos anciens livres liturgiques. Cf., Institutions liturgiques, T. III, pp. 109-110. Il verra là, avec non moins d'étonnement, comment une des églises de France la plus fidèle à ses anciens usages : l'église de Lyon, n'est en mesure de produire aucun de ses livres liturgiques, conservés cependant avec tant de soin, qui remonte au delà du XII⁰ siècle.

4º Enfin quelque étonnant que puisse paraître le silence d'un auteur ou d'un document, cela ne constitue jamais qu'un argument négatif. Parce que Chateaubriand ne parlerait pas dans ses œuvres de la bataille d'Austerlitz, on ne saurait inférer que cette bataille n'a pas eu lieu. Que certains martyrologes ne fassent pas mention des saints palestiniens, cela ne peut suffire pour affirmer que ces saints ne sont pas venus en Provence. Aujourd'hui encore, dans les divers propres diocésains de la Provence, on rencontre des anomalies qui paraissent inexplicables. Les saints palestiniens ne se trouvent pas tous dans les divers propres de la province d'Aix ! Par contre, on fait quelquefois mention dans ces propres de saints qui paraissent n'avoir eu aucun rapport avec les diocèses qui célèbrent leur fête. Il est vrai que d'autres saints qui sont nés, ou sont morts quelquefois dans un diocèse, n'ont pas leur fête marquée dans le propre même de ce diocèse.

Que conclure de là, sinon que les livres liturgiques offrent des anomalies telles que seule une connaissance complète des raisons qui inspirèrent leurs auteurs pourrait expliquer.

1º Après Launoy encore, que les plus anciennes traditions relatives à Lazare et à ses deux sœurs se trouvent d'abord en Orient, et non en Occident ;

2º Que en France, ces traditions se firent jour, en premier lieu, à Vézelay, vers le milieu du xiᵉ siècle ; puis, en second lieu, et par le moyen de la légende de Vézelay, en Provence, dans le courant du xiiᵉ siècle ;

3º Toujours d'après Launoy, que la découverte de 1279 fut une véritable supercherie.

***

Après bien d'autres qui l'avaient déjà refutée chez les devanciers de M. Duchesne, M. Albanès, M. Bellet, M. Béranger et P. Sicard ont contesté formellement cette thèse. Tandis que M. Duchesne ne versait aucun élément nouveau dans le débat, ces auteurs, M. Albanès en particulier, en ont apporté de très importants, comme le manuscrit de Fra Salimbène, l'inscription de la Nunziatella, et plusieurs documents lapidaires. Ils ont surtout, à notre avis, établi péremptoirement :

1º Que les traditions orientales relatives à Marie-Madeleine et à Lazare ne sont ni sûres, ni anciennes, ni inconciliables avec celles de la Provence ;

2º Que la Légende de Vézelay est postérieure aux traditions provençales et que loin de les contredire, cette légende confirme ces traditions ;

3º Que les faits et documents, qualifiés de supercherie et de faux par les anti-traditionalistes, sont au contraire de la plus évidente sincérité et de la plus indéniable authenticité.

Reprenons un à un les arguments de M. Duchesne et de ses contradicteurs, et exposons brièvement les raisons alléguées par les deux parties.

CHAPITRE DEUXIÈME

LES TRADITIONS ORIENTALES — OBJECTION ET RÉPONSE

Argument de M. Duchesne : *Les plus anciennes traditions relatives à Lazare et à ses sœurs se retrouvent d'abord en
Orient et non en Occident.*

Après avoir voulu démontrer, assez longuement et assez
inexactement, avec Launoy que Marie de Béthanie ne
possède aucun « sanctuaire spécial, et a peu de relief »
en Orient ; après avoir faussement affirmé que « les Grecs
ont toujours distingué Marie-Madeleine de Marie de
Béthanie », (1) M. Duchesne poursuit ainsi : « Le tombeau
de la Madeleine « était, dès le vɪᵉ siècle, un des lieux
saints d'Ephèse. Grégoire de Tours, l'homme le plus
renseigné de son temps en matière de pèlerinages, connaît ce sanctuaire : *In ea urbe* (Ephèse) *Maria Magdalenæ quiescit nullum super se tegumen habens* (2).

« Au temps de Charles Martel, il fut visité par le moine
anglo-saxon Willibald, Modeste, évêque de Jérusalem,
dans la première moitié du vɪɪᵉ siècle, le mentionnait dans
une de ses homélies. (3)

« Quant à Lazare, certaines traditions le rattachaient

1. Sur la distinction ou l'unité de Marie-Madeleine et Marie
de Béthanie, Cf. Noel Alexandre, Faillon qui donne, t. I, p.
231, un tableau comparatif de l'état de la question, Bérenger : *Sainte Marie-Madeleine en Provence*, pp. 36 et suivantes.
Faillon : *Evangile de saint Luc* (VII, 50), la *Sainte Bible*, édition
de Letbielleux.

2. Grégoire de TOURS : *De gl. mart.*, 29. Objection de Lan-
noy. Cf. Faillon : *Mon. in.*, TI. col. 1360 A.

3. Autre argument de Launoy. Cf. Faillon, *Mon. in.*,T. I, col.
1358.

aussi à Ephèse. C'est du moins ce que dit le moine Bernard qui visita les lieux saints d'Italie et d'Orient vers l'année 870 : *qui* (Lazare) *discitur post ea* (après sa résurrection) *perstitisse episcopus in Epheso XL annis.* Quoi qu'il en soit, son tombeau se voyait à Citium (Larnaca) dans l'île de Chypre, où l'on trouve encore une vieille église de son vocable. C'est de là, en effet, que son corps fut tiré, en 899, par l'empereur Léon VI, pour être transporté à Contantinople, avec celui de sainte Madeleine venu d'Ephèse. On les disposa dans une église nouvellement érigée au lieu appelé *Topoi*, tout près de la mer, au-dessous de l'ancien palais impérial, à l'endroit où le Bosphore débouche dans la Propontide. Cette double translation est relatée par un grand nombre d'historiens byzantins du Xe siècle : elle ne saurait être mise en doute (1) ».

Pour être absolument exact, ajoutons qu'à propos du tombeau de Lazare à Citium, M. Duchesne dit en note : « On pense bien que je ne me porte pas garant de l'authenticité de ce tombeau, pas plus que de celui de Madeleine, Je me borne à constater qu'on les montrait dans ces localités ». Avouons qu'on ne saurait être plus prudent : mais quel dommage que M. Duchesne se départe un peu trop de cette prudence en d'autres circonstances, où elle serait plus appréciée et non moins nécessaire ! Il ne s'exposerait pas à voir ses allégations contestées et réfutées par les traditionalistes qui lui démontrent, en s'appuyant sur l'histoire et les mêmes textes, que :

Les traditions orientales relatives à Marie-Madeleine et à Lazare ne sont ni sûres, ni anciennes, ni inconciliables avec les traditions provençales.

En effet répliquent les partisans de la tradition :

1° Le texte de Grégoire de Tours, allégué par Launoy et M. Duchesne, est d'une authenticité douteuse, puisque l'annotateur des œuvres du grand évêque des Gaules fait remarquer lui-même que ce texte manque au Codex de

---

1. M. DUCHESNE : *La légende. Fastes épiscopaux de l'ancienne Gaule.* pp. 206 et suiv. Paris, Fontemoing, 1907, p. 325-326.

Clermont (1) considéré par tous les paléographes comme la plus sûre et la plus fidèle des collections d'anciens manuscrits.

2° Le livre de Grégoire de Tours, intitulé : *De Gloria Martyrum*, d'où ce texte a été extrait, est peu estimé au point de vue historique. Dans cet ouvrage, comme il est facile de s'en rendre compte, l'auteur a rapporté sans ordre et sans critique une fo. . de faits merveilleux et de traits édifiants, tels qu'on les lui racontait ou qu'il les lisait dans les actes et les légendes des saints les moins connus. Dans cette circonstance, Grégoire, qui n'est jamais allé à Ephèse, avoue qu'il ne connaît ce tombeau de Madeleine que « par le voyageur syrien qui l'a aidé à transcrire les actes des Sept Frères Dormants » (2).

3° D'ailleurs, le texte ne dit pas tout-à-fait ce que M. Duchesne lui fait dire. Donnons les paroles attribuées à l'évêque de Tours, dans leur teneur littérale : « A Ephèse, croit-on, repose sainte Madeleine, son tombeau est en plein air, rien ne l'abrite contre les injures du temps. »

Ne faut-il pas pratiquer un peu cet a. . de « solliciter les textes », dont parlait dans une triste et mémorable circonstance un triste et trop fameux critique pour

1. *Hoc caput deest in Codice Claram.* (MIGNE, *Patr. lat.*, t. LXXI : Grégoire DE TOURS. *De gl. mart.*, lib. 1, p. 1. Etudes religieuses, t. LXXXVIII, 20 août 1901, p. 158. Les manuscrits des Jésuites, par J. Bruckner, qui nous apprend que l'Allemagne paya cette collection 375.000 marks, c'est-à-dire 468.785 francs, d'avant-guerre.

2. Grégoire DE TOURS : *De gl. mart.*, lib. 1 : *Passio eorum quam Syro quodam interpretante in latinum trans- tulimus.* Dans ce livre l'auteur rapporte que l'étoile de Bethléem est encore visible dans un puits qui est près de la grotte. Ceux qui ont le cœur pur viennent se pencher sur la margelle et se couvrant la tête avec un linge, ils voient passer doucement l'astre sur l'eau. Il prétend encore que, au sommet d'une montagne, il y a quatre murs sans toitures entre lesquels saint Jean aurait composé son Evangile. L'apôtre, toujours en prière, aurait demandé et obtenu qu'aucune pluie ne tombât en cet endroit jusqu'à ce qu'il eût terminé son œuvre. Maintenant encore ni pluie ni orage ne se produisent en ce lieu, etc. Grégoire DE TOURS : *De gloria martyrum*, ch. II et XXX. MIGNE : *Pathologie latine*, t. LXXI.

tirer de cette parole cette affirmation catégorique : « Le tombeau (de la Madeleine) était, dès le VIe siècle, un des lieux saints d'Ephèse? » Qu'est-ce que ce lieu saint « sans toiture », sans autel, « non abrité contre le vent et les injures du temps », qui dut demeurer assez longtemps abandonné et même inconnu, puisque écrivant sur Ephèse aucun auteur n'en avait encore parlé?

4° Le texte de Grégoire de Tours nous apprend que ce tombeau de Madeleine était à l'entrée de la grotte des Sept Dormants. Raison de plus pour ne pas admettre que ce tombeau fût celui de Marie-Madeleine, la pécheresse de l'Evangile. Car, l'on ne comprendrait pas comment, en 250, pour se cacher, afin d'échapper à la persécution, les Sept Dormants seraient allés se réfugier en un lieu célèbre et vénéré, comme aurait dû l'être alors la sépulture de l'amie prédilectionnée du Christ.

5° Il est donc probable, pour ne pas dire certain, que le tombeau situé à l'entrée de la grotte des Sept Dormants a été construit après la découverte des corps des sept martyrs, en 470, et que la Madeleine en question n'est pas celle de l'Evangile, la sœur de Lazare et de Marthe, revendiquée par les traditions provençales. Cela paraît d'autant plus fondé que, s'il faut en croire le ménologe de Basile, une autre sainte Madeleine vécut à Ephèse un siècle après la découverte des reliques des Sept Dormants, et fut ensevelie à l'entrée de leur grotte (1).

6° Sans compter que le texte de Modeste (2) déjà odieusement tronqué et dénaturé par Launoy, et auquel, à son tour, se réfère M. Duchesne, paraît corroborer cette interprétation. Modeste dit bien que la Madeleine d'Ephèse est celle de laquelle le Sauveur chassa sept démons, mais il ajoute qu'elle « fut vierge *toute sa vie : dia*

---

1. *Deposita fuit ad ingressum speluncæ in quâ sancti ac beati Septem Pueri dormierunt. Kalendariæ Ecclesiæ univers.,* t. VI, p. 191.

. 2. Sur la citation de Modeste. Cf. : Pagi, Noel Alexandre, Launoy, Faillon : *Mon. in.,* t. I, col. 1357 et 135 8 et *Commentitio Laycivi,* etc. Paris 1, cap. 1.

biou, et que, « à cause de sa parfaite virginité et de son excellente pureté. elle parut dans son martyre à ses bourreaux comme un limpide cristal » Cette virginité perpétuelle et parfaite se concilie difficilement avec la vie coupable de celle que l'Evangile désigne par ces mots : *Mulier quœ erat in civitate peccatrix* (Saint Luc, VII, 37).

7° Au surplus, l'authenticité de ce texte a été contestée par les Bollandistes. « C'est Photius, nous disent ces savants hagiographes, et Photius seulement, l'auteur du grand schisme de l'Eglise grecque, qui nous l'a transmis deux cents ans après la mort de Modeste. Faut-il ajouter foi à celui qui fut marqué de tant de flétrissures, quand il nous donne un fragment de texte opposé aux traditions latines? Ceux qui s'occupent d'histoire et de controverse savent à quoi s'en tenir sur son compte. Mais ce qui est mieux encore, c'est que Photius lui-même nous donne le droit de douter que le texte soit de Modeste. Deux fois dans ses œuvres, le patriarche schismatique de Constantinople cite, mot pour mot, ce passage. Dans le livre : *Ad Amphilochium*, il ne l'attribue pas à Modeste. Dans la *Bibliotheca*, il le fait bien précéder de ce titre : « de Modeste, archevêque de Jérusalem ; » seulement, comme dans le cours du récit il introduit subrepticement un personnage étranger (1), l'annotateur des œuvres de Photius se demande qui parle, de Modeste ou de l'étranger? Et il laisse sa question sans réponse. *Nescio quem hic insinuat Photius cuique hanc observationem tribuit* : Je ne sais pas quel est celui que veut désigner Photius et auquel il attribue cette observation (2). »

8° Mais quand bien même le discours de Modeste serait authentique, on ne voit pas comment M. Duchesne pourrait l'alléguer pour dire : «l'évêque de Jérusalem dans la *première moitié du* VII° *siècle* mentionnait (*ce lieu saint*) dans une de ses homélies ». C'est là encore une de ces douces sollicitations de texte, agréables et utiles peut-

1. (Car, ult-ll).
2. Photius, t. III, p. 113, n° 511 (MIGNE).

être à l'auteur de la *Légende de sainte Marie-Madeleine*,
mais il faut bien se rendre devant l'évidence. Pris à la
lettre, le texte de Modeste cité par Photius ne comporte
pas cette mention. Or, il est nécessaire de faire remarquer que, si le célèbre *lieu saint* avait existé, Modeste,
ou le narrateur étranger, ou à leur défaut Photius lui-
même, auraient dû, ce semble, en dire un mot à leurs
auditeurs, pour l'honneur de Marie-Madeleine, et la gloire
de la ville d'Ephèse (1).

9° Le texte de Willibald invoqué déjà par Launoy (2) n'est
pas moins sujet à caution que ceux de Grégoire de Tours
et de Modeste, ou plutôt de Photius. A propos de cette visite
du moine anglo-saxon au lieu saint d'Ephèse, M. Duchesne lui-même éprouve le besoin de noter « qu'il n'en est
question que dans la seconde rédaction de l'Odæporicus (3). C'est vraiment fâcheux pour les hypercritiques,
car la première rédaction de la vie de Willibald, œuvre d'une
religieuse sa parente, mérite, de l'aveu de tous, la plus
grande confiance, son auteur ayant soin de nous informer
que « ce n'est pas sur des notes apocryphes, ni même
d'après des récits courants, mais sous la dictée de Willibald
lui-même qu'elle a écrit, ayant à ses côtés deux diacres

1. C'est toujours avec une surprise mêlée de plaisir que
l'on découvre ces inconséquences, chez les hypercritiques. M.
Duchesne et ses disciples trouvent excessif que les traditionalistes s'appuient sur le martyrologe anglo-saxon du roi
Alfred pour établir que la légende de Marie-Madeleine était
connue en Angleterre au IX° siècle. M. Vacandard appelle cela
« une intrépidité d'affirmation et d'identification un peu déconcertante ». (*Revue du clergé*, 1er mars 1912, p. 582). Par contre,
ces mêmes critiques trouvent tout à fait naturel et légitime
d'écrire que « Modeste mentionne le lieu saint de Marie-
Madeleine à Ephèse », quand cet auteur écrit littéralement:
« Elle — Marie-Madeleine — alla à Ephèse auprès du disciple
bien-aimé ; et là, Marie la porteuse de parfums acheva par le
martyre sa course apostolique ». Où voit-on cette mention du
lieu saint ? Et comment appellerons-nous dès lors ce procédé
de la part de gens du Nord : Breton ou Normand ? Dira-t-on
que nous manquons d'indulgence, si nous disons qu'il y a là
une intrépidité d'invention un peu déconcertante ?

2. Launoy : *de Commentitio Lazari*, etc., Cap. II. Voir Faillon :
Mon. in., t. I, col. 1360-1361.

3. Duchesne : *La Légende*, p. 4, note 2.

qui l'entendaient comme elle (1) ». Par contre, l'auteur anonyme de la seconde rédaction ne mérite plus tout-à-fait le même crédit. Les Bollandistes nous font, en effet, remarquer que cet anonyme ajoute et retranche à son gré. Or, comme il se livre à cette double fantaisie avec une merveilleuse aisance, on peut suspecter à bon droit sa véracité. On le doit d'autant plus ici que Willibald avait une dévotion particulière à sainte Marie-Madeleine, ayant reçu le sacerdoce et la consécration épiscopale le 11 des calendes d'août, fête de cette sainte. Comment dès lors soutenir que si ce lieu saint avait existé, Willibald ne l'aurait pas visité? Et comment admettre, s'il l'avait visité, qu'il se fût contenté d'écrire dans sa première rédaction de l'Odœporicu : « Faisant route vers l'Asie, l'on arriva à la [cité d'Ephèse. Là, on alla visiter l'endroit où reposent les Sept Dormants, et de là on se dirigea vers saint-Jean l'Evangéliste, placé dans un lieu superbe. Puis l'on partit et reprit la mer (2) ». Evidemment le vrai Willibald a ignoré le lieu saint de Marie-Madeleine à Ephèse. Et M. Duchesne, dont M. Henri Brémond, dans son discours de réception à l'Académie Française, nous dit sans sourciller « qu'il n'a jamais rien affirmé dont il ne fût trois fois sûr !!! » aurait bien fait pour justifier cette appréciation aussi inexacte que flatteuse de son intrépide panégyriste d'ignorer le second récit de saint Willibald. Il y aurait gagné de s'épargner une erreur et de ne pas se rencontrer une fois de plus avec ce Launoy qu'il n'a jamais lu...

Ecoutons maintenant les réponses formulées par les traditionalistes contre les affirmations de M. Duchesne, au sujet du séjour de Lazare à Ephèse, de sa sépulture à Citium, et du transfert de son corps et de celui de Madeleine à Ephèse.

1° Il serait difficile à M. Duchesne de dire quelles sont ces « certaines traditions » par lui alléguées, qui rattachaient Lazare à Ephèse. Il est vrai que par cette prudente

1. Bollandistes, *Acta Sanctorum*, t. **XXIX**, pp. 485 et 501.
2. Bollandistes, *Acta Sanctorum*, t. **XXIX**, p. 505.

restriction : « C'est du moins ce que dit le moine Bernard », M. Duchesne paraît mettre à l'abri son autorité d'historien. Mais cela ne suffit pas pour nous recommander la valeur de ces « certaines traditions » et l'autorité du « moine Bernard » tout au contraire.

2° Au reste, si, d'après le même moine Bernard, il fallait faire de Lazare un évêque d'Ephèse pendant quarante ans, on ne voit pas à quelle époque ce long pontificat pourrait se placer. Nous connaissons par les actes des apôtres et saint Jérôme, les pontifes qui gouvernèrent cette Eglise, depuis sa fondation par saint Pierre et Apollon jusqu'à la mort de saint Jean. Lazare étant sûrement mort avant saint Jean il est impossible de lui assigner un épiscopat, si court soit-il sur le siège d'Ephèse. (1)

3° A cette impossibilité déjà très significative, vient s'adjoindre un autre motif puissant de suspecter les « on-dit » du moine Bernard. Alors que nous savons que Carpus, l'hôte de saint Paul, a été envoyé à Alexandrie de Troade, Caius à Pergame, Barnabé à Salamine de Chypre, Thomas à Édesse, Apollo à Corinthe, Jason à Tarse, Ariston à Smyrne, Epaphras à Colosses, Archippus à Laodicée, Sosthène à Colophon, Tychicus à Delphes, Philippe à Tralles, etc. (2), nous ne lisons le nom de Lazare ni dans les épîtres de saint Paul, ni dans celles de saint Jean, ni dans aucun autre historien des premiers siècles, et cependant, il est des circonstances où, s'il avait eu réellement quelque attache à Ephèse, le nom de Lazare ne pouvait pas ne pas être mentionné.

Au IIe siècle, dans sa lettre au Pape Victor, à propos de la fameuse controverse des *Quartodecimans*, Polycrate, évêque d'Ephèse, énumère toutes les gloires de son siège et des églises d'Asie. Il parle de saint Philippe

---

1. Après saint Jean, c'est saint Timothée, puis saint Onésime qui occupèrent ce siège. Ce dernier étant mort vers 117, il n'est pas possible de placer même après saint Jean l'épiscopat de saint Lazare.

2. Cf. Les *Actes des Apôtres* et les *Epîtres de saint Paul passim*.

diacre, mort à Hiérapolis, et de ses quatre filles, dont
l'une repose dans un tombeau à Ephèse. « Sur cette
même terre d'Ephèse, poursuit-il, est mort Jean, le disciple
qui reposa sur la poitrine de Jésus... Encore à Ephèse,
nous avons le corps du martyr Thraséas, qui fût évêque
d'Euménia. Smyrne a eu pour évêque le martyr
Polycarpe. (1) » L'évêque éphésien, nomme encore saint
Saguris, évêque de Laodicée, le bienheureux Papirius,
« l'ennuque Méliton, qui, dans son tombeau à Sardes,
attend l'avènement du Seigneur et le jour de la Résurrection », et il ne souffle pas mot de Lazare, l'ami et le
ressuscité de Jésus pas plus que de Madeleine, la glorieuse
réhabilitée de son amour. Ce silence serait vraiment
stupéfiant et inexplicable, s'il ne signifiait, avec évidence, que Lazare et Madeleine n'appartiennent en
aucune manière à l'Eglise d'Ephèse.

Un silence non moins étonnant est celui d'Eusèbe de
Césarée. Eusèbe, qui vivait au IV° siècle, et connaissait à
fond l'histoire des Eglises d'Orient ; Eusèbe, qui parle
longuement des apôtres, des saints, des martyrs de l'Asie-
mineure, et en particulier de la Palestine, Eusèbe, n'écrit
pas une seule fois le nom de Lazare, de Marie-Madeleine et
de Marthe !...

Que dire encore du silence de Silvia, (2) qui, au IV°
siècle, a visité Ephèse ?... Faut-il ajouter que Willibald,
dans sa première comme dans sa seconde relation est
muet sur Lazare et que le fameux topographe anastasien (3) déclare qu'on ne sait où est son tombeau ?...

Cet aveu de l'auteur de la *Statistique religieuse de la
Palestine*, en 808, c'est-à-dire entre l'époque de Willibald
et celle de Bernard est important d'abord, comme dit le

1. EUSÈBE : *Hist. eccl,* lib, v, cap. XXIV.

2. GAMDURINI : *Sanctæ Silviæ Aquitaniæ peregrinatio ad loca
Sancta*, Rome, Cugglani, 1887, in-4.

3. Chanoine LAURENT DE SAINT-AIGNAN : *Statistique religieuse
de la Terre Sainte en 808.* (*La Terre Sainte*, année 1883).

savant de Rossi, (1) pour la question de la mort et de la sépulture de *Lazare non en Orient mais en Provence* ; et aussi, ajouterons-nous, pour celle de la mort et de la sépulture de Marie-Madeleine. Car si le topographe qui s'applique particulièrement à relever les églises et les tombeaux de saints, ne parle pas des tombeaux de Lazare et de Marie-Madeleine à Ephèse et en Palestine, en 808, on peut se demander comment la translation de leurs corps aurait pu avoir lieu, en 899 à Constantinople.

4° M. Duchesne, il est vrai, affirme que, quoi qu'il en soit, le tombeau de Lazare se voyait à Citium (Larnaca), dans l'île de Chypre !!! Par malheur encore, le même M. Duchesne, après avoir lancé cette affirmation, éprouve le besoin de l'atténuer par cette note : « On pense bien que je ne me porte pas garant de l'authenticité de ce tombeau, pas plus que de celui de Madeleine. Je me borne à constater qu'on les montrait dans ces localités (2) ». On ne saurait être étonné que les traditionalistes ne croient pas plus que leur adversaire à l'authenticité de ce tombeau. D'autant plus qu'ils ont, il faut le reconnaître, d'excellentes raisons de suspecter cette authenticité. C'est ainsi que Willibald, qui est encore allé à Chypre, ne mentionne pas plus le souvenir de Lazare dans cette île qu'il ne l'avait mentionné à Ephèse : « Nous naviguâmes, dit-il, dans l'Odæporicus, vers l'île de Chypre, qui est entre les Grecs et les Sarrasins ; à Paphos, nous restâmes une semaine et de là on gagna vers la ville de Constance, où repose Epiphane, et on y resta jusqu'à la fête de la Nativité de saint Jean-Baptiste ». D'autre part, n'est-il pas surprenant que saint Epiphane (310-403), archevêque de Salamine, ayant à parler de Lazare, se contente de nous apprendre que le frère de Marthe et de Madeleine mourut trente ans après Jésus-

---

1. De Rossi : Per la questione pero della morte e sepoltora di Lazaro non in Orienti ma nella Provenza, importante e la testimonianza del topografo anastasiano che ingenuamente confessa ignorarci nella Palestina dove Lazaro fosse sepolta. (*Bullettino di archeologia cristiana* anno III. Novel. 1865.

2. M. Duchesne : *Fastes épiscopaux*, t. I, p. 325, note 4.

Christ, sans dire un mot de son épiscopat en Chypre, surtout si son tombeau était à Citium, ville dont Epiphane lui-même était métropolitain ?...

Du reste, Lequien, dans son *Oriens Christianus*, (1) a péremptoirement démontré que Lazare le ressuscité n'avait pas été évêque en Chypre, et sa démonstration est restée sans réponse,

On n'a pas oublié que les moines grecs de l'île de Chypre eux-mêmes, consultés sur la mort de saint Lazare, répondirent qu'il était constant, par des monuments anciens de l'église grecque, que sainte Madeleine, sainte Marthe sa sœur, et Lazare leur frère, avaient abordé en Provence, et qu'ils reposaient dans ce pays » (2).

5° Il nous reste à dire ce que pensent les traditionalistes de cette double translation des corps de Lazare et de Madeleine, relatée, d'après M. Duchesne, par un grand nombre d'historiens byzantins « et qui, d'après lui toujours, ne saurait être mise en doute ».

Ce grand nombre d'historiens byzantins, s'il s'en faut tenir à ce qu'écrit l'auteur de la *Légende de Sainte Marie-Madeleine*, se réduirait à quatre : Léo Grammaticus, le Continuateur de Théophane, Simon Magister, Georges le Moine dont voici les textes respectifs que M. Duchesne, pour cause sans doute, néglige de citer :

A) *Leo Grammaticus* : « Il (L'empereur Léon) éleva à l'endroit appelé Lieux une église à saint Lazare et y établit un monastère d'hommes eunuques ; ayant déposé là le corps de Lazare et celui de Marie Madeleine transféré, il célébra la dédicace de cette église».

B) *Le continuateur de Théophane* : « Il (l'empereur Léon) éleva à l'endroit appelé Lieux une église à Saint-Lazare et y établit un monastère d'hommes eunuques. Il déposa là le corps de Lazare et aussi celui, transféré, de sa sœur Marie-Madeleine.»

---

1. FAILLON. *Monuments inédits*, col. 364-365.

2. Lettre du P. Joseph Besson, à un confrère, le P. de Gourdan, à Aix, 17 avril 1660, rapportée par Noel Alexandre et les Bollandistes.

C) *Simon Magister* : « L'empereur (Léon) éleva à l'endroit appelé Lieux une église à Saint Lazare et il établit là un monastère d'hommes ennuques et y déposa le corps de saint Lazare et de Marie Madeleine.

D) *Georges le Moine* : « Il (l'empereur Léon) éleva à l'endroit appelé Lieux une église à saint Lazare et y établit un monastère d'hommes ennuques, ayant transféré là le corps de saint Lazare venu de Chypre et celui de Marie-Medeleine venu d'Ephèse, il célébra la dédicace de cette église. »

Or de l'examen attentif de ces textes, il ressort avec évidence que ces quatre historiens ont copié une seule et même formule (1). Si nous nous en tenons à la règle de critique formulée par M. Duchesne lui-même, « lorsque des manuscrits dérivent d'un même exemplaire, ils ne valent à eux tous que ce que vaut cet exemplaire, c'est-à-dire rien du tout » (2), quand un démenti est donné par un document contemporain, nous nous demandons quel cas il faut faire de « ce grand nombre d'historiens ». Car, les documents contemporains et même antérieurs qui infligent un démenti à « ces historiens byzantins » ne manquent pas. Qu'il nous suffise de rappeler la statistique religieuse de la Terre Sainte par l'auteur anastasien du IXᵉ siècle, les deux inscriptions trouvées dans le sarcophage de sainte Madeleine à Saint-Maximin, l'ancienne vie de sainte Marie-Madeleine, celle du pseudo Raban, la charte de Benoît IX (1040), et la lettre de Rostang (1056).

6º Mais, alors même qu'on accepterait la valeur de ces textes, il resterait que M. Duchesne en fait ici un emploi tout-à-fait abusif et maladroit. N'oublions pas, en effet que le chef de l'école critique prétend dans l'espèce démontrer trois choses :

a) Que les Grecs ont toujours distingué Marie-Madeleine de Marie de Béthanie ;

1. Sur le témoignage des quatre historiens byzantins. Cf., p. 47, Pagi, Noel Alexandre, Faillon.

2. M. DUCHESNE : *Fastes épiscopaux*, 2ᵉ éd. 1907, t. I, p. 47, note 2.

b) Que Marie de Béthanie a peu de relief dans leur traditions ;

c) Qu'il n'en est pas de même de la Madeleine dont le tombeau était dès le vIe siècle, un des *lieux saints* d'Ephèse.

Or, il saute aux yeux, qu'en juxtaposant, comme ils le font, les deux noms de Lazare et de Marie-Madeleine, ces textes identifient, — et celui du continuateur de Théophane le fait de la façon la plus explicite, — cette Marie-Madeleine avec Marie-Madeleine de Béthanie, sœur de Lazare.

Que deviennent alors les trois affirmations que notre auteur devait prouver?...

Mais ce qui est plus étrange encore c'est que voulant démontrer que Marie-Madeleine (qui selon lui, chez les Grecs a toujours été distinguée de Marie de Béthanie) avait un lieu saint à Ephèse, M. Duchesne nous renvoie à quatre historiens, dont trois au moins ne font nulle mention de ce lieu saint.... Dussions-nous encourir la colère de M. Henri Brémond nous avouerons que nous ne pouvons ici « admirer les raccourcis de la méthode et la promptitude des décisions (1) » de l'auteur de la *Légende de sainte Marie-Madeleine*.

Non, décidément, M. Duchesne joue de malheur avec les textes !...

7° Quoi qu'il en soit, dira-t-on, il reste que, d'après ces historiens, les corps de Lazare et de Marie-Madeleine ont été transférés à Constantinople en 899 par l'empereur Léon VI. Soit, répondent les traditionalistes, nous accordons le fait du transfert. Mais de même que les Grecs s'étaient trompés en prenant pour la sœur de Lazare et la pécheresse de l'Evangile la vierge et martyre d'Ephèse, ensevelie au seuil de la grotte des Sept Dormants, de même ils se trompent sur l'identité de ce Lazare de Citium. Le Lazare dont il est ici question n'est pas et ne peut pas être le ressuscité du Christ. Ce Lazare doit donc être un moine qui portait ce nom et qui vécut en 832 à Citium, et

---

1. Cf. Henri Brémond, disc. de réception à l'Académie française.

mourut après avoir vaillamment lutté pour la défense du culte des saintes Images. Cette hypothèse n'a rien d'invraisemblable, au contraire: le martyrologe de Constantinople marquant la fête de ce Lazare, moine, au 23 février, et le ménologe de ladite église parlant d'une « relatio » d'un Lazare à Constantinople, (1) qui doit être le même, puisque ni le martyrologe ni le ménologe n'appellent ce saint Lazare le ressuscité, ou le frère de Marie de Béthanie : ce qu'ils n'auraient pas manqué de faire, s'ils avaient voulu parler de lui.

Pour éclaircir ou compliquer le problème, — car cela dépend du point de vue auquel on se place, — M. Duchesne dit en note que le pèlerin russe Daniel (1106) vit encore à Ephèse le tombeau et la tête de Madeleine. Il ajoute que le monastère d'Andlau, en Alsace, possédait un corps de saint Lazare, que l'on disait avoir été donné par l'empereur de Constantinople à la fondatrice Richarde, femme de Charles le Gros et de Marthe,

Nous n'attacherons à ces faits pas plus d'importance que M. Duchesne lui-même. Comme il ne nous dit pas si la tête de la Madeleine vénérée par le pèlerin russe avait appartenu au corps transféré par Léon VI, nous n'essayerons pas de le chercher. Nous ne nous inquièterons pas non plus de savoir si le corps du monastère d'Andlau est le corps du Lazare de Citium, ces questions n'ayant pour nous qu'un intérêt indirect et secondaire, et leur solution ne pouvant en rien modifier nos conclusions, qui portent, on l'a vu, sur tout autre chose.

S'il est un point qui ressort clairement de cette discussion, c'est que les auteurs chrétiens orientaux, qui ont eu à parler d'Ephèse et de ses sanctuaires durant les dix premiers siècles, sont muets sur le lieu de la mort et de la sépulture de Lazare et de sainte Madeleine, ou bien, comme l'auteur anastasien du IXe siècle, avouent qu'on ignore où a été enseveli Lazare. Les textes de Grégoire de Tours, de

---

1. M. Duchesne : *Fastes épiscopaux*, t. I, p. 1. Faillon, *Mon. in.*, t. I, col. 308. Lequiem : *Oriens christiana*, t. III, col. 1237.

Willibald et de Modeste, alors même qu'ils seraient
authentiques, et ceux de Photius et des historiens byzantins, en supposant qu'ils s'appliquent à Lazare le ressuscité, et à Marie-Madeleine la pécheresse convertie, sont
loin de prouver ce que M. Duchesne a prétendu établir.
Tout porte à croire que, dans ces témoignages suspects,
imprécis et même contradictoires il y a au moins confusion
dans les personnes et les noms. Enfin, si comme l'a
déclaré M. Duchesne lui-même, « un passé ne s'établit
que par témoignage, et une tradition se manifeste trop
tard, quand elle n'apparaît qu'après un silence de mille
ans » (1), on se demande comment M. Duchesne considère
comme fondée une tradition si mal et si tardivement établie, si tant est qu'on puisse dire que la tradition d'Ephèse
ait jamais été établie !

Loin de nuire aux traditions provençales, ces diverses
constatations sont plutôt faites pour les appuyer, Car si,
parmi les personnages évangéliques importants, seuls Lazare,
Marie-Madeleine et Marthe n'ont pas laissé de traces
sérieuses, de souvenirs précis en Orient, c'est en Provence,
et en Provence seulement, qu'il faut chercher ces traces
et ces souvenirs qu'on chercherait vainement ailleurs.

Tel n'est pas l'avis, on le sait, des hypercritiques ; nous
allons voir ce que valent encore sur ce point leurs opinions.

---

1. M. Duchesne : *Fastes épiscopaux*, t. I, x et dans son
ouvrage : les Origines chrétiennes, p. 449-453. M. Duchesne veut
pas de traditions qui ne peuvent s'autoriser d'un document
antérieur au xie siècle.

CHAPITRE TROISIÈME

LES LÉGENDES BOURGUIGNONNES — VÉZELAY
OBJECTIONS ET RÉPONSES

D'après MM. Duchesne et Vacandard, les légendes bourguignonnes auraient précédé les traditions provençales, et leur auraient même donné naissance.

Ce n'est donc pas en Provence qu'il faudrait d'abord chercher les traces du culte des saints de la famille de Béthanie, mais à Vézelay et à Autun.

Analysons encore ici fidèlement l'argumentation de M. Duchesne.

« C'est, nous dit-il, sous le gouvernement d'un abbé Geoffroy, installé en 1037, que l'on vit, pour la première fois, apparaître à Vézelay le culte et le pèlerinage de sainte Madeleine, tout comme Fleury était celui de saint Benoît. (1)

« Le nom de sainte Madeleine entra dans la titulature officielle de l'abbaye : on l'y rencontre dès l'année 1050, en tête d'une lettre du Pape Léon IX, délivrée le 27 avril.

« La sainte était invoquée spécialement par les prisonniers dont elle brisait les chaînes et les carcans. Une fois en liberté, ils s'acheminaient vers Vézelay, et déposaient en son sanctuaire les liens dont ils avaient été

---

1. Pourquoi cet accès subit de dévotion à sainte Madeleine en cet endroit ? — M. Duchesne ne le dit pas, car ce n'est pas répondre à la question que de dire qu'elle avait là son pèlerinage, tout comme Fleury-sur-Loire avait celui de saint Benoît. Si Fleury avait le pèlerinage de saint Benoît, c'est que toute la chrétienté savait que saint Aygulf avait transporté le corps de saint Benoît.

délivrés par son intercession. Ces ex-votos s'accumulèrent au point que l'abbé Geoffroy put en tirer le métal nécessaire pour entourer de grilles l'autel de son église. Ces hommages s'adressaient à un tombeau, le corps de la sainte était censé reposer dans l'église du monastère. Comment y était-il venu ? (1) » Le plus ancien document du culte de Vézelay ne le dit pas. L'auteur se contente d'affirmer que le corps de Madeleine est là — il l'a appris de la sainte elle-même par une vision. Puis, « on ne saurait citer en dehors de Vézelay aucun lieu où l'on prétende avoir le corps de Madeleine ».

« Ces explications ne semblent pas avoir eu beaucoup de succès. Les moines de Vézelay durent s'ingénier à trouver autre chose pour accréditer leur possession (2). Le système auquel ils s'arrêtèrent consiste à supposer que le corps saint leur venait d'une sépulture des environs d'Aix, et que cette sépulture était vraiment celle de sainte Marie-Madeleine. »

« Pour l'établir, ils fabriquèrent une double relation, dont l'une exposait comment Marie-Madeleine était venue mourir en Provence, et en quel endroit on l'avait enterrée : l'autre contenait le récit du « pieux larcin » auquel on devait son transfert de Provence en Bourgogne.

« La sépulture provençale est indiquée avec une grande précision. Elle se trouvait au lieu appelé Saint-Maximin, dans une église monacale dont l'entrée était interdite aux femmes. C'était un sarcophage de marbre blanc orné de sculptures : on croyait y discerner la scène du repas où

---

1. M. Duchesne : *La Légende,* pp. 7-8, *Fastes épiscopaux,* t. I, p. 329.

2. Ce ne sont là que des conjectures sans preuve, des insinuations vraisemblables peut-être, mais gratuites et méchantes. Si quelque chose s'en détache nettement, c'est qu'il n'était pas aussi facile que l'affirment les néo-critiques, de « fabriquer » les légendes. Pour ce qui touche la légende de Vézelay, toute la documentation de M. Duchesne et Vacandard est puisée dans Faillon : Ces deux auteurs n'ont guère fait œuvre personnelle que dans l'interprétation des faits et des documents. Nous allons voir comment.

Madeleine, identifiée suivant l'usage avec Marie de Béthanie, aurait parfumé la tête du Sauveur (1).

« L'auteur de cette seconde relation prétendait que le corps de Saint-Maximin, « premier évêque d'Aix », avait été aussi transporté de Provence en Bourgogne. C'est le chevalier Adelelme, frère d'Eudes, abbé deVézelay, qui, sous le règne de Carloman, était parvenu à pénétrer dans l'église de Saint-Maximin, située dans une contrée alors au pouvoir des Sarrasins, et avait pu s'emparer des deux saints corps.

« Cependant la mention de Saint-Maximin, utile pour la détermination du lieu de provenance, était de nature à éveiller certaines susceptibilités. Les moines du prieuré provençal, n'ayant nullement conscience du séjour de Madeleine dans leur pays et de sa sépulture dans leur église (2), n'avaient pas de raison majeurepour réclamer contre le prétendu larcin d'Adelelme en ce qui regardait la sainte. Il n'en était pas de même pour saint Maximin (3), dont leur église portait le nom, Qui sait si elle ne contenait pas son corps? En cent endroits divers, à Vézelay même, on concluait du vocable au tombeau (4).

. . . .

« On ne sait si les religieux provençaux réclamèrent. Il est sûr, en tout cas, que ceux de Vézelay substituèrent bientôt une autre relation à celle dont leurs confrères auraient

---

1. M. Duchesne : *Fastes épiscopaux*, t. I, p. 330, 2ᵉ édition, 1907.

2. Affirmation, gratuite, démentie par de sérieuses preuves du contraire. Voir plus haut les chartes et les vies « relatant la tradition de sa venue et de sa mort.

3. Affirmation sans preuve. A Saint-Maximin et dans toute la Provence, on avait autant de raisons de croire à la sépulture de Sainte-Marie-Madeleine que de saint Maximin puisque les anciennes vies et chartes relataient comme déjà ancienne au Xᵉ et XIᵉ siècles, la croyance à la venue, à la mort, et à la sépulture des saints de Béthanie en ce pays.

4. Est-il sûr qu'à Vézelay on concluait du vocable au tombeau ? Ne croyait-on pas de bonne foi posséder des reliques de Madeleine, et n'en avait-on pas en réalité? Et alors à tort, ou à raison ne concluait-on pas du tombeau au vocable?

pu se plaindre. Cette fois saint Maximin fut laissé dans
son prieuré, sainte Madeleine seule ayant été emportée en
Bourgogne.

« Dans cette nouvelle rédaction, on ne voit plus inter-
venir ni l'évêque Adalgar, ni le chevalier Adelelme, mais
le comte Girard et le moine Badilon. Le premier, c'est-à-
dire le fondateur de Vézelay, s'entend avec l'abbé Eudes
pour envoyer Badilon dans le territoire d'Aix, où l'on
savait, par la rumeur publique, que Madeleine avait été
enterrée. Badilon se rend en effet à Aix, et parvient après
quelques recherches à trouver le précieux trésor et à s'en
emparer. »

. . . .

« Si bien combiné que fût leur récit, les moines de
Vézelay n'en avaient pas moins commis une grave imprudence, en indiquant avec tant de précision le lieu de
provenance de leurs reliques. Il y avait là comme une
attache toute préparée pour des revendications futures. Les
Provençaux ne pouvaient laisser dire indéfiniment qu'on
leur avait volé leur sainte. (1)

« Cependant, le conflit ne se produisit qu'au XIII⁰ siècle.
Pour le moment, il ne vint de Provence aucune réclama-
tion (2), et l'opinion donna pleine créance aux explications des religieux bourguignons. Au XIII⁰ siècle, il n'y
avait guère en France de pèlerinage plus célèbre que celui
de sainte Madeleine de Vézelay. Dans leurs bulles, les
Papes Lucius III, Urbain III, Clément III, constatent,
sans hésiter, que l'abbaye de Vézelay possède le corps
de l'amie du Christ. Le roi de France, les évêques, les

1. Tout cela n'est qu'une gratuite et perfide supposition.
2. Qui le prouve ? Et le fait que, comme le dit M. Duchesne
lui-même quelques paragraphes plus loin : « On s'était habitué en Provence, surtout depuis la fin des XII⁰ siècle, à croire
que les saintes sœurs avaient réellement habité le pays » ne
prouverait-il pas le contraire ? Surtout si ce fait, au lieu de
dater seulement du XII⁰ siècle, comme le dit à tort M. Duchesne,
remontait à une époque immémoriale.

écrivains, tout ce qui marque dans le monde et la littérature s'accordent à relever ce lieu saint. » (1)

. . . .

Voilà comment, d'après M. Duchesne, s'établit et se propagea le pèlerinage de sainte Marie-Madeleine à Vézelay. Disons maintenant comment, selon lui, « la grave imprudence commise » par les religieux vézeliens « en indiquant avec tant de précision le lieu de provenance de leurs reliques » donna lieu aux revendications des Provençaux.

« D'assez bonne heure, dans le commencement du XIIe siècle, on avait annexé à l'histoire de sainte Madeleine un long épisode emprunté plus ou moins textuellement à celle de sainte Marie l'Égyptienne. Il y était question d'une longue et terrible pénitence accomplie par l'amie du Christ dans un lieu désert de Provence. Cet épisode fut localisé. Une grande caverne qui s'ouvre dans une montagne sauvage à l'est de Marseille, et à quatre lieues environ au sud de Saint-Maximin, contenait une chapelle en l'honneur de la Vierge. Ce petit sanctuaire appartenait aux religieux de Saint-Victor ; il est mentionné dans leurs chartes, depuis 1113 jusqu'en 1174 au moins, sous le nom de Sainte Marie de la Baume, c'est-à-dire de la caverne : Sancta Maria de Balma.

« L'idée finit par venir aux gens du pays que cette caverne était le lieu où Madeleine avait fait pénitence (2) ; ce fut pour eux le lieu saint de la Madeleine.

« On s'était habitué en Provence, surtout depuis la fin du douzième siècle, et la découverte de Tarascon, à croire que les saintes sœurs avaient réellement habité le pays. On y avait désormais les reliques de sainte Marthe. Celles de Madeleine ne pouvaient guère être contestées à Vézelay (3), mais les Bourguignons n'avaient point emporté

---

1. M. Duchesne : *Fastes épiscopaux* 2º édition, 1907, t. I, p. 337

2. Cette explication si obvie aurait cependant besoin de quelques preuves.

3. Si elles ne pouvaient être contestées alors, pourquoi pourront-elles l'être au XIIIe siècle ?

les montagnes provençales et leurs déserts. La Sainte-
Baume devint un lieu de pèlerinage ; Fra Salimbène la
visita en 1248. Saint Louis y vint aussi en 1254, au retour
de sa première croisade.

. . . .

« Dans la première moitié du XIIe siècle, les reliques
provençales, en ce qui regarde la Madeleine, étaient tirées
de la Sainte-Baume et non de Saint-Maximin. C'est ce qui
résulte d'un curieuse inscription alléguée par M. Albanès,
au catalogue des reliques, conservé dans la petite église de
la Nunziatella, près de Rome (1). Ce catalogue est gravé
sur marbre, l'inscription originale de 1220 a disparu : le
marbre actuel est une copie datée de 1518. On y voit
entre autres reliques : *De Lapide spelunca ubi Maria
Magdalenæ fecit pœnitentiam, de Brachio S. Maximini.*

« En somme, le sanctuaire provençal de sainte Made-
leine, dans la première moitié du XIIIe siècle, c'était la
Sainte-Baume, et la Sainte-Baume seule (2). Aucun texte
antérieur à 1279 ne nous montre les Provençaux revendiquant contre Vézelay la possession des reliques de Madeleine.

« Les bulles pontificales relatives à Vézelay continuent
à viser la présence du corps saint dans ce monastère ; les
écrivains, comme Jean de Beauvais et Jacques de Voragine,
relatent sans hésitation le transfert à Vézelay.

« Cependant, soit que les esprits eussent assez travaillé
en Provence pour causer quelque inquiétude, soit que
des défiances fussent venues d'ailleurs, toujours est-il
qu'en 1265 les moines de Vézelay jugèrent à propos de faire
authentiquer leurs reliques (3). »

.

1. N'est-ce pas au moins forcer les textes que de dire : « Au
XIII° siècle, les reliques provençales, en ce qui concerne la
Madeleine, étaient tirées de la Sainte-Baume, parce qu'une
pierre de la Sainte-Baume a été transportée à Rome avec une
relique de saint Maximin ?

2. Absolument faux. On se demande comment M. Duchesne
a pu avancer et maintenir une pareille énormité après que MM.
Albanès, Marbot, Bérenger et autres contradicteurs lui eurent
démontré son erreur.

3. M. DUCHESNE : *Fastes épiscopaux*, 2e éd., t. I, p. 348-349.

« Deux évêques, celui d'Auxerre et celui de Panéade, furent priés par eux de faire les recherches nécessaires. Ces prélats s'associèrent l'abbé de Saint-Marien d'Auxerre et le préchantre de la métropole de Sens. Des fouilles furent pratiquées en leur présence, elles amenèrent la découverte d'ossements et de cheveux de femme, auxquels était joint un certificat du roi Charles.

« Ce certificat, il faut l'avouer, n'est pas d'une teneur bien rassurante, et quant au roi Charles, il est difficile de savoir quel est, parmi les princes de ce nom, celui que l'on a entendu désigner. J'ai bien peur que, comme il est arrivé parfois dans les enquêtes de cette nature, on n'ait quelque peu préparé la découverte (1).

« Les reliques ainsi mises au jour furent l'objet d'une translation solennelle, à laquelle assista le roi de France saint Louis, avec plusieurs princes français, le cardinal Simon, légat du Pape, et d'autres prélats (2) »

On ne nous accusera certes pas d'avoir atténué l'argumentation de M. Duchesne ; nous l'avons, non seulement fidèlement analysée, mais textuellement reproduite dans ses parties essentielles.

Avant d'y répondre dans le détail, qu'il nous soit permis de faire une observation sur son ensemble :

On a remarqué, — et nous l'avons relevé au fur et à mesure que des exemples s'en offraient, — l'abus que l'auteur de la *Légende de sainte Marie-Madeleine* fait de l'affirmation sans preuve, de l'hypothèse gratuite, de la conjecture tendancieuse, voire même de l'insinuation malicieuse et caustique. Pour un historien qui prétend faire œuvre

1. Pourquoi ? — M. Duchesne ne donne pas de raison. Il nous communique son impression. Mais à 600 ans de distance, son impression a-t-elle plus de poids que la conviction de saint Louis, du cardinal Simon, des autres princes et prélats qui authentiquèrent cette découverte ? Remarquons en passant que saint Louis, comme sans doute nombre de ses contemporains, a cru que des reliques de sainte Marie-Madeleine étaient à la fois à Vézelay et à Saint-Maximin.

2. M. Duchesne : *Fastes épiscopaux*, t. I, p. 349 ou la *Légende*, pp. 20-22.

objective, et n'asseoir ses jugements que sur des documents authentiques et formels, cette manière de procéder est au moins surprenante. Elle est surtout parfaitement illogique. Et que l'on ne vienne pas dire que les traditionalistes usent des mêmes moyens. Car, outre que les traditionalistes « s'inspirant, d'après M. Duchesne, d'intérêts de clocher », sont « dispensés de critique ! » il y a, dans l'emploi de ces moyens et dans les intentions, entre M. Duchesne et ses contradicteurs, des différences capitales. Tandis que les traditionalistes ne se servent de ces procédés que pour justifier ou expliquer une tradition, c'est-à-dire quelque chose d'objectif et de préexistant à leur sentiment propre, M. Duchesne ne s'en sert que pour nier purement et simplement ce qu'il lui plaît de nier. Tandis que les traditionalistes fondent leurs affirmations, leurs hypothèses et leurs conjectures sur des vraisemblances, des probabilités et même des témoignages, quelquefois, il est vrai, trop récents ou pas assez formels, mais garantis cependant par le culte et la liturgie de l'Eglise, M. Duchesne nie, révoque en doute ou affirme trop souvent sans apporter un semblant de preuve. Enfin, tandis que les traditionalistes contrôlent les traditions par les documents' et les documents par les traditions, M. Duchesne, esclave des textes, ne veut connaître que ces textes. Il oublie, comme le lui insinuait spirituellement M. Etienne Lamy dans son discours de réception à l'Académie française, que « l'écriture n'est que la déposition de témoins isolés qui passent », et les textes, si nombreux soient-ils, que « la voix intermittente d'une minorité » plus « capable de calculs, de mauvaise foi », et même d'erreurs, que la voix de la multitude parlant par la tradition. Et comme, en l'espèce, des textes importants peuvent toujours faire défaut — car non seulement, tout ne s'écrit pas, mais tout ce qui est écrit ne se conserve pas, — il en résulte qu'alors même que toute l'argumentation de M. Duchesne serait sans erreur et sans défaut, irrépréhensible dans le fond et dans la forme, on ne pourrait cependant affirmer, comme il le fait, que les choses furent comme il les décrit. Tout ce que l'on pourrait dire, c'est que d'après *sa* documentation, les choses *ont pu être comme le croit* M. Duchesne.

Pour détruire une tradition immémoriale, une telle conclusion ne saurait suffire. A tout homme de bonne foi, elle ne donnerait pas même le droit de dire que cette tradition est inexacte ou injustifiée.

Mais cette argumentation est loin d'être sans erreur et sans défaut.

En effet, il est absolument inexact, disent les traditionalistes, que la légende de sainte Marie-Madeleine se soit d'abord fait jour en France, à Vézelay, vers le milieu du XIe siècle, puis de là en Provence, dans le cours seulement du XIIe siècle.

Quand, en 1037, d'après M. Duchesne, commencent le culte et le pèlerinage de notre sainte dans l'abbaye bourguignonne, et en 1120, la construction de l'église de Saint-Lazare à Autun, Tarascon, Arles, Marseille et Saint Maximin honorent déjà, et depuis longtemps, leurs apôtres.

C'est ce qui ressort d'un ensemble de preuves formelles dont nous avons parlé plus haut, et qu'il nous suffira, ici, d'énumérer.

A Tarascon, le culte de sainte Marthe est attesté dès le VIIIe siècle, par plusieurs inscriptions lapidaires, portant le nom de Marthe, et, au Xe siècle, par les deux chartes de Charles le Chauve datées, l'une de 964, l'autre de 967.

A Marseille, le culte de saint Lazare est affirmé par la charte de consécration de l'église de Saint-Victor, en 1040.

A Saint-Maximin et à Aix, la charte de Rostang de Fos (1070) et celle de Pierre Gauffridi, bien que postérieures à la naissance du pèlerinage de Vézelay, démontrent cependant, d'une façon irrécusable, que le culte de sainte Madeleine et de saint Maximin était antérieur, en ces lieux, à l'époque de l'invasion sarrasine. (1)

Enfin, sans parler de la *Vie* de sainte Madeleine par saint Didier, évêque de Cahors (580-654), et d'autres *Vies* dont nous connaissons l'existence, mais qui ne nous

---

1. M. BELLET : *Les Origines des églises de France*, p. 149.

sont pas parvenues, celles du pseudo Raban Maur, xe siècle, de saint Odon mort en 942, le martyrologe du roi Alfred en 901, suffisent pour nous faire voir que l'on connaissait en Bourgogne et même en Angleterre le séjour et la mort des saints du groupe de Béthanie en Provence, bien avant le temps assigné à la naissance des légendes bourguignonnes.

Ces faits, M. Duchesne veut les ignorer ou les suspecter, ils n'en subsistent pas moins, et nous avons vu M. de Manteyer reconnaître que le culte de sainte Marthe et de sainte Madeleine existait en Provence au VIIe siècle.

Mais il y a plus : quand même toutes ces preuves matérielles feraient défaut, est-ce que la légende de Vézelay à elle seule ne démontrerait pas la préexistence des traditions provençales? Quelle est, en effet, l'origine de cette légende? M. Duchesne a l'air de croire à une génération spontanée, et il en parle bien vaguement.

Nous n'aimons pas ce vague, et, pas plus en histoire qu'en biologie, nous ne sommes disposés à admettre la théorie qui voudrait tirer l'être du non-être. Vraie ou fausse, la légende de Vézelay existe. Il faut expliquer cette existence, et pour cela nous dire son origine.

A défaut de M. Duchesne, les moines vézeliens eux-mêmes vont nous renseigner. Lorsque, « renonçant au raisonnement peu convaincant du premier hagiographe », ces moines voulurent « accréditer » sérieusement « leur possession », ils affirmèrent, on s'en souvient, que « le corps saint leur venait d'une sépulture des environs d'Aix ». Que cette affirmation mérite ou non créance, peu nous importe pour le moment. Il suffit qu'elle existe. Or, elle existe et personne ne peut la nier. Mais qui ne voit, dès lors, que de cette affirmation découle forcément cette conséquence, que les traditions provençales existaient et étaient déjà connues de par le monde chrétien quand, pour parler comme M. Duchesne, les moines vézeliens « fabriquèrent » leur légende. Car ces pauvres moines auraient fait preuve, non seulement de la plus insigne mauvaise foi, mais de la plus grossière naïveté et de la plus dangereuse maladresse, si voulant rendre plus croyables leurs tradi tions, ils avaient prétendu avoir tiré le corps de Marie-Madeleine d'un pays où personne, jusqu'alors, n'aurait soupçonné son existence. Au lieu « du succès » escompté et obtenu, les Vézeliens n'auraient pas tardé à voir qu'ils tombaient de Charybde en Scylla, et une fois de plus ils auraient dû s'ingénier à trouver autre chose.

A défaut donc de documents positifs, à défaut même de toute autre raison, par cela seul que les moines vézeliens crurent ne pouvoir mieux authentiquer leurs prétentions et les accréditer dans le peuple chrétien, qu'en affirmant avoir enlevé le corps de Marie Madeleine à son tombeau de Saint-Maximin on doit conclure que les traditions provençales ont sûrement précédé la légende bourguignonne, et ne peuvent, par conséquent, en dériver. Quoi qu'en pense M. Duchesne, ce n'est pas parce que les Vézéliens ont pu écrire leur légende avant que les Provençaux eussent écrit leur histoire, — ce qui n'est pas du tout démontré, — que l'on sera en droit de dire que la légende ici, a précédé l'histoire.

Quant à affirmer ensuite, comme le fait M. Duchesne, que du silence du premier hagiographe vézelien sur la sépulture de Marie-Madeleine, on doit nécessairement conclure que cet hagiographe « n'avait pas le moindre vent d'une tradition concurrente, et que, selon lui, Madeleine était morte loin de la Gaule ses ossements seuls y ayant été apportés à une date inconnue (1)», ceci nous paraît moins rigoureusement exact. Ce premier hagiographe, en effet, a très bien pu être de parti pris. Très sérieusement et très volontairement, il a pu ne pas vouloir faire de la réclame en faveur du «sanctuaire concurrent ». De ce que M. Duchesne, dans son argumentation, passe sous silence l'inscription *Hic requiescit* ou tout autre document des traditionalistes pouvant le gêner, aurons-nous le droit d'affirmer qu'il n'a pas soupçonné l'existence de cette inscription ou de ce document? Ou bien encore, de ce qu'à la lecture du même M. Duchesne, on voit bien qu'il n'a pas fait état... l

---

1. M. DUCHESNE : *Fastes épiscopaux*, t. I, p. 330.

des objections de son devancier Launoy, pourrons-nous légitimement conclure que, non seulement le directeur de l'école
française à Rome n'a pas lu, comme il l'affirme, l'œuvre
de l'illustre docteur en Sorbonne, mais n'a pas même
connu son existence? Il suffit, je crois, de faire ces simples
rapprochements, pour voir combien est risquée la conclusion
que M. Duchesne tire de ce silence.

Il est un autre silence, dont, selon les traditionalistes, M.
Duchesne tire encore une conclusion non moins risquée.
C'est celui des Provençaux sur Vézelay. Prétendre, en
effet, que ce silence constitue une preuve que les traditions
provençales n'existaient pas, ne nous paraît guère d'une
logique irréfragable. Pendant quelque temps, il nous
semble, les Provençaux ont très bien pu ne pas élever de
réclamations, soit qu'ils aient d'abord ignoré ou mal compris
les prétentions de Vézelay, soit que, n'étant pas à même
de vérifier si, oui ou non, ces prétentions étaient justifiées, ils n'aient pas osé les démentir, soit enfin qu'ils
aient été un moment persuadés que ceux qui se targuaient
de les avoir spoliés avaient peut-être mené à bien leur
entreprise, comme avaient fait les gens d'Autun pour les
reliques de saint Lazare.

Quoi qu'il en soit, ces légères difficultés qui ne sont pas,
croyons-nous, insolubles, ne sauraient, aux yeux de tout
homme impartial et de bonne foi, obscurcir le fait principal
qui découle de cette discussion à savoir : que les traditions
ont précédé la légende de Vézelay et que loin de les
contredire, cette légende, au contraire, les établit et les
confirme.

Nous ne nous attarderons pas maintenant à discuter
quelques points de détails de l'argumentation de M. Duchesne, persuadés que nous sommes qu'il retrancherait
lui-même, ou modifierait ces points-là, s'il avait à refaire
son œuvre.

Nous le laisserons donc dire, par exemple : « qu'avant
le déclin du XIIᵉ siècle, les chartes provençales authentiques,
et les autres documents de l'opinion reçue en ces contrées

ne laissent pas voir qu'on s'y intéressât à Madeleine et à Lazare. (1) »

Nous ne contesterons pas non plus cette assertion au moins étrange, qui montre à l'évidence que M. Duchesne n'a pas vu, ou tout au moins ne connaît pas exactement ce dont il parle : « Pour toute personne impartiale, la crypte de Saint-Maximin n'est autre chose que la sépulture d'une famille gallo-romaine, du ve ou vi^e siècle ! ! ! Une sépulture du même genre se trouvait, à la Gayolle, non loin de Saint-Maximin ! ! ! (2) »

Enfin, pour ne pas en dire plus, nous ne relèverons par ce qu'a de puéril, de fantaisiste et d'imprudent cette autre hypothèse : « Quelqu'un d'entre ces moines, préoccupé comme on l'était alors à Vézelay d'expliquer l'origine des reliques de la Madeleine, aura passé à Saint-Maximin, et remarqué les bas-reliefs ! ! ! L'un d'eux lui aura paru représenter l'onction du Christ chez Simon le Lépreux, et, suivant un raisonnement familier aux gens d'alors, il se sera dit que, puisque Madeleine était figurée sur ce sarcophage, c'est qu'elle y avait été ensevelie ! ! ! Dès lors, la légende était virtuellement constituée : Madeleine a été enterrée en Provence, c'est-à-dire qu'elle y est morte. Elle n'y est pas venue seule : une femme a toujours besoin d'appui. La mère du Seigneur s'attacha à saint Jean ; Madeleine aura pour compagnon et protecteur le saint dont l'église abritait son tombeau. Une fois en Provence, que pouvaient-ils faire, sinon prêcher l'Evangile ? Maximin aura été l'apôtre du pays, et le premier évêque d'Aix. On les aura naturellement enterrés l'un près de l'autre ! (3) »

1. M. DUCHESNE : *Fastes épiscopaux*, t. I, p. 336.
2. M. DUCHESNE : *Fastes épiscopaux*, t. I, p .331. On sait que ce n'est pas l'avis de MM. Rostand, Albanès, Le Blant, Révoil et autres. M. Révoil, l'architecte bien connu à qui la Provence doit la construction ou la restauration de plusieurs de ses beaux monuments, ayant été chargé des fouilles de 1885 dans la crypte de Saint-Maximin, a écrit : « La crypte est certainement contemporaine du christianisme primitif en Provence et atteste l'antiquité de nos croyances. »
3. M. DUCHESNE : *Fastes épiscopaux*, t. I, p. 332.

Vraiment n'était que la gravité du sujet ne le comporte guère, j'avoue qu'après une démonstration si obvie et si péremptoire, je sentirais le besoin de conclure par le fameux mot de Molière : « Et voilà, Monsieur, pourquoi votre fille est muette. » Mais un hypercritique devant être toujours pris en sérieux, nous dirons donc à notre auteur : Evidemment, tout cela est fort naturel. Il peut se faire qu'un moine soit passé par Saint-Maximin, il est à croire même qu'il a dû en passer plusieurs. Il peut se faire que ce ou ces moines aient remarqué les bas-reliefs, c'est même probable, s'ils ont regardé les sarcophages. Il peut se faire encore... que n'a-t-il pas pu se faire?... tout ce que M. Duchesne voudra, et tout ce dont il a besoin pour établir sa thèse! Mais quand nous lui aurons accordé tout ce qu'il voudra et tout ce dont il a besoin, M. Duchesne n'aura rien prouvé et rien gagné. Car les « traditionalistes » lui diront une fois de plus, avec raison, qu'il ne suffit pas, pour ruiner une tradition universellement acceptée, de dire, ou même de prouver, que les faits auraient pu se passer autrement que cette tradition le rapporte. Il faut, et il le faut en s'appuyant sur des preuves positives, et non sur des hypothèses, ingénieuses peut-être, mais rien moins que sûres, établir que les faits se sont réellement passés autrement. Il semble qu'on ne devrait pas avoir besoin de rappeler ce principe à un critique féru du besoin de documentation.

CHAPITRE QUATRIEME

LA DÉCOUVERTE DE 1279
D'APRÈS L'HYPERCRITIQUE ET D'APRÈS L'HISTOIRE

Nous voici parvenus au point capital du débat : la découverte des reliques de sainte Marie-Madeleine dans la crypte de Saint-Maximin, en 1279.

Cette découverte, nous disent les hypercritiques, fut une « supercherie ».

Cette découverte, affirment les traditionalistes, est un fait de la plus évidente sincérité.

Écoutons tour à tour les raisons des deux partis, et comme, sur ce point capital, la bataille est chaude, pour ne pas nous exposer à affaiblir la force de ces raisons, donnons autant que possible la parole aux protagonistes des deux écoles.

Nous avons reproduit les quatre principaux récits, qui nous sont parvenus, de cette découverte. De ces quatre récits, M. Duchesne en cite trois, qu'il résume succinctement, mais fidèlement, s'abstenant toutefois de se prononcer sur la compétence et la sincérité de leurs auteurs : Fra Salimbène, Ptolémée de Lucques, Bernard Guy.

Après avoir expliqué une différence de dates entre Fra Salimbène, qui porte la découverte à 1283, et les deux chroniqueurs dominicains : Ptolémée de Lucques et Bernard Guy qui la fixent plus exactement à 1279, M. Duchesne, sans s'arrêter à « plusieurs détails qui se présentent avec une apparence merveilleuse propre à exciter certains soupçons », commence ainsi sa démonstration :

« L'examen de l'un des objets trouvés avec les reliques suffira à montrer que la « découverte » avait été préparée. Parmi les sarcophages que contenait et contient encore la crypte de Saint-Maximin, il y en a un d'un grain spécial que l'on se figurait être en albâtre. Était-ce celui-là que la légende désignait comme ayant contenu le corps de la sainte? Il est permis d'en douter. Je ne vois pas qu'il soit question d'albâtre dans les diverses vies ou translations, rédigées du onzième au XIIIᵉ siècle ; on y parle d'un sarcophage sculpté, sans le décrire assez pour qu'il soit possible de savoir duquel on veut parler (1). La détermination fut faite sur les lieux. On discerna le sarcophage que les Bourguignons étaient censés avoir ouvert : et comme on n'était pas en mesure de contester l'ouverture et le larcin, on s'arrangera de manière à prouver que les voleurs des reliques s'étaient mal adressés.

« Les recherches officielles furent faites, comme il a été dit plus haut, le 9 décembre 1279, en présence du prince de Salerne. La crypte fut déblayée, et les tombeaux ouverts. Dans un sarcophage, qui n'était pas le sarcophage d'albâtre, on découvrit, avec des ossements, une caisse de bois, d'ancienne apparence, contenant un parchemin où se lisait ce qui suit :

« L'an 710 de la Nativité du Seigneur, le 6 du mois de décembre ,très secrètement, sous le règne du très pieux Odoin (var. Clovis), roi des Francs, au temps des ravages de la nation perfide des Sarrasins, ce corps de la très sainte et bienheureuse Marie-Madeleine a été transporté de son sépulcre d'albâtre dans celui-ci, qui est de marbre, par crainte de ladite nation perfide, et parce qu'il est mieux caché ici, le corps de Sidoine (var. Chélidoine) en ayant été enlevé. »

« Que cet authentique soit apocryphe, c'est ce qui crève tous les yeux non provençaux. »

1. M. Duchesne paraît bien oublier ici ce qu'il a écrit 23 pages plus haut, à savoir que dans la seconde relation de Vézelay : « La sépulture provençale est indiquée avec une grande précision... C'était un sarcophage de marbre blanc orné de sculptures ; on croyait y discerner la scène du repas où Madeleine, identifiée selon l'usage latin avec Marie de Béthanie, aurait parfumé la tête du Sauveur » (p. 330). Il est regrettable, dirons-nous avec M. Bellet, d'avoir à relever une contradiction à l'endroit même où on prétend dénoncer toute une supercherie.

Dans cette première partie de l'argumentation de M. Duchesne, on remarque bien des insinuations et des hypothèses ; de preuves, on n'en voit aucune. Car, ce n'est pas parce que M. Duchesne arriverait à prouver comme il l'annonce, que l'inscription de 710 est un faux, qu'il pourrait avoir le droit de dire que cette « découverte » fut préparée (1) et d'en faire ensuite à sa manière le récit.

Ce récit de la découverte, nous l'avons donné d'après quatre historiens. Sur ces quatre, M. Duchesne en cite trois, dont il ne paraît pas plus que nous mettre en doute la sincérité. Entre les récits authentiques de ces historiens et la narration tardive et fantaisiste que M. Duchesne nous fait de la découverte, nous n'hésitons pas un seul instant. Notre préférence va aux auteurs contemporains. D'autant plus que si, au lieu de faire à son gré, ou au gré de Launoy, Papon et tel autre de ses devanciers, le récit de la découverte à plus de six cents ans de distance, l'auteur de la *Légende de sainte Marie-Madeleine* avait tenu compte des relations de ces auteurs contemporains, il se serait épargné la peine de soulever des difficultés ou d'écrire des inexactitudes qui ne font pas honneur à son flair d'historien.

C'est ainsi qu'il aurait appris que : « Si du xie au xiiie siècle, on ne parle pas d'un tombeau d'albâtre, c'est qu'on ne l'avait pas vu du tout. Si ceux qui le virent avant le viiie siècle, ou à la découverte, se *figurèrent* qu'il était en

---

1. C'est, ce nous semble, s'abuser étrangement que d'écrire : « L'examen de l'*un* des objets trouvés avec les reliques *suffira* à montrer que la découverte avait été préparée. » En supposant — ce qui est loin d'être prouvé — que l'inscription de 710 fût l'œuvre d'un faussaire, cela ne suffirait pas à démontrer que la découverte avait été préparée. Car en 1279 on ne découvrit pas seulement cette inscription, on découvrit encore les sarcophages, les reliques, la crypte, toutes choses que le faussaire aurait eu quelque peine à fabriquer. Il paraît difficile d'admettre aussi que le même faussaire ait inventé et ait réussi à faire admettre la croyance à l'existence des reliques de Marie-Madeleine en cet endroit. Quel dommage que M. Duchesne, qui paraît si sûr de lui, ne puisse nous désigner par son nom un de ces faussaires ! On pourrait alors discuter.

albâtre, c'est qu'il paraissait tel, comme il paraît tel encore aujourd'hui. Si on discerna le sarcophage, ce n'est pas à sa qualité, mais à tous les signes merveilleux et aux deux inscriptions. »

Ce que M. Duchesne aurait évité, s'il avait voulu tenir compte des données de l'histoire, et non des exigences de sa critique, c'eût été de calomnier gravement les auteurs et les témoins de la découverte de 1279.

Pour lui, en effet, parmi ces auteurs et ces témoins, il y a des faussaires. Quels sont ces faussaires? — Launoy, qui avait porté la même accusation, n'avait pas craint de les stigmatiser, et de vouer leur nom au mépris de la postérité. Ces faussaires « qui seuls avaient inventé les inscriptions et les avaient cachées où ils voulaient qu'on les trouvât », c'étaient deux Dominicains : Guillaume de Tonneux (*sic*), conseiller et confesseur du roi Charles, et le vénérable Père Elie, qui avait de nombreuses révélations au sujet des reliques de sainte Marie-Madeleine ».

Malheureusement pour le pauvre « dénicheur de Saints » les dominicains ne vinrent à Saint-Maximin qu'en 1295, seize ans après la découverte des reliques. Guillaume de Tonneux ne fut jamais confesseur du roi Charles, et il n'est pas démontré qu'il soit jamais venu à Saint-Maximin. Enfin, le vénérable Père Elie, en 1279, n'avait pas encore vu le jour. De sorte que, dans cette affaire, si quelqu'un mérite le mépris de la postérité, il paraît bien que c'est ce triste Launoy, que Benoît XIV nous avait déjà signalé comme « le plus impudent menteur, et l'écrivain le plus misérable ».

Plutôt que de s'exposer à une pareille déconvenue, M. Duchesne se garde, nous l'avons vu, de désigner nommément les auteurs de la « fourberie ». Il préfère en rendre le pronom indéfini *on* responsable. C'est, semble-t-il, moins dangereux ; c'est peut-être plus habile, ce n'est assurément pas plus loyal. A tout prendre, mieux vaut encore la franche calomnie de Launoy.

Car affirmer, sans plus de précision, « qu'on s'arrangea de manière à prouver que les voleurs de reliques (de

Vézelay) s'étaient mal adressés », c'est dire implicitement que Charles de Salernes et ceux qui l'assistèrent dans l'invention et l'identification du corps de Marie-Madeleine : archevêques, évêques prélats, comtes, magistrats, clercs et laïques, furent tous auteurs ou complices de cette fraude, dont l'hypercritique a besoin, pour justifier sa thèse.

Or, nous le demandons à tout homme de bonne foi, peut-on avancer, sans preuves péremptoires et absolument irrécusables, une si formidable accusation ? Nous verrons plus loin quelle est la valeur des arguments sur lesquels M. Duchesne prétend l'étayer. Mais quand même ces arguments auraient la valeur que M. Duchesne veut bien leur donner, quand même il serait démontré qu'une « main coupable perpétra un faux », les traditionalistes auraient encore raison de contester à la critique le droit de porter l'accusation qu'elle porte, plus qu'à la légère, contre le prince de Salernes et ses coopérateurs.

Du bien-fondé de cette accusation, en effet, l'histoire n'apporte aucun témoignage et aucun document positifs. Tout ce que nous savons, au contraire, sur les auteurs et les circonstances de la découverte, nous impose le devoir de repousser comme une calomnie, une pareille imputation.

Le prince de Salernes et les prélats n'ont pu être des faussaires. Rien dans la vie de ce prince ne nous autorise seulement à le supposer. Neveu de saint Louis, roi de France, et père de saint Louis de Brignoles, Charles fut un des princes les plus vertueux de son temps. Durant sa vie, il fut vénéré comme un saint, et après sa mort, son tombeau placé dans le couvent de Nazareth, à Aix, devint un centre de pèlerinage pour les foules qui imploraient sa protection.

Quant aux principaux collaborateurs du prince, les archevêques d'Aix, d'Arles, d'Embrun et de Narbonne, rien non plus, dans l'histoire, ne nous permet de suspecter leur bonne foi et leur sincérité. Pour complaire à la critique, on ne peut cependant pas, sans preuves, métamorphoser en faussaires et en criminels des personnages dignes de tout respect.

Sans compter que tout ce que les chroniqueurs contemporains nous ont relaté sur les moindres circonstances de la découverte, montre encore à l'évidence cette parfaite bonne foi et cette grande sincérité. Il est vraiment dommage que M. Duchesne n'ait pas davantage tenu compte des récits de ces auteurs. Il est surtout déplorable que, sciemment ou inconsciemment, il ait ignoré la relation du cardinal Cabassol. Il aurait vu « les nombreuses précautions » et « les garanties sérieuses » que Charles et ses assistants prirent « pour se tenir en garde contre toute supercherie possible », montrant bien par là qu'ils ne pouvaient et ne voulaient être ni faussaires, ni dupes.

Rappelons brièvement les grandes lignes de ces récits :

Et, d'abord, nous dit Cabassol, le prince de Salernes ne pensa à entreprendre des fouilles qu'après « une enquête minutieuse dans les documents écrits, et auprès des vieillards qu'il interrogea lui-même (1). »

Ayant pris l'avis d'hommes de valeur tels que le cardinal Guillaume de Longis, chancelier du royaume de Naples, et le cardinal de Mandagot, futur archevêque d'Aix, savant canoniste, un des rédacteurs du *Liber Sextus* des Décrétales, Charles II fit commencer ces fouilles en sa présence, dès le commencement de décembre 1279. « Lui-même, poursuit Philippe de Cabassol, voulut y prendre part ». Le 9 de ce mois, après des travaux assez considérables (2), on mit au jour, enfoui dans le sol, à droite d'un tombeau d'albâtre, un tombeau en marbre plus commun, duquel s'échappa un parfum délicieux. L'ayant fait ouvrir, Charles y trouva un écrit disant que le corps sacré de la Bienheureuse avait été caché là par crainte des Sarra-

---

1. **Philippe de Cabassol** : *Cum suis communicato salubriori consilio, rimatur annales, perlegit historias, senes interrogat... antiqua recensat* : Faillon, t. **II**, col. 791.

2. Amauri Auger, Faillon, t. **II**, col. 788.

sins. A la tête manquait la mâchoire inférieure, et sur l'os frontal était resté intact un morceau de chair (1).

Fra Salimbène nous apprend de son côté qu'une jambe avait disparu (2).

« Devant ces reliques bénies, le roi, ayant prié et versé un torrent de larmes, donna l'ordre de recouvrir le tombeau et d'y apposer son sceau (3).

Voulant faire vérifier et authentiquer son heureuse découverte, par l'autorité compétente, Charles fit immédiatement prévenir les évêques de Provence, les priant de venir sans tarder à Saint-Maximin. Le 18 décembre, plusieurs prélats étaient présents au rendez-vous, notamment les archevêques d'Arles et d'Aix, Bernard de Languisel et Griméric Vicedominus. En leur présence et en présence de nombreux témoins, le sceau, reconnu intact, fut brisé et le sarcophage ouvert (4).

On y aperçut le corps ainsi qu'un très vieux morceau de liège qui se cassa et laissa voir un parchemin antique, sur lequel était écrit le document déjà cité (5). On referma le sarcophage, qui fut scellé des sceaux du prince et des prélats.

On procéda ensuite à une enquête canonique, et après avoir constaté la vérité des faits, et examiné tous les témoignages, écrits et monuments, un jugement public fut rendu par le cardinal de Longis, qui avait dirigé la procédure, portant que le corps retrouvé dans le tombeau était bien celui de sainte Marie-Madeleine (6).

Le 5 mai 1280, les archevêques d'Aix, d'Arles, d'Embrun

1. PHILIPPE DE CABASSOL : *Manuscrit de la Bibliothèque du roi*, 1072, fol. 55 et suiv. Faillon, II. col. 190-195.

2. Fra Salimbène cité par ALBANÈS : *Le Couvent royal de Saint-Maximin.*

3. PHILIPPE DE CABASSOL : Faillon, t. II, col. 792.

4. Bernard Gui : Faillon, t. II, p. 779. — Philippe de Cabassol : Faillon, t. II, col. 802. Nos 80 et 81.

5. Bernard Gui : Faillon, t. II, p. 778-779. Philippe de Cabassol : Faillon, t. II, col. 806, n° 87.

6. Faillon, t. I, col. 877.

et de Narbonne, les évêques de Provence firent, en présence de Charles et d'une foule immense de fidèles, la translation solennelle des précieuses reliques. En enlevant le corps du sarcophage, les évêques remarquèrent dans les ossements un morceau de cire arrondi ; ils l'ouvrirent et trouvèrent à l'intérieur une petite cédule portant ces mots : *Hic requiescit corpus Mariæ Magdalenæ* (1).

Un nouveau procès-verbal relatant tous ces faits fut rédigé et signé par Charles et tous les évêques. Le prince de Salernes lui-même porta au Pape ce procès-verbal avec les deux inscriptions et le chef de la sainte, trouvés dans le tombeau (2). Quinze ans plus tard seulement, le 24 avril 1295, après avoir mûrement tout examiné, et après avoir constaté que la mâchoire de la sainte, conservée au Latran, s'adaptait parfaitement au crâne venu de Saint-Maximin, le Pape Boniface VIII se prononça par une bulle dans laquelle il félicitait Charles II de sa piété envers sainte Marie-Madeleine, et du soin qu'il avait mis à retrouver son corps (3). En lui adressant cette bulle, qu'il devait faire suivre de cinq autres, Boniface remettait à Charles le chef auguste de la sainte, avec la mâchoire retrouvée au Latran, ainsi que les deux inscriptions authentiques, Charles déposa à nouveau ces précieuses reliques dans la nouvelle châsse, à Saint-Maximin, et ce fut là que peu d'années après, Bernard Gui put les voir et copier le texte « du très vieux parchemin qui est conservé pour rendre témoignage à la vérité (4). »

Où voit-on en tout cela trace « de la découverte préparée » ou de « la main habile qui a inséré le prétendu certificat? » Peut-on supposer que « parmi tant de témoins, comme le dit M. Bellet, il ne s'en soit pas trouvé *un seul* qui ait eu assez de flair pour soupçonner la supercherie,

1. Philippe de Cabassol : FAILLON, t. II, col. 792. — Bernard Gui : FAILLON, t. II, col. 779.

2. FAILLON, t. II, col. 805-815.

3. FAILLON, t. II, col. 815-820.

4. FAILLON, t. II, col. 779.

un seul, qui ait eu assez d'honnêteté pour la dénoncer ?
Comment se fait-il, au contraire, que tous ayant vu,
touché et lu les documents, aient été unanimes à les décla-
rer très antiques, d'une très vieille écriture, et vraiment
authentiques ? Comment se fait-il que plusieurs années
après, Bernard Guis ait put dire : « Moi-même qui écris ces
choses, j'ai vu et lu ce très vieux parchemin, qui est conservé pour rendre témoignage à la vérité ? » Comment se fait-il
que l'on ait envoyé au Pape ces documents, précisément,
pour que le Pape les examinât et les fit examiner, afin de
s'assurer de la vérité des faits ? Comment se fait-il qu'on
les ait gardés, ces *prétendus certificats*, pendant des siècles (1), à Saint-Maximin même, à la disposition de qui
voulait les examiner ? Qui ne voit que s'il y avait eu
« supercherie » toutes ces précautions auraient été plutôt
de stupides imprudences ? Qui ne voit que M. Duchesne
en venant, après plus de six cents ans, nous affirmer, sans
preuve formelle, que cette « supercherie » a eu lieu, dépasse
les limites du bon sens et de la raison, et par conséquent
celles de la critique légitime ?

1. Honoré Bouche (1598-1671) et Paul (1624-1690) purent
voir encore de leur temps l'original de l'inscription de 710.

CHAPITRE CINQUIÈME

L'INSCRIPTION DE 710 ET LE RECEL DES RELIQUES

De preuves formelles de la « supercherie », M. Duchesne, nous ne saurions trop le répéter, n'en apporte aucune. Il cherche, cependant, à donner des raisons qui, d'après lui, établissent que l'inscription de 710 est un faux. Or, comme l'examen de ce seul document lui suffit, pense-t-il, « à montrer que la découverte a été préparée », malgré toutes les invraisemblances, malgré toutes les impossibilités morales et matérielles, il croit avoir le droit de s'en tenir à son affirmation.

Exposons, d'après M. Duchesne lui-même, les preuves du prétendu faux :

« Que cet authentique soit apocryphe, c'est ce qui crève tous les yeux non provençaux. Avant d'entrer dans le détail, apprécions le dessein, et pour ce faire, efforçons-nous d'entrer dans les préoccupations sous lesquelles la pièce est censée avoir été rédigée.

« Les Sarrasins sont proches : ils menacent le pays de Saint-Maximin. Comment mettre le cher trésor à l'abri de la profanation ? Le plus simple, semble-t-il, était d'emporter les reliques de sainte Madeleine en dehors de l'église, et de les cacher dans la montagne ou chez un particulier. C'est ainsi que l'on procéda au temps de la Révolution (1). Ici, rien de semblable. On ne les tire pas de la crypte, on se borne à les changer de sarcophage. Contre quels Sarrasins prend-on cette précaution naïve ? De ceux que nous connaissons,

1. Inexact. A la Révolution, les reliques ne furent pas transportées dans la montagne, mais bien profanées, brûlées, et ce que l'on put seulement sauver de la destruction, à l'insu des Révolutions, fut gardé en cachette par des particuliers.

et que les gens du VII⁰ siècle connaissaient encore mieux que nous, on devait attendre le pillage du sanctuaire et des objets de prix qu'il pourrait renfermer, subsidiairement des dégâts matériels, des polissonneries, l'incendie enfin, pour couronner la fête.

« Est-ce bien ces mécréants que l'on a eu en vue, et ne semble-t-on pas plutôt s'être défendu contre les Sarrasins en froc, capables de discerner entre sarcophage et sarcophage, et de forcer celui qu'ils croiraient abriter les meilleures reliques?

« Ainsi le dessein d'après lequel a été combiné le certificat trahit l'origine de celui-ci. Les Sarrasins qu'il vise sont ceux de Vézelay. Quant aux autres, il est clair que jamais contemporain n'aurait parlé d'eux en ces termes (1).

Voilà, certes, qui est clair. Est-ce juste? Est-ce probant et péremptoire? C'est ce que les traditionalistes contestent. Ils voient bien là encore des suppositions ingénieuses et des affirmations catégoriques, mais de preuves formelles, pas une !

Rien de plus facile à 1.200 ans de distance que de dire : « *Apprécions le dessein... efforçons-nous d'entrer dans les préoccupations sous lesquelles la pièce est censée avoir été rédigée.* » Qui nous assure que cette appréciation est exacte? Qui nous assure que cet effort est, sinon sincère, du moins dégagé de tout préjugé? Quelle garantie, en un mot, avons-nous que, dans une entreprise au moins hasardeuse, M. Duchesne ne se trompe pas?

Il lui plaît de dire, d'ailleurs après bien d'autres, que pour mettre les reliques de sainte Marie-Madeleine à l'abri de la profanation des Sarrasins, il aurait fallu « les emporter hors de l'église, et les cacher dans la montagne ou chez un particulier. »

M. Duchesne en parle à son aise. Est-il aussi sûr qu'il veut bien le dire que les reliques auraient été plus en sûreté dans la montagne ou chez un particulier?

---

1. M. Duchesne : *Les Fastes épiscopaux*, t. I, p. 354-355.

Ce particulier les aurait-il toujours gardées avec tout le soin et le respect nécessaires? Aurait-il pu toujours les défendre contre les entreprises des amis ou des ennemis, en particulier de ces Sarrasins qui s'établissaient généralement dans le pays conquis? Et puis, en admettant qu'un particulier eût pu répondre de leur conservation, qui ne voit que, par la suite, c'était les exposer à toutes sortes de dangers et de contestations?

Les cacher dans la montagne n'était pas plus prudent. Car c'était les exposer à tous les risques de vol et de profanation, y compris celui de la perte totale et définitive.

Comme le dit M. Bérenger, « tous ces moyens étaient dangereux ; ce que firent les moines, c'était ce qu'il y avait de mieux à faire. La crypte creusée au-dessous de l'église n'a pas plus de quatre mètres de long, deux de haut, et trois de large. M. Duchesne la connaît-il? Avec quelques mètres cubes de terre, couvrir, jusqu'à la voûte, les tombeaux ; avec quelques pierres brutes, masquer l'entrée, enlever cinq ou six marches, et confondre les abords avec le niveau du sol, c'était la seule opération qui, avec moins de peine, donnait plus de sûreté pour dépister les Sarrasins.

« D'ailleurs, l'hagiographie de France démontrerait surabondamment que les cryptes furent comme la cachette providentielle de la plupart des reliques aujourd'hui en vénération dans nos églises (1). » Et pour preuve de ce qu'il avance, l'auteur cite l'exemple des reliques de saint Hilaire, l'illustre évêque de Poitiers, sauvées au Ve siècle, par le même moyen, des ravages des Goths et des Vandales, comme le furent, au VIIe siècle, celles de saint Privat à Clermont, de saint Symphorien à Autun (2).

---

1. BÉRENGER : *Les Traditions provençales*, p. 499 et Sainte-Marie-Madeleine en Provence, pp. 125-126.

2. Dans le seul diocèse actuel de Fréjus, on connaît au moins quatre corps saints qui furent ainsi soustraits aux profanations des Barbares. Ce sont les corps de saint Ausile, sainte Maxime, saint Tropez et saint Léonce. Seul le corps de saint Ausile a été retrouvé au XVIIe siècle à Callas. C'est de la même manière que furent sauvés les corps de sainte Marthe à Tarascon, des saintes Marie et de saint Gilles.

« M. Duchesne, poursuit M. Bérenger, traite aussi le changement de sarcophage de « précaution naïve ». N'était-elle pas, au contraire, très rationnelle? Si barbares que fussent les Sarrasins, ils savaient distinguer un marbre précieux d'un marbre vulgaire, et ils pouvaient bien penser que les reliques les plus vénérables devaient être dans le plus riche tombeau...

« Il y avait à ce changement un autre motif bien plausible. Les tombeaux enfouis sous ces monceaux de terre n'y resteraient-ils pas, peut-être, de longs siècles? Dans ce cas, c'est le tombeau de Sidoine, beaucoup plus lourd et plus résistant, qui abriterait mieux les reliques de Marie-Madeleine, surtout si on voulait le descendre dans une fosse creusée plus profondément...

« Pour prouver que la découverte avait été préparée, M. Duchesne s'en prend aussi à la façon dont l'inscription parle des Sarrasins. « Il est clair, dit-il, que jamais contemporain n'aurait parlé d'eux en ces termes. » Et en quels termes en aurait-il parlé? Dans l'inscription, les Sarrasins sont appelés : *perfidæ nationis*, peuple perfi de, traître, infidèle ; leur invasion est qualifiée de : *tempore infestationis*, temps de ravages, de ruines, de périls. M. Duchesne trouve-t-il ces expressions trop dures? trop douces? Sa phrase énigmatique ne nous l'apprend pas ; un contemporain devrait être plus clair.

« Ce qui, maintenant, je pense, doit être bien clair pour tous, c'est que les moines de 710, en opérant le recèlement du corps de Marie-Madeleine, agirent avec une habileté et une prudence parfaites.

« Ce sont eux, et non les inconnus de 1279, qui par toutes ces sages précautions, préparaient la découverte, comptant bien qu'un jour, « Celui qui veille sur les ossements des justes » (Ps. XXXIII, V. 21) rendrait à la vénération ᵈes Provençaux les restes sacrés de leur apôtre bien-aimé. »

Dans une brève, mais très substantielle réponse à l'ouvrage de M. de Manteyer : *La Provence du I*ᵉʳ *au XII*ᵉ *siècle*, M. Fernand Cortez, un des érudits les mieux renseignés sur la question qui nous occupe, a fait, sur cette inscription de

716, une remarque qui mérite d'être relevée, parce que, selon nous, d'une parfaite justesse.

« L'écrit de 716, dit-il, a un mot bien caractéristique, et sur lequel on ne s'est pas assez arrêté ; à notre avis, il lui donne une physionomie à part et comme le cachet de l'authenticité. Sainte Marie-Madeleine y est appelée : *carissima ac veneranda beata Maria-Magdalena*, expressions sincères et de circonstance. Ne dirait-on pas qu'on lui prodigue les mots de tendresse et de respect, comme pour s'excuser auprès d'elle de l'outrage qu'on va faire subir à ses reliques en les enlevant à la vénération de son peuple, ou de la supercherie qui va résulter de ce transfert mystérieux en laissant continuer les hommages du culte à un tombeau vide ou qui contiendrait un autre corps.

« On y voit de plus le témoignage de la véritable peine qu'on éprouvait de se priver de la vue de ses reliques, ainsi que la traduction vraie des sentiments d'une familière et respectueuse tendresse des habitants de Saint-Maximin envers leur illustre patronne, comme on en userait envers quelqu'un qui vous touche de près ou vous appartient, qui fait partie de votre famille ou de votre pays. Ce sentiment tout spécial, et qui a quelque chose de plus affiné, pourrait-on dire, s'est perpétué à travers les âges, et de nos jours, il est tout aussi vivace, tant il est ancré profondément dans les cœurs.

« Ce mot bien simple et pourtant correct *ne se trouve que là : il n'a jamais été employé plus tard dans aucun des nombreux documents postérieurs*, anciennes vies, relations de Vézelay, bulles ou chartes relatives à Saint-Maximin. Dans tous ces documents postérieurs, on ne rencontre que les termes suivants : *Beata, Sancta, Gloriosa*, et leurs superlatifs : *Beatissima, Sanctissima*, ou le barbare *Famosissima*. Une seule fois le roi Robert l'appelle en 1337 *Sancta mirifica*, la sainte admirable et cependant on sait combien nos comtes de Provence étaient dévots à sainte Madeleine : le roi René, dans son testament de 1474 l'appelle *la benoîte Madeleine* ; Louis XI, *la benoîte glorieuse Marie-Madeleine* ; Madame *Saincte Magdeleine* ; François Ier, *la benoiste ou la glorieuse Magdeleine* ; après lui, ce sera uniformément sainte Marie-Madeleine. Pourquoi donc ne rencontre-t-on nulle part, à partir du xie siècle, où on accorde que les documents ont date certaine, ni même après la découverte de 1279, où on avait ce même écrit sous les yeux, le mot *Carissima*? Le trouvait-on trop archaïque? Ce n'était plus, paraît-il, le langage du moment. Par où l'on voit que le religieux de Saint-Maximin qui a rédigé l'écrit de 716 n'était ni dominicain ni bénédictin du xiiie siècle, mais bien moine Cassianite du viiie siècle. Ainsi cet écrit reçoit sa date certaine et se trouve justifié par un seul mot de vénération et d'amour envers Celle qui a tant aimé (1) ».

Nous n'ajouterons pas plus à cette remarque que nous n'avons ajouté à l'argumentation si serrée et si limpide de M. Bérenger. Disons seulement que l'une et l'autre nous paraissent trop pleinement démonstratives pour que nous refusions de donner notre assentiment à la conclusion qui en découle et qui s'impose.

1. Cf. *Nos traditions à propos de la Provence du* i^{er} *au* xiie *siècle*, de H. de Manteyer, par Fernand Cortez : Impr. Générale du Sud-Ouest, Bergerac, 1910.

CHAPITRE SIXIÈME

L'INSCRIPTION DE 710 : CRITIQUE

Après avoir essayé — avec quel succès, on vient de le voir — d'apprécier le dessein de l'inscription de 710, en s'efforçant d'entrer dans les préoccupations sous lesquelles la pièce est censée avoir été rédigée, M. Duchesne passe « à l'examen de détail » de la dite pièce. Cet examen, d'après lui « doit suffire à montrer que la découverte a été préparée », parce que « pour tous les yeux non provençaux, cet authentique est apocryphe ». Pour le prouver, M. Duchesne se contente de reprendre quatre objections qui avaient été déjà soulevées par Launoy, Papon ou Fleury. Voici ces objections :

1° En 710, on ne datait pas encore par l'ère de l'Incarnation (1).

2° La formule *Anno nativitatis Dominicæ* est postérieure de plusieurs siècles à l'introduction de l'ère chrétienne (2).

3° A la date du document, il n'y avait pas encore eu d'invasion de Sarrasins en France (3).

4° On ne connaît pas de roi des Francs du nom d'Odoin au VIII° siècle (4).

A ces difficultés, les PP. Pagi et de Solier, au XVIII° siècle, et depuis MM. Albanès, Bellet et Bérenger ont apporté des réponses qui nous paraissent satisfaisantes.

---

1. Objection de Papon : Cf. FAILLON, t. I, col. 713, 715.

2. Objection de Papon ; Cf. FAILLON, t. I, col. 713-715.

3. *Id.*, col. 719.

4. Objection de Launoy ; Cf. FAILLON, t. I, col. 700, et FLEURY.

Pour mettre nos lecteurs à même de se prononcer en pleine connaissance de cause, exposons très fidèlement les difficultés de la Critique, et les réponses de la Tradition.

1° L'Emploi du Comput

Objection de M. Duchesne

« En 710, écrit M. Duchesne, on ne datait pas encore en France, et surtout dans le Midi, par l'ère de l'Incarnation. Cette façon de dater nous est venue d'Angleterre, où on la voit employée par Bède, dont l'*Histoire ecclésiastique* est de l'année 735. Les plus anciens documents continentaux qui datent ainsi ont été rédigés par les Anglo-Saxons. C'est le cas pour la note écrite par saint Willibrod, en 728, en marge de son calendrier, et pour le *Concilium germanicum* de 742, tenu sous la direction de Carloman et la présidence de saint Boniface, qui en libella le protocole. L'emploi de ce comput, au VIIIᵉ siècle, dans la France méridionale, attend encore un document (1). »

Réponse des Traditionalistes

« Au VIIIᵉ siècle, réplique M. Bérenger, on datait déjà en France par l'ère de l'Incarnation. Nous en avons la preuve dans le capitulaire promulgué à Soissons, après le concile réuni par Pépin : « Au nom de Dieu et de la Trinité, *l'an 744 de l'Incarnation du Christ*, le VIᵉ des nones de mars 14e jour de la lune (2 mars), seconde année de Childéric roi des Francs, moi Pépin, duc et prince des Francs, dans le synode ou concile tenu à Soissons, j'ai résolu, etc... (2) ».

« Au VIIᵉ siècle, nous avons l'acte de donation, faite à l'église de Saint-Bénigne de Dijon, par Ermenbert, qui est ainsi daté : *Anno ab Incarnatione Domini* DCXXXII (3).

---

1. M. DUCHESNE : *Les Fastes épiscopaux*, t. I, p. 355.
2. *Concilium Suessionense* (*Patr. lat.*, t. LXXXIX, col. 824.
3. *Nouveau traité diplomatique*, t. V, p. 676.

D'après les auteurs de l'*Art de vérifier les dates*, l'emploi du comput remonterait plus haut encore. « L'ère de Jésus-Christ ou de l'Incarnation, écrivent-ils, a été introduite, en Italie, au vi^e siècle, par Denys le Petit, et en France, au viie siècle, où elle ne s'est bien établie que sous le viiie. Il n'est pas douteux que dès le vi^e siècle, on n'ait fait usage du nouveau cycle... Les hommes apostoliques envoyés en Angleterre l'y établirent (1) ».

Cette façon de dater ne nous est donc pas venue d'Angleterre, comme le dit M. Duchesne, mais d'Italie.

Officiellement adopté à Rome par Félix IV, le comput de Denys le Petit, porté en Angleterre en 587 par les envoyés de Grégoire le Grand, y fut employé bien avant Willibrod (728), et Bède (735). On le trouve, dès le viie siècle, dans toutes les chartes des rois anglo-saxons, à partir de 680, ainsi que dans les actes du concile de Twifod, où on lit : *Anno Dominicæ Incarnationis DCLXXXV* (685), *congregato synodo, ego Theodorus archiepiscopus Dorovensis, subscripsi* (2) ».

Il n'est pas exact non plus que pour l'Espagne « l'emploi de ce comput attende encore un document ». Nous lisons en effet, dans les écrits de Jean de Tolède, en 648 : « *Emensis triginta et octo annis ex quo æra inventa est, usque ad* NATIVITATEM CHRISTI *residui sunt sexcenti octoginta sex anni* (3). En comptant les trente-huit ans depuis que l'ère a été établie jusqu'à la *Nativité du Christ*, il s'est écoulé six cent quatre-vingt-six ans (4) ».

Notons encore que dès l'an 567, Victor, évêque de Tunnone, datait sa chronique de « la Nativité de Notre-Seigneur (5) ».

« Ainsi, dirons-nous après M. Bérenger, connu et employé dans le Nord, dans l'Est, dans le Centre de la France ;

---

1. *Traité de diplomatique*, t. VI, p. 699.
2. *Nouveau traité de diplomatique*, t. V, p. 416.
3. *Julian Toletan. Contra Judeos* ; lib. III.
4. Cf. BÉRENGER, pp. 109-110. *Les Traditions provençales.*
5. *Nouveau traité de diplomatique*, t. V, p. 517.

connu et employé en Italie, en Angleterre et en Espagne dès le VIIIe siècle, pourquoi le comput dyonisien n'aurait-il pas été également connu et employé dans le Midi de la France? Pour qu'il ne descendit ou ne montât pas jusqu'en Provence, établit-on un cordon de défense aux limites de ce pays? Ignore-t-on que le moine Augustin, envoyé en Angleterre par Grégoire le Grand, séjourna à Lérins avec ses quarante compagnons, vint ensuite à Marseille, auprès de l'évêque saint Sérénus, et finalement reçut la consécration épiscopale à Arles des mains de saint Virgile, avant de passer chez les Angles? Et si déjà, en Provence, le comput de Denys le Petit n'était pratiqué, peut-on admettre qu'Augustin ne l'ait pas prôné à Lérins, Marseille et Arles, avant de l'établir en Angleterre?

M. Duchesne voudrait qu'on lui montre un document provençal autre que celui de 710, portant l'emploi de ce comput. En montre-t-il un lui-même de la même époque, ne portant pas ce comput, et donnant ainsi un semblant de raison pour affirmer qu'en Provence, au VIII° siècle, on ne connaissait pas cette façon de dater?

Les exigences de la critique sont vraiment inadmissibles, pour ne pas dire ridicules ; Chacun sait que les archives provençales ont été brûlées ou détruites par les barbares.

Papon, le premier auteur de cette objection, relative à l'inscription de 710, avoue que, malgré toutes les recherches, il n'a pu avoir entre les mains que peu de chartes antérieures au XIe siècle (1).

« Voilà, poursuit M. Bérenger, qu'on présente un parchemin échappé à l'incendie et à la destruction, parce qu'il était enfoui dans un tombeau. Sa formule révèle qu'il est bien le contemporain des pièces marquées ailleurs de la même date, et la critique le rejette comme apocryphe, uniquement parce que ce document est le seul qui ait survécu ! C'est absolument comme si le seul survivant d'une sanglante bataille était traité d'imposteur, parce que les morts ne sont pas là pour confirmer son récit. »

1. Cf. PAPON : *Histoire de Provence*, t. II, Préface, p. VI.

2º La Formule « Anno Nativitatis »

Objection. — « De plus, dit M. Duchesne, la formule *Anno Nativitatis Dominicæ* est postérieure de plusieurs siècles à l'introduction de l'ère chrétienne. Dans les recueils de documents relatifs à la Provence, comme le *Cartulaire de saint Victor* et les appendices des tomes I et XVI du *Gallia Christiana*, il faut descendre jusqu'aux dernières années du XIIIᵉ siècle pour trouver l'*Annus Nativitatis* ou *a Nativitate*. Jusque-là, c'est toujours l'*Annus Incarnationis*, ou, dans les derniers temps, l'*Annus Domini*. La formule de notre document correspond donc à l'usage, non du VIIIᵉ, mais du XIIIᵉ siècle avancé. »

Réponse. — 1º Quoi qu'en dise M. Duchesne, la formule *Anno Nativitatis Dominicæ* n'est pas postérieure de plusieurs siècles à l'introduction de l'ère chrétienne. La preuve en est que nous l'avons vue déjà employée par l'évêque de Tunonne qui inscrit dans sa chronique : « L'an 567 de la Nativité de Notre-Seigneur » et par Julien de Tolède, qui parle de 648 ans écoulés depuis « la Nativité du Christ. »

D'autre part, les auteurs du *Traité de diplomatique* reconnaissent que « sur la fin du VIIIᵉ siècle, il était *ordinaire* de fixer le commencement de l'année à la *Nativité de Notre-Seigneur* ».

Toutefois, dans les anciens cartulaires, et en particulier dans le *Cartulaire de saint Victor*, on trouve diverses manières de commencer l'année, tantôt en la faisant partir de l'Incarnation (25 mars), tantôt de la Nativité (25 décembre). Et cette variété de formules se rencontre dans les chartes du même lieu et de la même époque. C'est ainsi que dans le cartulaire de Folquin, relatif à l'abbaye de Saint-Bertin, on lit tour à tour : *Anno autem ejusdem regis secundo qui erat annus* DOMINICÆ *Nativitatis DCCLXVIIII* » (769). — « *Cum... Carolus filius ejus (Pepini) illi successisset anno* DOMINICÆ INCARNATIONIS *DCCLXVIIII* » (769) (1).

« Donc, la formule de l'authentique de Saint-Maximin se justifie par le droit et la liberté qu'avait l'auteur de l'ins-

---

1. *Cartulaire de l'abbaye de Saint-Bertin* lib. 1, pp. 57 et 59.

cription, de compter les années par la *Nativité du Seigneur*. »

2° Il n'est pas exact, comme l'affirme M. Duchesne, que, dans le *Cartulaire de saint Victor*, il faille descendre « aux dernières années du xiiie siècle, pour trouver l'*Annus Nativitatis* ». Cette formule est employée dans une charte signée de Pons, évêque de Marseille, en l'an 1064 : « *Facta carta donationis annomillesimo sexagesimo quarto Nativitatis Xristi*, etc. (1).

Tandis que dans le *Cartulaire de saint Victor*, on trouve l'*Annus Nativitatis* deux siècles avant l'époque assignée par M. Duchesne, on ne la rencontre pas une seule fois au temps où, d'après le même M. Duchesne, elle était en plein usage. Or, comme le fait remarquer avec raison M. Bérenger, si l'*Annus Nativitatis* ne se trouve qu'en remontant les siècles, et non en les descendant, n'est-il pas logique d'admettre que cette formule devait être employée dans les documents plus anciens qui sont perdus? (2) » et par conséquent dans l'inscription de Saint-Maximin qui remonterait de ce fait à la date qu'elle porte?

3° M. Duchesne se trompe encore quand il prétend qu'on ne rencontre qu'aux derniers temps du xiiie siècle l'*Annus Domini*. Dans le seul *Cartulaire de saint Victor*, nous avons relevé cinq fois l'*Annus Domini* du commencement du xe siècle à la fin du xie !

Année 904 : *Data XI Kalendas Maii anni Domini DCCCCIIII, indicione VII, anno IIII, imperante domino nostro St Ludovico* (3).

Année 1037 : *Facta donatio hac, anno, millesimo XXXLVII Domini nostri Jhesu Christi, regnante cono imperatore* (4).

Année 1051 : *Facta Karta ista V Kalendas Maii anno Domini millesimo LI, indictione III et luna IIIIX regnante Christo Domino qui cœli seat solio* (5).

<hr>

1. Cf. BÉRENGER : *Les Traditions provençales*, p. 116.
2. *Ibid.*
3. *Cartulaire de saint Victor*, t. I, p. 11.
4. *Ibid.*, t. I, p. 618.
5. *Ibid.*, t. I, p. 602.

Année 1094 : *Actum est hoc V Kalendas Augusti anno Domini millesimo XCmo IIII* (1).

Année 1097 : *Facta est carta, anno Domini millesimo XCmo VII* (2).

Décidément, il faut reconnaître une fois de plus que M. Duchesne n'a pas de chances avec les textes provençaux. S'il les lit, il les lit certainement d'un œil distrait. C'est ce que l'on peut dire de plus avantageux pour sa défense.

3° Les Sarrasins

Objection. — « En 710, continue M. Duchesne, les Arabes musulmans étaient encore en Afrique : rien n'annonçait qu'ils dussent de sitôt, je ne dis pas envahir la Gaule, mais même franchir le détroit de Gilbraltar. Les clercs et moines de Saint-Maximin eussent été bien précautionneux s'ils avaient eu peur en ce moment de recevoir leur visite, et s'ils avaient qualifié le temps où ils avaient vécu jusqu'alors de *tempus infestationis Saracenorum* (3). »

Réponse. — En supposant que l'on doive lire 710 et non 716, ou toute autre date, comme le prétendent, non sans raison, Catel, Pagi, Albanès et M. Bellet, on peut répondre à M. Duchesne qu'il n'était pas nécessaire d'être grand clerc pour prévoir qu'un jour ou l'autre les Sarrasins passeraient le détroit de Gilbraltar. En 710, les Barbares attaquaient Ceuta, ville considérée comme la clef de l'Espagne et de l'Europe, sur le bord africain du détroit. En 710 encore, d'après les éditeurs de l'Histoire du Languedoc, Tarik ben Zeyad descendit en Andalousie avec cinq cents cavaliers, opéra une razzia, et revint en Afrique chargé de butin. Vers la fin du mois d'avril 711, le même Tarik débarqua à Gibraltar avec une armée puissante, et ses succès furent si rapides qu'au commencement de 713 il y avait, presque dans toutes les villes voisines des Pyrénées, des gouvernements arabes.

1. *Cartulaire de saint Victor*, t. II, p. 26.
2. *Ibid.*, t. II, p. 566.
3. M. DUCHESNE, *Les Fastes épiscopaux*, t. I.

D'autre part, s'il faut en croire les *Annales d'Aniane*, chronique de l'époque écrite au jour le jour, et la *Chronique de saint Victor*, du monastère de Ripoli, il y aurait eu une invasion de Sarrasins en Espagne dès l'année 707 (1).

En 710 donc, au plus tard, après avoir envahi la Syrie, l'Egypte, tout le nord de l'Afrique, les Sarrazins menaçaient l'Espagne. Etait-il difficile de prévoir qu'ils pousseraient plus loin leurs conquêtes, et fallait-il attendre qu'ils eussent mis à feu et à sang la Provence, pour prendre des précautions contre leurs hordes dévastatrices, et pour appeler ce temps : temps de ravages et de ruines? Que si, au lieu de 710, c'est 716 ou toute autre date postérieure qu'il faut lire, la difficulté de M. Duchesne disparaît. Et qui oserait assurer, en dehors d'un hypercritique, que c'est bien 710 et non point 716 qui fut écrit sur cet original vétuste, maintenant disparu? Qui sait encore si des réfugiés espagnols voulant échapper à la fureur des Barbares ne vinrent pas porter l'alarme en Provence? Qui sait enfin, si, avant d'envahir le pays par voie de terre, les Sarrasins, comme ils devaient faire bien souvent dans la suite, n'y tentèrent pas d'invasions par voie de mer? Le martyre de saint Porcaire et de ces 500 religieux à Lérins qui se produisit quelques années plus tard nous prouvent que cette hypothèse n'a rien de chimérique. Et puis sommes-nous bien venus à 1.200 ans de distance pour savoir quelle raison put justifier cette crainte alors qu'on ne peut encore donner une explication satisfaisante de cette panique générale qui envahit la France en mars 1789 et qu'on appelle la grande peur. Point n'est besoin que les Sarrasins aient été aux portes de la Provence pour qu'on ait commencé à prendre des précautions contre eux. Or, en 720, ils s'emparaient de Nîmes, détruisaient pour

1. Anno **DCCXV** Sema rex Sarracenorum, post VIII annos quam in Spania ingressi sunt Sarraceni ad obsidendam Tolosam pergunt. *Annales d'Aniane.* — Anno 707 Sema rex cum Sarracenis in Hispania ingressus est. *Chronique de saint Victor de Marseille. Extrait des Mélanges d'archéologie et d'histoire publiés par l'Ecole française de Rome.* t. VI, p. 4. — Albanès.

toujours le monastère de Psalmodi près d'Aigues-Mortes, et saccageaient Saint-Gilles. En 732 ils étaient à Poitiers...! et pendant plus de cent ans la Provence devait rester leur boulevard.

4° Eudes

Objection. — « Enfin, conclut M. Duchesne, quel est cet Odoin que l'on qualifie de roi des Francs, *rex Francorum*? Un roi de ce nom ne se retrouve nulle part dans la longue série des rois de France. Il ne peut être question du roi Eudes (888-896), car, de son temps, la Provence obéissait au roi d'Arles, Louis. Aussi, s'est-on rejeté sur le duc d'Aquitaine Eudes (Eudo), qui n'a jamais porté le titre de *rex Francorum*, et n'a jamais exercé une autorité quelconque au delà du Rhône, dont il était séparé par la province visigothique de Septimanie. Ce système n'a donc pas plus de vraisemblance que l'autre. Du reste, le nom *Eudo* n'est pas identique à *Odoinus* : jamais un contemporain n'eût fait pareille faute (1). »

Réponse. — Odoinus, Odo, Eudes, Odon, Odoil, disent les auteurs du *Nouveau traité de diplomatique*, ne sont que les variantes d'un même nom, et Odoin, roi des Français, est le même qu'Eudes, duc d'Aquitaine (2). Cette opinion, quoi qu'en pense M. Duchesne n'est pas inventée pour le besoin de la cause. Elle a des fondements dans l'histoire. C'est ainsi que dans le *Cartulaire de l'Abbaye de Cluny*, nous voyons le nom d'Eudes écrit de différentes manières : Odo, Hoddoni, Odoni, Otdono, dans des chartes datant de la même époque (3).

De leur côté, Baronius et Pagi admettent *Odoinus* comme traduction d'Eudes : *Eudo dux aquitaniæ, aliquando Odo, aliquando Otto, Odoicus vel ODOINUS appellatus repetitur* (4).

1. M. DUCHESNE : *Les Fastes épiscopaux*, t. I, p. 356.

2. *Nouveau traité de diplomatique*, t. IV, p. 506.

3. Alexandre Bruel, 1876. Imprimerie nationale, pp. 42, 55, 65 et 70.

4. *Critica in annales Baronii*, an. 716, n° 12, t. III, p. 178.

Ces citations, il nous semble, suffisent à montrer que l'auteur de l'inscription de Saint-Maximin a bien pu, avec beaucoup d'autres, appeler *Eudes*, duc d'Aquitaine : *Odoinus*.

La difficulté du nom étant ainsi résolue, passons à celle du titre. D'après M. Duchesne, Eudes, duc d'Aquitaine, n'a jamais porté le qualificatif de *rex Francorum*. Est-ce bien sûr ?

Remarquons d'abord que l'auteur de la *Légende de sainte Marie-Madeleine* est forcé de reconnaître que, dans la seconde des deux recensions de la vie de Grégoire II, il est dit que, dès l'année 721, les Sarrasins ont été obligés de franchir le Rhône pour envahir *la France et le gouvernement d'Eudes* : « *Francias occupandum ubi Eudo prœerat* (1) ». Pour M. Duchesne, il est vrai, il y a là une erreur qui « se comprend de la part d'un auteur romain, écrivant à quelque distance des évènemes ». Mais, est-il bien vrai qu'il y ait là une erreur ? Est-il vrai surtout que cette erreur soit le fait d'un auteur qui écrit à quelque distance des évènements ? M. Duchesne lui-même porterait à en douter. En effet, dans ses études sur le *Liber pontificalis*, il écrit à ce propos : « La plupart des changements de la seconde version portent non seulement sur l'ordre des mots, mais sur le sens lui-même. La notice (de Grégoire II) a été en quelque sorte refaite, et cela par un *contemporain* (2).

Il y a, on le voit, une flagrante contradiction.

Quand M. Duchesne se trompe-t-il ? Est-ce quand il affirme d'abord que l'auteur de la seconde version est un contemporain, ou quand il assure, sans apporter de preuves, que « cet auteur écrit à quelque distance des évènements ». Ce n'est pas à nous à le dire. Mais, il nous sera permis de trouver étrange que, sans justifier sa nouvelle appréciation sur un même fait, un même

1. M. DUCHESNE, *Fastes épiscopaux*, t. I, p. 356, note 1.
2. Liber pontificalis, L. Duchesne, t. I, p. CXXC : Pontificat de Grégoire II.

auteur émette des opinions si contradictoires. Et,
n'aurait-on pas le droit de supposer, jusqu'à preuve
du contraire, qu'ici encore, comme dans la question de
l'intégrité des listes épiscopales, la seconde opinion de
M. Duchesne a été influencée par la thèse à établir,
plus que par la force d'arguments qu'il a oublié de nous
faire connaître ? (1(.

Quoi qu'il en soit, pour en revenir aux deux recensions de la notice de Grégoire II, voyons comment
M. Duchesne les apprécie et les classe dans ses notes
du *Liber Pontificalis* :

« Maintenant, continue-t-il, quelle est la première
édition, quelle est la seconde? On peut dire d'une
manière générale que, dans les textes de ce genre,
toutes les fois qu'elle n'offre pas de traces de coupures
intentionnelles, la rédaction incomplète a plus de titres
à être considérée comme antérieure. Les manuscrits
A. C. G. (1re version), pris dans leur ensemble ne révèlent nullement le dessein d'abréger un texte trop
long... L'impression que l'on éprouve en comparant les
deux textes, c'est que l'un deux a été remanié et complété par quelqu'un qui en savait plus long, sur plusieurs points, que l'auteur de la rédaction primitive ». (3)

Voilà un aveu qui vaut son pesant d'or, et que nous
aurions mauvaise grâce de ne point enregistrer. Mais,
dirons-nous avec M. Bérenger : « Si l'auteur de la

---

1. M. Bellet a relevé le premier la divergence d'opinions de M.
Duchesne sur l'intégrité des listes épiscopales. Parlant de la
succession chronologique des évêques sur certains sièges, M.
Duchesne avait d'abord reconnu qu'on avait souvent conservé
le nom du fondateur tout en laissant perdre plusieurs noms
dans ces listes épiscopales. Il admettait donc l'existence de lacunes. Plus tard, dans les *Fastes*, voulant démontrer qu'aucune
des 24 listes qu'il étudie ne permet de remonter au 1er siècle, le
même auteur ne veut plus entendre parler de lacunes. Cf. M.
Bellet : *Les Origines des Eglises de France*, pp. 12, 15.

2. L. Duchesne : *Liber Pontificalis*, t. I, pp. 220. Pontificat de
Grégoire, 33.

seconde version, où Eudes porte le titre de roi des Français, est mieux renseigné sur « plusieurs points », n'est-il pas, par là même, celui dont les affirmations méritent le plus de créance ? Et, par conséquent, n'y a-t-il pas dans son témoignage la meilleure preuve que l'inscription de Saint-Maximin est encore, sur ce détail, absolument exacte, et n'a besoin d'aucune « de ces circonstances atténuantes » dont parle M. Duchesne ?

Notons encore que ce titre se trouve non seulement dans le *Liber Pontificalis*, mais dans le *de Vitis pontificum romanorum* d'Anastase le Bibliothécaire, qui écrivait vers le milieu du VIIIe siècle : « Il y avait onze ans, dit cet auteur, que les perfides Sarrasins tenaient l'Espagne sous un joug cruel. Pour continuer leurs sanglantes conquêtes, ils tentèrent de passer le Rhône pour s'emparer de la partie de *la France où Eudes régnait*. Mais celui-ci ayant fait appel aux Français, les Sarrasins furent cernés et tués en un seul jour, au nombre de plus de trois cent mille, comme on le voit par la lettre que le même *duc des Francs envoya* ». (1)

Un autre auteur contemporain, le continuateur de Frédégaire, nous apprend que, pour obtenir des secours, Chilpéric et Rainfroi envoyèrent une ambassade au duc Eudes, et lui donnèrent en même temps le *regnum* et des présents : *legationem ad Eudonem ducem dirigunt regnum et munera tradunt.*

Dans tous ces textes, on le voit, Eudes est représenté comme un prince absolu et indépendant, qui *règne* sur une partie de la France.

Dans ses mémoires de l'Histoire du Languedoc, Castel reconnaît qu'Eudes, roi des Français, sous le règne duquel on cacha le corps de sainte Marie-Madeleine, était non Eudes, roi de Paris, mais Eu-

---

1. Anastasius bibliothecarius : *De vitis pontificum Romæ*, t. I, p. 167.

des, duc d'Aquitaine, qui régnait alors dans ce pays
et dans une partie de la Provence (1).

Parlant de ce titre de roi donné à Eudes, les auteurs
du *Nouveau traité de diplomatique* écrivent : « Ce
prince fut effectivement reconnu par le roi Chilpéric II, pour souverain de toute l'Aquitaine, ou ancien
royaume de Toulouse. Il régna jusqu'en 735 sur les
pays situés entre la Loire, l'Océan, les Pyrénées, la
Septimanie et le Rhône, et même au delà de ce fleuve.
Non seulement les anciens historiens, tant nationaux
qu'étrangers, lui ont donné la qualité de *roi, mais on
datait les chartes des années de son règne.* Est-il donc surprenant qu'on lui ait donné le titre de roi de France ?...
Il est familier à nos critiques modernes de taxer d'imposture les monuments dont ils ne peuvent se débarrasser ; leurs excès en ce genre rempliraient plusieurs
volumes » (2).

Loin de contredire cette opinion, les derniers auteurs de l'*Art de vérifier les dates* la confirment : « On
ne sait, écrivent-ils, sur quel fondement un moderne
s'est avisé de donner Eudes pour un duc amovible.
Il l'était si peu que la plupart des historiens lui ont
donné le *titre de roi*, titre que *les chartes d'Aquitaine, dressées de son temps, justifient* puisqu'elles sont datées de
son règne (3). »

Le grand historien anglais, Gibbon, dans son *Histoire
de la décadence de l'empire romain*, t. X ; Fauriel, dans
son *Histoire de la Gaule méridionale* ; le Dr Hopfer,
dans son *Histoire de la Gaule méridionale sous les Conquérants germains*, etc... reconnaissent que le duc d'Aquitaine
Eudes usurpa et obtint l'autorité et même le titre de roi.

Rabanis, Benjamin Guérard, et les éditeurs modernes de
l'histoire du Languedoc ont prétendu, il est vrai, que la
plupart de ces historiens avaient puisé les renseignements

---

1. CATEL. : *Mémoires de l'Histoire du Languedoc*, p. 524.
2. *Nouveau traité de diplomatique*, t. IV, p. 506.
3. *L'Art de vérifier les dates*, 1784, 3º éd., t. II, p. 250.

sur la généalogie et la royauté d'Eudes, dans la charte de Charles le Chauve en faveur du monastère d'Alaon, au diocèse d'Urgel. Cette charte reconnue authentique par les auteurs de l'*Art de vérifier les dates*, Fauriel, dom Vic, dom Vayssette, et autres critiques, serait, au contraire, apocryphe d'après Rabanis, Benjamin Guérard, et les éditeurs modernes de l'*Histoire du Languedoc*. Aux savants de dirimer le débat. Mais, s'il était vrai, comme le prétend Rabanis, que cette charte est fausse ; qu'elle n'a pu être fabriquée au moyen-âge ; qu'elle n'a été rédigée qu'après la publication des documents sur lesquels elle s'appuie, c'est-à-dire dans la première moitié du XVIIe siècle (1), qui ne voit que nous trouverions, là encore, un argument de plus en faveur de l'authenticité de l'inscription de saint-Maximin ?

Si, en effet, de l'aveu de tous, du IXe au XVIIe siècle on a ignoré complètement non seulement la royauté, mais même l'existence d'Eudes, duc d'Aquitaine et roi des Francs, l'inscription de Saint-Maximin, découverte en 1279, doit au moins remonter en deçà du IXe siècle. C'est la réponse que l'illustre Pagi faisait au « dénicheur de saints ». — « Launoy prétend, disait cet historien, que les religieux de Saint-Maximin trompèrent tout à la fois le prince de Salernes et les évêques qui étaient avec lui, en glissant furtivement ce parchemin dans le tombeau. » Mais, au XIIIe siècle personne n'était assez versé dans l'Histoire, pour *soupçonner* qu'en 716 Eudes eût régné en Provence, puisque même dans notre siècle, tout éclairé qu'il est, les hommes les plus experts dans l'Histoire de France ne l'ont point su.

« Si quelqu'un eût connu alors la domination d'Eudes en Provence, *il n'aurait pas marqué le nom de ce roi*, de peur d'ôter toute créance à l'inscription, et de faire paraître à découvert l'imposture qu'il voulait cacher ; car il n'aurait pas douté que le silence de tous les histo-

_____

1. *Histoire du Languedoc*, t. II, p. 146, note des éditions modernes.

riens sur la domination d'Eudes en Provence n'eût donné lieu à chacun de soupçonner la fausseté de cet écrit,
et, par là même, celle des reliques de sainte Marie-Madeleine (1) ».

Ainsi donc, on le voit, tout dans l'examen intrinsèque
et extrinsèque de ce document, révèle son incontestable authenticité. Aucune des attaques dirigées contre
lui par la prétendue critique ne demeure sans réponse, et
sans réponse satisfaisante. Il n'est pas jusqu'à ces deux
divergences de lecture sur la date, 710 ou 716, et sur le
nom du roi des Francs (2), qui ne prouvent cette authenticité. Car, comme l'a dit M. Bellet (3), si les contemporains de la découverte : les évêques, Bernard Gui,
Cabassol et plus tard Pagi, ont hésité et orthographié
différemment sur ces deux points, ces hésitations, d'a-
près l'aveu de Bernard Gui et de Pagi, provenaient précisément de la vétusté du manuscrit original. Peut-on
espérer qu'après ces explications satisfaisantes le débat
sera clos, et que l'accord unanime règnera? Pour nourrir
une telle illusion, il faudrait être singulièrement naïf,
et ignorer ce dont la passion humaine est capable.

Quand on demandait au savant P. Hardouin, qui, on
le sait, voulait soutenir que toutes les œuvres des classi-
ques anciens : *Enéide*, *Catilinaires*, etc..., avaient été composées au moyen-âge, pourquoi il soutenait des opinions
si extravagantes et si dénuées de fondement, il répondait:
« Croyez-vous que je me serai levé tous les matins à quatre
heures pour répéter ce que tant d'autres ont déjà dit? »
Des P. Hardouin, il y en aura toujours parmi les historiens et même les critiques. Aussi bien, en les réfutänt,
faut-il moins viser à les convaincre eux-mêmes qu'à mettre en garde contre leurs audacieuses affirmations leurs
lecteurs de bonne foi.

1. PAGI : *Critica in annales eccl.*, an. 716.
2. Odoino ou Chlodoveo.
3. Mgr BELLET : *Les Origines des Eglises de France*,
MDCCCXCVI, p. 170 et suivantes.

CHAPITRE SEPTIÈME

SAINT LAZARE ET SAINTE MARTHE EN PROVENCE

Nous pourrions clore ici le débat entre M. Duchesne et les traditionalistes. S'étant fait fort de démolir toutes les traditions provençales par l'examen du seul document de 716, (et cet examen ne justifiant pas les conclusions qu'il prétendait en tirer nous aurions le droit de dire à l'auteur de la *Légende de Sainte Marie-Madeleine*, que tout ce qu'il voulait démolir demeure, et demeure debout et intact.

Mais, comme M. Duchesne n'a pas dédaigné, en passant, d'émettre une opinion sur l'origine du culte de saint Lazare et de sainte Marthe en Provence, voyons le cas qu'il faut faire de cette opinion,

Pas plus que pour expliquer l'origine du culte de sainte Marie-Madeleine, le [directeur de l'Ecole française de Rome n'a tenu compte des nombreux arguments qui militent, ici encore, en faveur des traditions. Pour lui, tout ce qui contredit sa thèse, monuments lapidaires, chartes, inscriptions, etc..., est nul et non avenu.

C'est très simple, mais est-ce suffisant? M. Duchesne le croit, puisqu'il ne fait pas à ces arguments de la tradition l'honneur d'un simple examen. Mais beaucoup pensent que, quelque autorité qu'ait l'opinion du chef de l'école critique, il vaudrait mieux connaître l'opinion de l'histoire. Or, l'histoire vraie est loin de confirmer toujours les assertions de notre auteur.

Ainsi M. Duchesne écrit : « Qu'il y ait eu dans le monde latin un lieu où Lazare fut honoré d'un culte spécial, c'est ce dont il n'y a pas trace avant le milieu du xıe siècle (1). » Et plus loin : « Au déclin du xııe siècle, la croyance se répandit en Provence que Lazare était venu dans le pays avec ses deux sœurs et qu'il avait été l'évêque de Marseille (p. 359) ». Or, ces assertions, nous l'avons vu, sont manifestement contraires aux données de l'histoire.

En effet, alors même qu'on se croirait autorisé à rejeter comme dénuées de fondements ces traditions immémoriales qui enseignent que la partie la plus ancienne de la crypte de saint Victor et le siège en pierre, vulgairement appelé : confession de saint Lazare qui se trouve en cet endroit, remontent à l'époque où vivait ce Saint et doivent lui être attribués ; alors même qu'on considèrerait comme controuvées ces autres traditions qui rapportent qu'un des cachots de l'antique place de Linche lui servit de prison, que la cathédrale primitive de la Major porta d'abord son nom, que Cassien fonda son abbaye à Marseille et établit ses religieux à la Sainte-Baume et à SaintMaximin en souvenir et en l'honneur de ce même saint et de sainte Madeleine, sa sœur ; alors même qu'on regarderait comme apocryphes les actes du martyre de saint Alexandre de Brescia portant que « ce saint de famille illustre et instruit des vérités de la religion chrétienne, alla à Marseille, encore adolescent, auprès du Bienheureux Lazare, évêque de cette ville, lorsque l'empereur Claude persécutait les chrétiens (2) », il resterait encore assez de preuves, et celle-là est incontestable, de l'erreur de M. Duchesne.

Sans parler de l'ancienne vie de sainte Madeleine (3) racontant l'apostolat de Lazare, Marie-Madeleine et Marthe en Provence, que M. Faillon, les PP. Van Hœcke et Bossue font remonter au ıxe siècle, les traditionalistes pourraient alléguer :

1. M. DUCHESNE : *La Légende de Sainte Marie-Madeleine* p. 7. — *Dans les Fastes*, pp. 327-328.

2. Bollandistes, *Acta Sanctorum Augusti*, t. V, p. 777. A tous ces témoignages les néo-critiques opposent le silence. On serait tout de même curieux de connaître les raisons sur lesquelles ils se fondent pour les rejeter ainsi en bloc

3. Voir : Appendice. Document ııı.

1º Cette copie manuscrite, *omnipotentis Dei clementia*, de la fin du XIᵉ siècle, citée par M. Duchesne, lui-même (1) dont l'original date de l'occupation sarrasine et dans laquelle il est dit que Marseille fut le champ d'apostolat de Lazare.

2º La bulle de l'an 1040 (2) relative à la consécration de l'église de Saint-Victor où il est question de la « passion », c'est-à-dire du corps de saint Lazare, comme de ceux de saint Victor et autres martyrs conservés dans l'abbaye.

3º La charte de Rostang de Fos, en 1070, dans laquelle la venue et l'épiscopat de Lazare le ressuscité à Marseille sont considérés comme une tradition immémoriale. Et de cette tradition des étrangers à la Provence tels : Guy de Bazoches, Roger de Howeden, Gervais de Tilbury se font nous l'avons déjà vu, dès les XIIᵉ et XIIIᵉ siècle, les échos.

Après cette simple mise à point, il nous paraît inutile de faire remarquer l'erreur profonde que commet M. Duchesne, quand il vient nous dire que le lieu saint de Lazare était à Autun (4), où, d'après lui, la légende n'aurait pris naissance qu'en 1120 (5) au plus tôt, avant d'être en Provence ! Et si l'histoire, comme la tradition provençale et la tradition d'Autun, sont d'accord pour établir que le lieu saint de Lazare fut d'abord dans la crypte de Saint-

1. M. DUCHESNE : *Les Fastes épiscopaux*, p. 337.

2. M. Duchesne aurait voulu que cette pièce fût « expertisée par un homme compétent et impartial ». C'est du moins le désir qu'il exprimait dans son étude sur *La Légende*, p. 30, d'abord publiée dans les Annales du Midi. En reproduisant cette étude dans les *Fastes épiscopaux*, t. I, 1907. M. Duchesne n'exprime plus ce désir. Il est à croire qu'il considère comme compétents et impartiaux les Albanès, les Léopold Delisle et les Blancard, dont nous avons fait connaître plus haut (p. 32) l'opinion. Mais pourquoi, si M. Duchesne accepte l'opinion de ces savants paléographes sur l'authenticité de cette pièce, continue-t-il à écrire qu'il n'y a pas trace du culte de Lazare et de Marie-Madeleine, dans le monde latin, avant le milieu du XIᵉ siècle ? Serait-ce une distraction ?

3. *Annalium anglorum ab anno circit.* 730 *usque ad* 1200 a Rogerio S. Howeden, part. posterio. p. 671, éd. Francfort, 160. Cf. FAILLON : *Monuments inédits*, t. I, p. 535.

4. M. DUCHESNE : *Fastes épiscopaux*, t. I, p. 346, éd. 1907.

5. M. DUCHESNE : *Fastes épiscopaux*, t. I, p. 339, éd. 1907.

Victor, à Marseille, ne faut-il pas conclure que le corps du glorieux ressuscité du Christ a été là, dès les premiers siècles, comme le corps de Marie-Madeleine, dès ces premiers siècles, s'est trouvé dans la crypte de Saint-Maximin ?

Faut-il maintenant s'arrêter à relever les assertions osées et les inexactitudes que M. Duchesne a glissées dans sa *Légende de sainte Marthe*? M. Bérenger, qui a fait ce travail d'un façon magistrale, comme il l'avait fait déjà pour la *Légende de sainte Marie-Madeleine et de saint Lazare*, peut se flatter, je crois d'avoir sur ce dernier point, plus encore que sur les deux autres, obtenu quelques résultats. En reproduisant son étude dans les *Fastes épiscopaux*, t. I., 2e édition, 1907, M. Duchesne a fait subir à son texte certaines modifications caractéristiques. Sans doute, l'auteur des *Fastes* se garde bien d'avouer que ces modifications lui ont été inspirées par les justes critiques de l'auteur des *Traditions provençales* : mais pour tout lecteur averti, il est aisé de comprendre.

Cependant, dans le second texte, revu et corrigé, M. Duchesne paraît maintenir que la légende de Tarascon est un produit de la légende bourguignonne. « En somme, écrit-il, à Saint-Maximin comme à Marseille, à Tarascon, aux Saintes-Maries, la semence bourguignonne portait ses fruits ». De même, bien que dans l'étude publiée dans les *Annales du Midi*, notre auteur eût reconnu « n'être pas renseigné sur les circonstances de la découverte du corps de sainte Marthe à Tarascon », dans cette même étude, reproduite dans les *Fastes*, il persiste à insinuer, sans la moindre preuve à l'appui, que cette découverte fut préparée : « On chercha, on trouva. »

Enfin, — et c'est presque la seule assertion catégorique que l'on peut relever dans ces sept pages fuyantes consacrées à la *Légende de sainte Marthe*, — M. Duchesne continue à affirmer que cette « découverte eut pour conséquence la construction d'un belle église en l'honneur de la sainte » (1).

1. M. Duchesne : *Les Fastes épiscopaux*, t. I, p. 341.

Au risque de nous répéter, rappelons que moins encore que la tradition de sainte Marie-Madeleine à Saint-Maximin, la tradition de sainte Marthe à Tarascon ne peut avoir pour origine la légende de Vézelay, puisque comme l'a prouvé M. de Manteyer en s'appuyant sur l'inscription du musée d'Arles, VIIIe siècle, sur les chartes de 964 et 967 que nous avons déjà citées, et plusieurs autres chartes de la même époque, le culte de cette sainte était populaire dans l'Arelas, bien avant la naissance de la légende Vézelay..

Quant à soutenir que c'est cette légende qui inspira aux habitants de Tarascon l'idée de faire des fouilles pour découvrir les restes de la sainte, qu'ils adoptèrent ensuite pour patronne, et à laquelle ils élevèrent pour la première fois une basilique, il suffit de rappeler que la crypte de Tarascon date des premiers siècles ; le sarcophage renfermant le corps de la sainte, du IVe siècle ; l'inscription trouvée dans ce sarcophage en même temps que le corps, du Ve siècle ; et qu'une partie de l'église actuelle elle-même appartient à une église antérieure aux invasions sarrasines.

De cette crypte, de ce sarcophage, de cette inscription, M. Duchesne ne dit rien. Son silence, ici encore, n'empêche pas ces témoignages de parler. Cela nous suffit.

CHAPITRE HUITIÈME

LES LÉGENDES AUVERGNATES
ET LES TRADITIONS PROVENÇALES

Il y aurait un ouvrage curieux à écrire sur les variations et les contradictions de la critique, relativement à l'origine des traditions provençales. Entre autres choses intéressantes qui ressortiraient avec évidence de cet historique, il y aurait ce fait, déjà bien des fois signalé en des circonstances analogues, à savoir qu'il n'y a rien de tel que la critique pour mettre à bas les échafaudages les mieux charpentés par cette même critique.

Launoy, en prétendant que les Provençaux avaient reçu les traditions des Bourguignons, avait attribué l'honneur de cette importation au moine flamand Hugues de Saint-Victor (1096-1141), religieux de l'abbaye de ce nom à Marseille, en 1118.

M. Duchesne, tout en admettant comme son devancier l'origine bourguignonne du culte de sainte Marie-Madeleine et de sainte Marthe en Provence s'était gardé de désigner nommément le ou les auteurs de cette importation. Pour lui, un beau matin, à Tarascon, vers la fin du xiᵉ siècle, et à la sainte-Baume au commencement du xiiiᵉ siècle, l'idée avait fini par venir aux gens du pays « qu'ils avaient les lieux saints des deux sœurs de Lazare le ressuscité ! »...

Après lui, un de ses disciples a trouvé mieux (1).

1. A dire vrai, M. de Manteyer n'est pas l'auteur de l'opinion qu'il soutient. Avant lui, dom Germain Morin dans une *Etude sur saint Lazare et saint Maximin*, p. 28-29, et avant dom Morin, M. Fauris de Saint-Vincens, dans ses *Notes et recherches sur la ville d'Aix*, Man. nᵒ 1012, Bib. Méjanes, Aix, t. I, avaient émis cette opinion. Mais comme M. de Manteyer est le plus connu et le plus récent de ces trois auteurs, il suffit d'exposer et de discuter ses raisons pour voir la valeur de cette opinion.

Dans un ouvrage publié en 1908 : *La Provence du* Ier *au* XIIe *siècle*, M. Georges de Manteyer, ancien élève de l'école française de Rome, tout en paraissant admettre les critiques de M. Duchesne, a prétendu que les traditions provençales étaient d'origine auvergnate !

Qu'on ne se méprenne pas sur le sens de notre exclamation. S'il y avait quelque ironie, elle ne porterait, certes, ni sur l'auteur, ni sur son œuvre. M. de Manteyer est, nous le reconnaissons, un historien érudit et consciencieux. Quand il reste dans son domaine propre, quand il fait œuvre personnelle et directe sur le terrain de l'histoire, son opinion est celle d'un savant dont l'avis mérite considération. Son ouvrage, bourré de faits, de documents et de références, bien qu'un peu trop rédigé à la manière alors en honneur dans la Sorbonne « germanisée », est certainement une œuvre de première valeur. Mais il est, dans le chapitre second de cet ouvrage, un paragraphe IIIe intitulé : *Les saints auvergnats protecteurs des frontières, et les légendes provençales*, qui appelle les plus expresses réserves.

Dans ce paragraphe, l'auteur réédite l'opinion abandonnée de la distinction de Marie-Madeleine et Marie de Béthanie. Il croit au transfert de Marie-Madeleine, sœur de Lazare, par Léon VI, et oppose, ce transfert à ceux de Vézelay et de Saint-Maximin.

Enfin, et c'est sur ce point seulement que nous devons discuter, il prétend que saint Sidoine, saint Maximin, sainte Marthe, sainte Marie-Madeleine, etc., sont des saints auvergnats, et non point provençaux,

Pour étayer sa thèse, l'auteur commence par constater que le culte de ces saints est répandu dès le VIIIe siècle au moins, dans la Provence austrasienne. Le saint Sidoine Provençal, ne pouvant faire, d'après lui, qu'un seul et même personnage avec saint Sidoine Apollinaire ; la fête du premier (23 août) se célébrant deux jours après la date de la mort du second, il suivrait de là que le culte de Sidoine et des autres saints susdits a été importé d'Auvergne en Provence.

Cette hypothèse, — car jusque-là M. de Manteyer n'a

pas la prétention de présenter cette déduction comme une certitude, — cette hypothèse n'aurait rien que de vraisemblable, puisqu'on trouve en Auvergne le culte de Sidoine et des Saints Innocents à Aydat, celui de Maximin à Billom, celui de Marcelle à Chauriat, celui de Marthe et de Madeleine à Chamalières, localités de l'ancien diocèse de Clermont. Une fois cette hypothèse admise, M. de Manteyer a vite fait d'avancer que l'importateur du culte des saints « auvergnats » en Provence peut être, et doit être, en dernière analyse, est sûrement le patrice auvergnat Bonnet, préfet de Marseille en 673, et évêque de Clermont en 688. Que si vous demandez la raison de cette assurance notre auteur vous répondra qu'il ne peut en être autrement : le père du patrice Bonnet ayant jadis au cours d'un transfert des reliques de saint Austremoine à Volvic fait un arrêt dans un couvent de religieuses dédié à sainte Marthe et à Marie-Madeleine.

La thèse de M. de Manteyer, on le voit, ne manque pas d'originalité et d'audace. C'est dommage qu'elle offre si peu de vraisemblance et de preuves.

Et d'abord, est-il vraisemblable que le culte des Saints-Innocents, de sainte Marcelle, sainte Marie-Madeleine, sainte Marthe, etc..., personnages orientaux et non auvergnats, ait pris encore un beau matin spontanément naissance aux alentours du Puy-de-Dôme, comme, d'après M. Duchesne, cela devait se produire deux siècles plus tard en Bourgogne? Ces générations spontanées, dont la critique a toujours besoin pour combattre des traditions immémoriales, paraissent à la fin aussi ridicules qu'inadmissibles.

Dira-t-on que c'est le culte de Sidoine Apollinaire qui, en Auvergne comme en Provence, a entraîné à sa suite le culte du groupe de Béthanie ? Mais si à la rigueur, on peut admettre que dans un pays où étaient honorés Lazare, Marthe, Marie-Madeleine, Maximin, etc..., le culte de Sidoine Apollinaire a pu donner naissance à celui de Sidoine, l'aveugle-né de l'Evangile, on ne voit pas comment dans le pays d'origine de Sidoine Apollinaire lui-même, son culte a entraîné celui de Maximin, Marthe, Lazare, Marie-Madeleine, etc...!

Invraisemblable de prime abord, la thèse de M. de Manteyer nous paraît surtout dénuée de preuves, car est-ce administrer des preuves obvies d'une telle assertion que de dire : Sidoine Apollinaire était auvergnat ; le patrice Bonnet était également auvergnat ; le père de ce patrice, encore auvergnat ayant fait porter les reliques de saint Austremoine à Volvic en Auvergne et les ayant fait arrêter dans un couvent de religieuses, dédié à Sainte-Marie-Madeleine et à Sainte-Marthe, il est clair, sûr et indubitable que c'est ce dit patrice Bonnet, devenu préfet de Marseille, qui a introduit d'Auvergne en Provence le culte de sainte Marthe, de sainte Marie-Madeleine, de saint Lazare et de saint Maximin avec celui de saint Sidoine Apollinaire qui lui s'est métamorphosé en Sidoine, l'aveugle-né de l'Evangile...? Or, c'est bien par un semblable raisonnement que M. de Manteyer prétend nous démontrer l'origine auvergnate du culte des Saints de Béthanie en Provence. Eh bien ! disons-le sans ambages : quelque bonne volonté que nous mettions à faire confiance en la valeur scientifique de M. de Manteyer, une pareille argumentation ne nous convainc pas. Même en la supposant juste en toutes ses données elle ne pourrait guère montrer qu'une chose, c'est que le culte des saintes de Béthanie, en Provence, est bien antérieur à l'apparition du culte de sainte Marie-Madeleine et de saint Lazare en Bourgogne : ce à quoi nous ne contredirons pas. Mais cela ne prouve pas que ce culte ait été importé d'Auvergne en Provence par le patrice Bonnet. M. de Manteyer manque donc son but. Et si on vient nous dire qu'en nous signalant l'existence d'un couvent dédié aux sœurs de Lazare en Auvergne, comme en rattachant le culte de saint Sidoine provençal au culte de Saint Sidoine Apollinaire d'Auvergne, il a établi au moins que le culte de ces Saints est plus ancien dans cette province du centre qu'en Provence, nous répondrons que cela non plus n'est pas du tout démontré. Car outre que l'existence des

cryptes, des sarcophages et des corps des Saints personnages, que les traditions nous disent être les membres
de la famille de Béthanie, est bien antérieure à la venue
du patrice Bonnet en Provence, par le seul fait que saint
Didier, mort évêque de Cahors, en 655, et préfet de cette
même ville de Marseille cinquante ans avant le patrice
Bonnet, avait déjà en sa possession une Vie de sainte
Marie-Madeleine, nous pouvons affirmer que le culte de
cette sainte était connu sinon populaire, en Provence,
bien avant l'arrivée du patrice auvergnat. En ce qui concerne l'ancienneté du culte de saint Maximin, il suffira
de dire qu'il n'est point fait mention dans l'histoire
du saint Maximin de Billom avant la bulle de Léon X,
de l'an 1544, alors que nous avons plusieurs preuves de
l'existence du culte de saint Maximin, évêque d'Aix,
dès avant l'invasion sarrasine en Provence au VIIIᵉ siècle.

Et maintenant nous n'essaierons pas d'expliquer
comment en croyant fondées les critiques de M. Duchesne
sur l'origine bourguignonne des traditions provençales, M.
de Manteyer peut prétendre que le culte des saints de
Béthanie en Provence est d'importation auvergnate?
Encore moins essaierons-nous de comprendre comment,
si, comme il le dit ailleurs dans son livre, le culte de
Lazare en Provence est né du culte d'un évêque d'Aix
de ce nom, vivant au IVᵉ siècle, dont la tombe était à
l'abbaye de Saint-Victor, ce même auteur peut croire
que ce même culte est venu plus tard en ce même pays
d'Auvergne et de Bourgogne ? A notre humble avis cela
nous paraît quelque peu contradictoire...

Enfin, nous ne nous attarderons pas à discuter quelques
critiques de détail sur les quatre transferts du corps de
Lazare ou sur la date de 890 que M. de Manteyer voudrait lire dans l'inscription de 716 afin de retrouver le roi
Eudes de France mentionné selon lui dans cette inscription.
Sur la question des transferts nous avons déjà dit pourquoi nous ne croyons pas qu'il faille identifier le Lazare
de Citium et de Constantinople avec le Lazare de Marseille et d'Autun.

Quant à la date, 716, comme elle était difficile à lire

ainsi que le firent remarquer tous ceux qui virent l'inscription — nous ne voyons pas d'inconvénient à reconnaître qu'elle pourrait être celle que M. de Manteyer propose. Cela ne démontrerait pas que l'inscription ne soit pas authentique.

CHAPITRE NEUVIÈME

LES SAINTES-MARIES-DE-LA-MER
ET QUELQUES CRITIQUES

Pas plus que la tradition touchant les membres de la famille de Béthanie, la tradition de la venue des Saintes Maries Salomé et Jacobé en Provence n'a échappé aux attaques de certains critiques.

Deux sortes d'objections ont été mises en avant pour battre en brèche la croyance au débarquement et à la mort de ces saintes en cet endroit de la Camargue qui porte leurs noms. Les premières sont d'ordre géologique ; les secondes, d'ordre historique. Nous allons les passer aussi rapidement que possible en revue.

1° *Objections d'ordre géologique.* — Dans une étude intitulée : *Aperçu historique sur les embouchures du Rhône.* M. Ernest Desjardins a prétendu démontrer que le territoire actuel des Saintes-Maries-de-la-Mer n'existait pas aux premiers siècles de notre ère. Et sur une carte publiée sous le titre de : *Carte des Bouches-du-Rhône anciennes et modernes et des environs des Fosses Mariennes au IV° siècle de notre ère*, ce même auteur a retranché purement et simplement toute la zone littorale de la Camargue et, en particulier, la plage où s'élèvent, près de l'embouchure du petit Rhône, le village et l'église des Saintes-Maries.

Si cette carte était exacte et si les affirmations de M. Desjardins étaient fondées la conclusion évidemment serait facile à tirer : la tradition qui nous rapporte le débarquement à cet endroit des saints palestiniens et, en particulier, le séjour et la mort des Saintes-Maries Jacobé et Salomé n'est qu'une légende inconciliable avec l'état des lieux à l'origine de l'ère chrétienne. Géologiquement parlant elle est impossible. Heureusement, une fois encore, le critique concluait trop vite et sa conclusion était absolument fausse.

Le territoire des Saintes-Maries-de-la-Mer existait be et bien aux temps apostoliques. Les preuves irréfutables de cette assertion ont été administrées bien des fois depuis le temps où M. Desjardins lançait son affirmation aussi hardie qu'erronée.

Tout dernièrement, l'érudit Mgr Chaillan a réuni et résumé ces preuves dans une charmante plaquette intitulée : *Les Saintes-Maries-de-la-Mer : Recherches archéologiques et historiques*, publiées chez A. Dragon, libraire à Aix-en-Provence. La simple reproduction de son texte, on va le voir, suffira à rendre évidente aux yeux des profanes l'erreur de M. Desjardins que M. Charles Lentéric avait déjà réfutée par les données de la géologie.

« M. Ivan Pranishnikoff, établi de longues années aux Saintes-Maries nous a montré, écrit M. Chaillan, sa superbe collection de trésors liguriens et romains ; nous y avons vu petits textes sur céramiques dites sauriennes et aussi indigènes, scènes de chasses ou de vie sociale représentées en relief, caractères et sculptures sur pierres, monnaies impériales..., tout cela avait été glané dans des promenades de chaque jour sur les lieux.

Flouest a décrit les sculptures antiques recueillies sur ce rivage.

Gilles nous précise ses trouvailles de poteries liguriennes et gallo-romaines dans ses excursions camarguaises.

Gautier-Descottes a communiqué au Congrès archéologique de France (1876) une série de documents précieux touchant la formation de la Camargue et l'histoire des Saintes-Maries.

M. Escombard, curé des Saintes-Maries durant trente deux années (1861-1893) y a recueilli des débris de vases, des fragments de briques variées, des tronçons de colonnes en granit, des chapiteaux de marbre... Son jardin formait une sorte de musée archéologique en plein air. Et naguère moi-même visitant à nouveau et étudiant ce pays, j'y ai vu d'innombrables vestiges ou installations d'anciens habitants à l'Albaron, à Mejanes, à Solliès, à l'abbaye d'Ulmet, sur les bords de l'étang de Valcarès, à Sigoulette, au Mas Brun à Boismaux... Partout des ruines, des fondations, des tuiles à rebords caractéristiques des peuples gallo-romains ; en quelques endroits des fragments de mosaïques et plusieurs colonnettes. » En ce qui concerne spécialement les Saintes-Maries, la collection d'antiquités encore existantes soit à la cure ou en ses alentours, soit à l'église ou dans sa crypte, prouve plus que suffisamment non seulement l'existence de cette partie de la Camargue au début de l'ère chrétienne mais la présence d'une civilisation déjà ancienne en ce lieu. A ces données claires et irréfutables de l'histoire, M. Charles Lentéric, inspecteur général des Ponts et Chaussées, dans son intéressant ouvrage sur les *Villes mortes du golfe du Lion*, a joint les conclusions de la géologie. Et de ces conclusions, il résulte que « la plage des Saintes-Maries est comme celle de Faraman et d'Aigues-Mortes parmi celles qui reculent.

On peut donc regarder comme tout-à-fait certain que lorsque les premiers apôtres mirent le pied sur l'île de la Camargue le campement qu'ils établirent à l'endroit où s'élève aujourd'hui le village des Saintes-Maries était éloigné du rivage de mille à quinze cents mètres. »

L'objection de M. Desjardins s'écroule donc. Aussi bien personne n'ose plus la soutenir.

II. *Objections d'ordre historique.* — Faut-il attacher plus d'importance aux objections d'ordre historique que M. Gilles nous présente dans un ouvrage intitulé : *Campagne de Marius dans la Gaule*, suivie de Marius, Marthe, Julie devant la légende des Saintes-Maries ?

Parce que, au dire de Plutarque, Caïus Marius pendant sa campagne contre les Cimbres et les Teutons faisait mener devant lui, en grande révérence dans une litière, une femme de Syrie nommée Marthe la Prophétesse et que le Pseudo Raban Maur en sa vie de Sainte Marthe et de Sainte Marie-Madeleine nous dit que « Marthe était Syrienne et coiffée d'une tiare blanche en poils de chameaux en usage dans les pays d'Orient », M. Gilles commence par conclure que la Marthe de Plutarque et celle de Raban-Maur sont une seule et même personne. Puis, observant qu'aux Baux, où Caïus Marius avait dressé son camp il se trouvait gravées sur le roc deux stèles connues sous le nom : l'une des *Tremaie* (tres Marii imagines), l'autre de *Gaïe* (Caii imagines) qui représentent, d'après notre auteur, la première l'image de Marthe, de Marius et de Julie sa femme, la seconde l'image de Marius et de Marthe, il en déduit qu'après la prédication de l'Evangile dans ce pays le souvenir païen de Marthe et de Marius fut, si je puis ainsi parlé, christianisé. Une légende naquit d'après laquelle les *Tremaie* devenues les trois Maries de l'Evangile, chassées de Jérusalem, seraient venues se réfugier dans le pays à l'endroit où se dresse la stèle des *Gaïe*. Puis, ne s'y trouvant pas bien parce qu'elles n'avaient place que pour deux, elles seraient allés se fixer au lieu où se voit la stèle des *Tremaie*. « Les deux monuments, dit notre auteur, ne représentent donc que trois personnages : les trois Maries quoiqu'il y ait cinq images dans les deux stèles. » Telle serait, d'après M. Gilles, la version orale et primitive de la légende chrétienne des Saintes-Maries. Mais à cette légende orale et primitive serait venue bientôt s'en ajouter une autre, celle que l'auteur appelle la légende écrite ou arlésienne.

Si le culte des trois saintes Maries se maintenait aux Baux où elles avaient gravé leur empreinte, il n'en était pas de même à Arles et à Tarascon. Les habitants de cette dernière ville, comme tous ceux de la plaine ayant quitté leur demeure, au temps de l'invasion des Cimbres et des Teutons, pour se réfugier à Ernaginum, avaient eu l'occasion d'y voir la prophétesse Marthe et d'assister aux sacrifices qu'elle offrait aux dieux. Rentrés dans leur ville, les habitants de Tarascon durent | | élever à la prophétesse un temple dans lequel son culte — et non celui des Tremaie? — se perpétua. Il est à croire que dès les premiers âges était représentée dans ce temple l'image symbolique du monstre qui avait dévoré les populations?... Quand la religion nouvelle eut donné à

Marthe le titre de sainte, l'histoire de Marthe la prophétesse se fit légende, épopée même ? Marthe devint sainte Marthe, sœur de Lazare et de Marie-Madeleine, hôtesse de Jésus ? ? Puis, quand le canal de Marius dérivé de la Durance eut cessé de fonctionner ; lorsque la mer se fut retirée... et que le souvenir des Fosses Mariennes eut été si complètement effacé qu'il n'en resta plus de traces matérielles ni historiques ; lorsque surtout la légende, de locale qu'elle était, se fut répandue dans toute la contrée, il fallut bien montrer aux populations, toujours désireuses de se rendre compte de ce qu'on leur dit, le port où ces saintes femmes avaient abordé. Ce fut alors, mais alors seulement, que, ne retrouvant plus le port de mer aux Baux ni même à Ernaginum la légende arlésienne fit arriver la barque des saints proscrits à l'extrémité de l'île de la Camargue... La nouvelle légende ne se contenta plus alors des trois Maries des Baux ; la barque miraculeuse déposa aux embouchures du Rhône non plus seulement Marthe, Marie-Madeleine et Lazare, mais encore Marie Salomé, Marie Jacobé, Sara leur servante, Trophime, Maximin et nombre d'autres proscrits qui deviendront les premiers évêques des Gaules et de l'Espagne... D'après cette légende ces saints apôtres se répandirent dans la contrée ; sainte Marthe prêcha l'Evangile à Tarascon, sainte Marie-Madeleine à Aix et à la Sainte-Baume, saint Trophime, fut évêque d'Arles, saint Maximin d'Aix et saint Lazare de Marseille... » *Gilles p. 146 et suivantes*. Telle serait, d'après notre auteur, l'origine de la tradition touchant la venue des saints de Béthanie.

Pour rendre plus vraisemblable son hypothèse, M. Gilles essaie de prouver que Marthe la prophétesse des Baux est bien un seul et même personnage avec sainte Marthe de Tarascon, que Julie, femme de Marius, devient sainte Marie-Madeleine et Marius lui-même saint Lazare. Il faut reconnaître que toutes ses suppositions sont assez ingénieuses, mais, malgré le talent de leur auteur, elles sont loin d'être historiquement établies.

Et d'abord, il n'est pas sûr du tout que les stèles des

Baux représentent les personnages que M. Gilles a voulu y reconnaître. C'est l'avis de M. Lenthéric, qui, dans son livre sur le *Rhône*, t. II, p. 440, trouve l'opinion de cet auteur invraisemblable. « Il n'est pas impossible, dit-il, qu'on ait voulu figurer trois divinités ou trois génies topiques. Les mythologues nous ont appris que la triade gauloise est originaire d'Orient et peut-être regardée comme une des preuves de l'origine aryenne de la race celtique. Les autels gallo-romains représentant des triades sont répandus un peu partout dans le Midi de la Gaule. On y voit quelquefois trois dieux et plus souvent trois déesses. Les trois déesses s'appelaient Matres : mères. Ces *Tremaie* auraient donc pu être la grossière image de quelque triade gauloise. » Mais, s'il en est ainsi, si Marthe la prophétesse de Plutarque n'est pas représentée dans les stèles des Baux, toutes les inductions et déductions présentées par M. Gilles pour rendre compte de l'origine de nos « traditions » s'écroulent. Ce que notre auteur appelle la légende orale et primitive de Baux et la légende écrite d'Arles paraît même sans fondement, car aucun texte ne l'appuie, rien ne l'explique et le justifie, excepté la brillante imagination de son inventeur...

Dès lors, bien que l'essai d'explication donné par M. Gilles sur l'origine des traditions provençales semble de prime abord plus obvie, plus vraisemblable que ceux donnés par MM. Duchesne, Vacandard et de Manteyer, en ce sens qu'il rattacherait à ces traditions un fait historique local primitif : la campagne de Marius contre les Cimbres et les Teutons en Provence, — fait dont le souvenir aurait été perpétué par des monuments très anciens : les stèles de Baux, — nous ne pouvons cependant pas plus accepter cette explication que celles des autres critiques déjà réfutés.

Aussi bien parvenu à la fin à notre tâche nous croyons pouvoir conclure :

1° La Provence a été évangélisée dès le 1er siècle par des chrétiens venus d'Orient ;

2° D'après des traditions immémoriales, appuyées sur de sérieuses présomptions dès les premiers siècles, des témoi-

gnages fondés dès le vıᵉ, et des documents formels dès le
vıııᵉ, ces chrétiens ont été les membres de la famille de
Béthanie, et leur suite, à savoir : Lazare le ressuscité,
Marthe, Marie-Madeleine, Maximin, les Saintes-Maries,
etc... ;

3° Les objections avec lesquelles on prétend ruiner le
bien-fondé de ces traditions, non seulement ne sont pas
insolubles, mais contribuent à mieux démontrer la vraisemblance et la valeur de ces traditions ;

4° Ainsi les traditions orientales sur Marie-Madeleine
et Lazare ne sont ni anciennes, ni sûres. Sur bien des
points, elles sont contradictoires, et, en tous cas, elles ne
sont pas inconciliables avec celles de la Provence ;

5° De même, la croyance de Vézelay au xıᵉ siècle, et le
culte des saints de Béthanie en Auvergne au vııᵉ siècle,
loin d'être le point de départ des traditions provençales,
procèdent plutôt de ces traditions, et confirment leur
antériorité ;

6° Le pèlerinage de la Sainte-Baume est trouvé en plein
exercice par l'histoire, au xııᵉ siècle, et le séjour de Madeleine en ce lieu est confirmé au ıxᵉ siècle par le martyrologe anglo-saxon du roi Alfred. La présence permanente à
cette grotte comme à la crypte de Saint-Maximin des
religieux cassianites nous prouvent que ces deux lieux
du culte étaient fréquentés bien avant l'invasion de la
Provence par les Sarrasins ;

7° La découverte des reliques de sainte Marie-
Madeleine en 1279, dans la crypte de Saint-Maximin, est
entourée de toutes les garanties désirables de vérité et
d'authenticité, et ne peut historiquement être taxée de
« supercherie ». Elle montre que si, à Vézelay et à Rome,
on avait des reliques de la sainte, à Saint-Maximin l'on
n'en possédait pas moins la plus grande partie du corps
et la tête ;

8° Les deux documents trouvés dans le sarcophage sont
authentiques. L'un est de la première moitié du vıııᵉ siècle ; l'autre, plus ancien, ainsi que celui trouvé dans le
sarcophage de sainte Marthe à Tarascon, appartient
probablement au vᵉ siècle. Ces trois documents établissent

que les corps de ces deux saintes existaient en Provence avant l'invasion des Sarrasins ;

9° La découverte des reliques des saintes Maries Jacobé et Salomé racontée par des relations contemporaines authentiques offre les conditions de véracité que l'Église exige en pareille matière. Les objections d'ordre géologique et historique élevées contre cette tradition ne résistent pas à l'examen.

10° Il n'est pas historiquement démontré, comme l'affirment les critiques plus haut désignés, que les « traditions provençales » touchant la venue et la mort des saints palestiniens dans le Midi de la Gaule ne datent que du haut XIe siècle ; qu'elles aient été importées de la Bourgogne ou de l'Auvergne en Provence, ou encore qu'elles dérivent de la légende des stèles des Baux ;

11° MM. Duchesne et Vacandard n'ont pas prouvé que les deux inscriptions trouvées dans le sarcophage de sainte Marie-Madeleine à Saint-Maximin soient apocryphes, ni que la découverte des reliques de cette sainte en 1279 ait été une supercherie.

12° De ces faits, dûment constatés, il résulte qu'il est raisonnable de croire à la venue en Provence, vers le milieu du premier siècle, des personnages évangéliques appartenant au groupe de Béthanie, et qu'il paraît certain, autant qu'une tradition d'ordre humain peut l'être, vu les vicissitudes des temps et des lieux, que ces personnages ont vécu et sont morts aux endroits indiqués par ces traditions.

Telles furent, dans le passé, les croyances de nos pères : ni la critique, ni la paléographie, ni l'épigraphie n'ont, jusqu'à présent, ébranlé sérieusement les assises de ces croyances, tout au contraire elles les ont plutôt confirmées. L'histoire a donc le droit et le devoir de les maintenir.

ÉPILOGUE

Nous étions en train de rédiger ces pages, quand à propos des fêtes du cinquantenaire de la translation des reliques de sainte Marie-Madeleine, Mgr Fuzet, archevêque de Rouen, adressa à Mgr Guillibert, évêque de Fréjus, une lettre pleine d'observations justifiées et de spirituelle ironie, à l'égard des tenants de l'école dite critique.

Parlant de ces derniers : « Pour eux, disait l'éminent prélat, il n'existe rien que la critique. La critique est une divinité qu'il faut adorer en aveugle, sous peine d'être exclu de la compagnie des gens d'esprit, des gens de science, de leur compagnie à eux...

« Lisez-les et constatez : ils s'appliquent à mettre dans le meilleur jour l'objection, écourtent ou défigurent les arguments principaux de la réponse, étendent au contraire à l'infini les points vétilleux où ils sentent qu'on leur accordera un triomphe facile ; puis, quand ils ont bien fatigué l'attention par la prolixité, l'aridité, la témérité de leurs chicanes, tout-à-coup, adroitement, ils donnent leurs conclusions destructives.

« Sans s'occuper de l'union nécessaire qui existe entre la statue et le socle qui la porte, ils se sont acharnés contre ce bloc vétuste, ils ont gratté le ciment des joints, ils ont sapé les pierres d'angle, ils ont arraché les fondations, et, sur le socle effondré, la statue elle-même tombe en morceaux : peuvent-ils s'en étonner?

« Nos critiques — appelons-les hypercritiques plutôt, pour ne pas leur donner prise — ne rejettent pas en principe les traditions, certes. Seulement — voilà la grande affaire ! — la tradition, pour être valable à leurs yeux, doit toujours être munie de ses papiers. Des papiers ! et en règle ! Sinon nul personnage un peu antique, nulle institution venue des siècles lointains, n'aura droit de cité. La vie même ne sera rien ou ne prouvera rien. Montrez-nous un acte de naissance, ou, vous aurez beau vous tenir debout devant nous, nous ne confesserons pas que vous existiez...

« Et encore, ces papiers en eux-mêmes ne leur suffiront pas. Ils les voudront contrôlés, visés, paraphés. Par qui? Mais par la critique toujours, c'est-à-dire par MM. X... ou Y... qui la personnifient seuls !

« N'insistez pas, c'est inutile. (La critique n'admet pas, vous répondent-ils, la critique ne reconnaît pas ; MM. X... ou Y... en ont jugé ainsi).

« Et ils disent cela de quel ton tranchant!....

« Je m'étonne toujours de cet état d'esprit. Je ne fais pas fi du document, il s'en faut ; mais comment se fait-il que certaines gens n'en veulent connaître que d'une sorte ! Et quelle est donc cette subordination qu'ils font de tout le reste au papier? Quoi? l'histoire ne se composerait que de textes ! Il suffirait de deux lignes, sur lesquelles encore les érudits se disputeraient en sens contraire, pour faire rejeter dans le néant plusieurs siècles de croyances et de faits ! Mais regardez donc si de nos jours même, où nous nous plaignons de l'abondance de l'écriture, tout se relate et s'écrit . Est-ce que la vie s'emprisonne toute entière dans une charte, dans une lettre, dans un journal? Un mot rencontré il y a quelques siècles pourra être mis en balance avec ce qui fut l'âme d'une race depuis presque deux mille ans ! Allons donc ! ! !... Encore une fois, nous ne dénions pas à la science ses droits légitimes... mais nous lui demandons de se souvenir que la tradition constitue un fait dont elle doit tenir compte, et que la rejeter c'est vouloir voler avec une seule aile. »

M. Lamy le disait admirablement au maître de nos critiques, le jour de la réception de celui-ci à l'Académie française : « Le passé à deux témoignages : la tradition et l'écriture, La tradition est la voix des peuples ; dans les siècles d'ignorance, elle est la seule mémoire ; même dans les temps qui se disent cultivés, elle demeure, pour la plupart des hommes, la grande messagère des idées et des événements, elle est l'humanité perpétuée des ancêtres qui virent, et des fils qui croient leurs pères : si elle peut se tromper, elle ne veut jamais tromper, — L'écriture est la déposition de témoins isolés qui passent : si nombreux que soient les textes. ils sont la voix intermittente d'une minorité, et cette minorité, plus que la multitude, est capable de calculs et de mauvaise foi. Il n'est donc pas contraire à la bonne méthode de contrôler les documents par les traditions.

« Ne l'auriez-vous pas oublié dans votre docte rigueur?... »

A côté de cette double leçon, émanée de la coupole du palais Mazarin et de la chaire archiépiscopale de Rouen, l'expérience, cette autre impitoyable et souveraine dispensatrice de non moins justes leçons, est venue en apporter un certain nombre à l'adresse de nos hypercritiques, qu'on fera bien de ne pas oublier. Ce n'est pas le lieu de les raconter. Mais il sera bien permis de rappeler à M. Duchesne en particulier, et à ses disciples en général, l'histoire du faux Aldric (1) et celle des frères martyrs Jean et Paul (2).

1. Sur le fameux Aldric et l'opinion de M. Duchesne, Cf. MGR BELLET : *Les Origines des Eglises de France* , et les *Fastes épiscopaux*, pp. 272-274.

2. Certains critiques prétendaient que ces deux frères n'avaient jamais été martyrisés, si tant est qu'ils eussent jamais existé ! Aussi réclamaient-ils leur radiation du canon de la messe où leurs noms figurent entre ceux de saint Chrysogone et de saint Cosme. La découverte de leur maison sur le mont Cælius en 1887, et, dans cette maison, du lieu de leur martyre et de celui de leur sépulture, ornés de peintures contemporaines, a renversé les prétentions des critiques et confirmé les données de la tradition.

Sans doute, la déconvenue des critiques ecclésiastiques sur ces deux points n'est pas comparable à la géniale mystification dont il fut victime, sans que sa réputation de savant eût trop à en souffrir, un membre de l'Institut, M. Théodore Reinach, avec la fausse tiare de Saïtapharnès. Mais il 'ne faudrait pas croire pour cela que tout historien, fut-il membre de l'Institut pourrait courir impunément de tels risques.

C'est pourquoi nous croyons pouvoir clore cette étude en disant que, lorsqu'une méthode historique compte à son actif de telles bévues, et s'expose à de telles erreurs, on est en droit de réclamer d'elle un peu de cette prudence et de cette modestie qu'elle semble par trop dédaigner.

APPENDICE

SOMMAIRE : Le silence de M. Duchesne serait-il vrai, comme l'a dit *L'Echo de Notre-Dame de la Garde*, que cet auteur aurait « reconnu le tort qu'il avait eu d'écrire contre les traditions des Eglises de France ? » L'opinion de M. Henri Brémond et de M. Jean Guiraud. Un nouvel article de M. Vacandard dans la *Revue des questions historiques*. Réponse de l'auteur aux principaux points de cet article : 1° Lazare, un silence de mille ans ; 2° La légende orientale de Marie-Madeleine ; 3° La légende bourguignonne ; 4° La découverte de Saint-Maximin en 1229 ; Une anecdote de dom Leclercq.

A toutes les observations et critiques plus haut présentées et qu'il ne put ignorer, parce que Mgr Guillibert et leur auteur firent tout le nécessaire pour qu'il en prit connaissance, M. Duchesne ne répondit jamais rien.

Cela ne nous surprit point ; il n'avait pas daigné répondre davantage à MM. Sicard et Bérenger, bien que ce dernier lui eut fait tout exprès, en 1906, une visite à Rome au palais Farnèse pour avoir son avis sur les critiques qu'il lui avait adressées à propos de la *Légende de sainte Marie-Madeleine* dans une première étude intitulée les *Traditions provençales*.

L'Echo de Notre-Dame de la Garde, bulletin religieux du diocèse de Marseille, dans son numéro du 1er juin 1924, nous assure « que vers la fin de sa vie, M. Duchesne reconnaissait le tort qu'il avait eu d'écrire contre les traditions des Eglises de France et de Marseille en particulier (1) ». Cela est-il bien vrai ? Nous aimerions à en avoir la certitude. Malheureusement, ce qui est sûr, c'est que M. Duchesne n'a rien dit, ni rien fait, pour rendre publics et incontestables ces regrets.

En ce qui concerne les traditions, non point de toutes les Eglises de France mais des Eglises d'Aix, d'Arles et de Marseille, nous serions portés à croire cependant à la réalité de ces regrets. Et voici pour quelles raisons :

a) Obéissant d'un côté à cette défiance légitime du critique et à ce tour d'esprit caustique et irrévérencieux même dont il était largement pourvu — tout le monde le reconnaît — et, d'un autre côté, dans son livre des *Fastes épiscopaux*, se voyant contraint de contester bien des traditions injustifiées et de

1. Voir : Sainte Marie-Madeleine en Provence, pp. 8 et 9, 1re édition, par J. Bérenger.

renverser même des légendes puériles, nous comprenons parfaitement que M. Duchesne rencontrant sur son chemin les
traditions provençales les ait traitées comme tant d'autres
dépourvues de fondement réel. Entraîné par le feu de la discussion, il a dépassé le but : il a, là comme ailleurs, voulu
chercher le faux, l'inauthentique et, à tort, il a cru l'avoir
trouvé. C'est assez naturel et donc très compréhensible. Mais
ce que nous comprendrions moins, c'est qu'une fois sorti du
feu de cette discussion, après qu'on lui eut montré combien
invraisemblable, combien injustifiée même était la thèse qu'il
avait inventée pour expliquer l'origine des traditions provençales par cette légende de Vézelay qui leur est incontestablement postérieure, M. Duchesne n'ait pas vu la fausseté de sa
thèse et éprouvé quelque regret de l'avoir trop aventureuse-
ment avancée. Son bon sens et sa science, qui lui avaient fait
admettre que Marseille avait été évangélisée dès le Ier siècle,
devaient le pousser à croire que les cités d'Arles et d'Aix, pour
les mêmes raisons, avaient été évangélisées assurément à la
même époque, et cette fameuse phrase d'Albanès : « Or, la
Provence évangélisée au Ier siècle c'est, qu'on le veuille ou
non, Lazare à Marseille, Maximin et Marie-Madeleine à Aix,
Marthe à Tarascon et les Saintes Maries au lieu qui porte leur
nom ». devait revenir souvent à son esprit et lui inspirer au
moins des doutes sur la solidité de sa thèse.

b) Ce qui encore outre les réfutations des traditionalistes
dont nous avons parlé, devait inquiéter M. Duchesne, c'était
de constater que tels de ses disciples : M. de Manteyer, par
exemple, — on l'a vu plus haut — ou M. Georges Goyau — on
pourra s'en convaincre en lisant son *Histoire religieuse de la
France* ou encore notre brochure à ce propos — traitant cette
question de l'origine des traditions provençales, n'adoptaient
pas son explication et même, le premier au moins, en émettait
une autre qui était le contre-pied de la sienne, puisqu'il reconnaissait l'existence du culte des saints de Béthanie en Provence trois siècles avant l'origine de la légende de Vézelay.

Mais, dira-t-on, si, comme vous le prétendez, M. Duchesne a
dû voir la fausseté de sa thèse, il reste cependant qu'il ne l'a
jamais publiquement rétractée. Sans doute, et nous l'avons
reconnu, mais il reste aussi qu'il ne l'a jamais plus reprise ni
défendue quand elle était publiquement attaquée par ses
contradicteurs traditionalistes ou délaissée, comme nous venons
de le dire, par ses anciens élèves. Sur ce point, M. Duchesne
s'est désintéressé complètement du sort qu'on faisait à son
opinion, il l'a abandonnée à la discussion.

De la part de quelqu'un qui, comme lui, aimait la controverse, ce silence est assez significatif.

c) Enfin, troisième raison qui nous porte à penser que l'assertion publiée par l'*Echo de Notre-Dame de la Garde* et enregistrée
par M. Bérenger peut avoir quelque fondement, c'est qu'un
historien de valeur, qui dit avoir été l'élève de M. Duchesne à
Paris avant d'avoir été durant deux ans à Rome son modeste
collaborateur et pendant trente ans son ami respectueux,
paraît nous y autoriser. Voici en effet ce qu'au lendemain

même de la mort de son maitre, M. Madelin, de l'Académie française, écrivait dans le *Petit Marseillais* du 20 mai 1922 : « Ce fils d'un brave capitaine de pêche de Saint-Servan était un critique et même *hypercritique* (c'est M. Madelin qui souligne). Beaucoup de bon sens uni à la passion scientifique, une certaine tendance à la causticité et j'ai dit le mot, à l'irrévérence, le prédestinait à éclairer fortement les recoins de la vieille Église. On l'accusait d'y avoir déniché — le mot fut dit — trop de saints. Certains évêques lui en gardèrent quelque rancune et (ici, c'est nous qui soulignons) *par une certaine disposition à la combativité devant les oppositions qu'il rencontrait, l'abbé Duchesne était amené à outrer ses conclusions, à leur donner un tour absolu que son propre criticisme lui avait fait tout d'abord éviter. Ainsi s'était-il fait cette réputation de révolutionnaire qui, à certaines heures n'allait pas sans le réjouir, et à d'autres, sans le contrarier.* » Assurément, parmi les écrits qui lui valurent cette réputation, la *Légende de sainte Marie-Madeleine* comptait pour beaucoup. Serait-il bien téméraire de dire que son souvenir dut être un de ceux qui le réjouissait le moins et le contrariait le plus ?... Nous ne le pensons pas ?

Que M. Duchesne mieux informé ait pu regretter d'avoir écrit contre le bien fondé des traditions provençales, cela nous parait donc possible, vraisemblable et même probable. Que quelques-uns de ses disciples, comme M. de Manteyer et M. Georges Goyau, sans se rallier à l'opinion traditionnelle, aient reconnu avec nous que l'explication des origines de ces traditions par la seule légende de Vézelay n'était pas soutenable, parce que démentie par les faits, cela est certain et nous croyons l'avoir montré.

Mais ce qui est certain aussi, c'est que, malgré la clarté et la force des raisons qui démontrent l'erreur de M. Duchesne, il est encore des historiens qui adoptent sa thèse et la prétendent de tout point justifiée.

En parlant ainsi, nous ne visons pas seulement M. Henri Brémond qui, on le sait, a pris à son compte l'opinion de M. Duchesne sur ce point comme sur bien d'autres dans son discours de réception à l'Académie française. M. Henri Brémond n'a jamais étudié en historien cette question. A notre connaissance, il n'en a parlé que dans ce discours à l'Académie et dans deux lettres à Mgr Guillibert où on voyait bien que son goût du paradoxe, son prurit d'attirer l'attention, en provoquant les approbations des uns et les blâmes des autres, le faisait se ranger à l'avis de son prédécesseur, plus que la force objective des raisons quasiment inexistantes. Nous ne voulons pas parler aussi de M. Jean Guiraud, qui, dans son compte-rendu de l'Histoire religieuse de la France, de M. Georges Goyau, paru dans la *Croix* du 19 avril 1922 et dans une lettre particulière à nous adressée à propos de notre réponse à M. Vacandard, nous disait pencher en faveur de l'opinion de M. Duchesne sans discuter les raisons de l'opinion adverse. Mais nous voulons parler de M. Vacandard, ex-aumônier du lycée de Rouen, historien averti et généralement informé, auteur estimé d'une vie de Saint-Bernard. Après avoir pris la défense de la thèse de M. Duchesne dans la *Revue du Clergé* en 1912, M. Vacandard, peut-on dire, avait empêché M. Bérenger et l'auteur de la présente étude, de lui répondre dans le même organe sous prétexte de ne pas soulever de « scandale (1) » et aussi, et probablement surtout à cause de certaines interventions épiscopales de nature à gêner la libre discussion (2) ». Or, chose curieuse, voilà que le même M. Vacandard sans plus craindre — je ne sais pourquoi — « le scandale » ni, sans doute « les diverses interventions épiscopales » rallumait lui-même le débat, douze ans après, par un article publié dans le numéro du 1er avril 1924 de la *Revue des Questions historiques*, qui commençait ainsi : « Avant de développer une étude dont nous avons donné une esquisse dans la *Revue du Clergé français* à propos de l'ouvrage du P. Sicard sur la venue de Sainte Marie-Madeleine en Gaule, nous avons voulu relire la *Légende de sainte Marie-Madeleine* de Mgr Duchesne et les réfutations qu'en ont prétendu faire à l'aide de Faillon, M. l'abbé Bérenger et M. l'abbé Escudier. De cette lecture, l'impression qui nous reste est que les défenseurs des traditions provençales ont à peine égratigné le monument auquel ils se sont attaqués. Avant comme après leurs critiques, la *Légende de sainte Marie-Madeleine* forme un bloc solide et inébranlé ». Et sans prendre la peine de dire sur quels points le monument avait été ainsi « égratigné », — chose qui nous aurait intéressé, ne fut-ce que pour éclaircir et faciliter le débat, — oubliant souvent de rapporter nos arguments ou d'en démontrer la fausseté ; les dénaturant même quelquefois pour en avoir plus sûrement raison, M. Vacandard reprenait à son compte toute la thèse et la documentation de M. Duchesne, en évitant toutefois telles précisions ou telles outrances de ce dernier qui, sans doute, avaient dû lui paraître plus qu' « égratignées ».

Notre contradicteur normand devait s'imaginer peut-être que, son coup porté, tout se passerait une fois de plus comme en 1912, et qu'il arriverait bien à empêcher la riposte, au moins dans la *Revue* d'où il avait lancé l'attaque, revue de laquelle, on le sait, il était un des plus assidus collaborateurs. Un instant il le put croire ainsi, car lorsque nous demandâmes à la *Revue des questions historiques* de reproduire notre réponse, M. Jean Guiraud, un des directeurs de ladite revue, nous opposa des difficultés et nous engagea à laisser tomber la controverse. Nous insistâmes et Mgr Guillibert appuya nos instances. « Il était juste et nécessaire, disions-nous, que les lecteurs de la *Revue*, après avoir entendu M. Vacandard entendissent aussi un des auteurs qu'il avait pris pour cible. C'était incontestablement leur droit. M. Vacandard d'ailleurs, comme les directeurs de la Revue et nous, ne devait rien plus avoir à cœur en cette affaire, que de chercher la vérité et de favoriser tout ce qui pouvait la

---

1. Lettre de M. Vacandard à Mgr Guillibert : Voir Semaine Religieuse de Fréjus, 19 février 1912.

2. Lettre du même à M. Bérenger. Voir Sainte Marie-Madeleine en Provence, p. 10.

mettre en lumière. Dès lors, on se devait de publier notre réponse. Car, ou elle portait, ou elle ne portait pas. Si elle portait, nous devions être tous heureux d'approcher d'un peu plus près la vérité ; si elle ne portait pas, elle ne ferait que donner davantage raison à notre contradicteur qui, le premier alors avait intérêt à la voir publiée. »

Devant cette insistance, on finit par nous promettre de nous donner satisfaction. Mais, comme la Revue n'était que trimestrielle ; qu'il y avait d'autres articles à faire passer avant le nôtre, on nous pria de prendre patience. C'est ce que nous fîmes, et notre réponse put enfin paraître le 1ᵉʳ octobre 1925. Entre temps, on avait pu la communiquer à M. Vacandard (c'était juste) qui la fit suivre d'une réplique qui ne nous fut point communiquée... Et quand nous voulûmes, comme c'était notre droit strict, répliquer à cette réplique qui, sur bien des points nous paraissait injuste, M. Roger Lambelin, un des directeurs de la Revue, par une lettre du 6 mars 1926, nous fit savoir que « le débat lui semblait clos ». « Si vous le rouvriez à nouveau, ajoutait-il, votre contradicteur aurait qualité pour vous répondre, et nos lecteurs pourraient à bon droit se plaindre de voir éterniser une polémique dans une Revue ne paraissant que tous les trois mois. » Il ne pouvait nous convenir, pour diverses raisons qu'on comprendra, d'engager une action judiciaire : le droit de réponse du reste, dans les revues, en pareille matière, étant rien moins que sûr. Et ainsi, dans sa Revue au moins, M. Vacandard avait une fois de plus le dernier mot. Il n'était pas inutile, je crois, de raconter à nos lecteurs de quelle manière, en leur laissant le soin de l'apprécier...

Comme nous l'avons dit plus haut, dans sa « nouvelle étude plus développée », M. Vacandard ne faisait que reprendre la thèse de M. Duchesne sans y apporter un argument nouveau, en prenant soin toutefois de passer sous silence ceux de son modèle que nous avions trop *égratignés* et ceux de notre réponse qui pouvaient *égratigner* encore. Il serait bien trop long et d'ailleurs inutile de reproduire ici le texte intégral de cette « nouvelle étude » comme celui de notre réponse : tout cela se trouvant déjà exposé plus haut par M. Duchesne ou par nous ne ferait que donner lieu à des répétitions fastidieuses. Contentons-nous de rappeler les points fondamentaux de cette thèse de M. Duchesne maintenue par M. Vacandard et de résumer les réponses que nous fûmes amenés à lui faire.

1º Lazare, un silence de mille ans ! !

C'est sous ce titre frappant, mais contestable que M. Vacandard présentait l'objection déjà faite par Launoy et reprise par Duchesne et qui consiste à prétendre que si les membres de la famille de Béthanie étaient vraiment les premiers apôtres de la Provence ils auraient dû *nécessairement laisser plus de traces do leur apostolat, de leur mort et de leur culte dans ce pays et surtout dans les œuvres des anciens écrivains ecclésiastiques* tels que : Cassien, Fauste , Vincent de Lérins, Gennades, Césaire d'Arles, etc. qui ne les connaissent seulement pas. On a vu (pp. 104-105) les

explications que les traditionalistes donnent de ce silence.
M. Vacandard ne les admettant pas pour en finir avec cette
objection, sans même en discuter l'exactitude, nous lui fîmes à
peu près cette réponse : « Soit, admettons pour un instant votre
argumentation. Mais, si, selon vous la Provence n'a pu être
évangélisées par les saints et la famille de Béthanie au 1er siècle,
il reste tout de même — et vous le reconnaissez avec M. Duchesne et avec nous qu'elle *a été évangélisée et vers cette époque*. Mais
par quels apôtres alors ? S'il vous plaît. Nous vous le demandons.
Et si vous nous dites que vous ne pouvez nous donner une
réponse, nous vous dirons que nous ne vous comprenons plus.
Car, comment se fait-il que, selon vous, si les premiers apôtres
de la Provence s'étaient appelés Lazare, Marthe, Marie-Madeleine et Maximin, ils auraient dû *laisser nécessairement plus de
traces* de leur culte de leur mort, et de leur apostolat dans le
pays ; ils auraient dû encore avoir leurs noms et leur histoire
mentionnés dans les œuvres de Cassien-Fauste, Vincent de Lérins
etc., et qu'ils auraient été dispensés de laisser toutes ces traces,
au cas où ils auraient porté d'autres noms ?

A cette question précise qui nous devait fixer sur le cas à
faire de son objection, M. Vacandard ne répondit jamais. Il
n'en prétendit pas moins la maintenir, en disant qu'il se demandait si nous en avions bien compris la portée critique ! ! ! !

2º Mais ce n'est pas seulement la valeur critique de son objection sur le prétendu silence millénaire que nous contestions,
c'était la réalité même de ce silence. Les preuves que ce silence
n'était pas si millénaire que voulait bien le répéter M. Vacandard, après Launoy et M. Duchesne nous les donnions déjà
dans nos deux précédentes éditions à peu près telles qu'on les
trouve à notre chapitre cinquième (pages 38-74). M. Vacandard
put donc les lire.

Pour triompher plus facilement, notre contradicteur dénatura
et tronqua notre réponse. Il la dénatura en écrivant : « à ce
silence les partisans des traditions provençales opposent des
textes qui ne portent pas. Les Faillon, les Bérenger, les Sicard,
les Escudier invoquent les témoignages de Benoît IX (bulle
de 1040) d'une relation qui commence par *omnipotentis domini
clementia* fin du XIº au commencement du XIIº siècle, d'une
charte de Rostaing de Fos (datée de 1070), d'une chronique
de *Gesta Riccardi anglorum regis ad annum*, 1190, des Annales
de Roger de Howeden (1201), d'une charte de Montrieux (du
12 octobre 1252) voire des actes du martyr Alexandre de Brescia,
qui sont d'une date inconnue. Mais à prendre tous ces documents comme sincères, est-ce qu'ils rompent le silence de mille
ans que nous avons marqué ? Ils sont tous postérieurs au milieu
du XIº siècle, sauf la bulle de Benoît IX qui d'ailleurs, nous
l'avons vu, ne souffle mot de l'épiscopat de Lazare. »

A cette argumentation vraiment par trop désinvolte de la
part d'un historien, nous répondîmes avec quelque vivacité :
« Oui, il est vrai, à ce prétendu silence de mille ans, nous avons
bien opposé les documents ci-dessus énumérés. Mais, M. Vacandard — c'est le moins que nous puissions dire — a lu d'un œil
bien distrait notre livre, puisqu'il n'a pas pris garde que tout en

reconnaissant que ces documents dataient du XIe ou XIIe siècle,
nous prétendions et faisions la preuve qu'ils portaient témoignage d'une tradition et de l'existence de lieux de culte en
l'honneur des saints : Lazare, Marthe, Marie-Madeleine, Maximin remontant au moins à trois siècles plus haut, c'est-à-dire
avant l'époque de l'invasion de la Provence par les Sarrasins.
En sorte que ce n'était plus tant la date des documents qu'il
fallait considérer et que nous invoquions contre M. Duchesne,
que la date originaire des faits et des monuments dont ces documents portaient témoignage. Et M. Vacandard s'adjuge donc
un « triomphe par trop facile » pour reprendre une expression de
son archevêque : Mgr Fuzet, plus haut cité, quand il déclare
que ces documents ne rompent pas un silence de mille ans sous
prétexte qu'ils ont été écrits aux XIe et XIIe siècles. »

A cette mise à point, il ne fut rien répondu encore...
Mais M. Vacandard n'avait pas seulement dénaturé notre
argumentation contre M. Duchesne, il l'avait encore tronquée
en omettant de citer d'autres monuments et d'autres témoignages plus anciens et, quelques-uns au moins plus expres-
sifs encore par lesquels nous prétendions avoir établi péremptoirement — d'accord du reste en cela avec M. de Manteyer —
que le culte des saints de Béthanie était déjà populaire en Provence au VIIe siècle, bien avant la fondation même de Vézelay.
Nous ne manquâmes pas de le lui rappeler, ajoutant que dans
ces conditions, il nous était impossible d'admettre qu'un silence
millénaire précédait en Provence l'apparition historique des
traditions

A quoi, pour ne pas s'avouer vaincu, M. Vacandard répondit,
en fuyant le vrai terrain de notre discussion, deux choses à
côté :

1° Il ne s'agit pas de faire voir qu'il y a trace de culte de
Lazare ou de Marthe en Provence avant le XIe siècle. »

2° Il s'agit de prouver que l'ami de Notre-Seigneur, Lazare,
est mort dans le pays après l'avoir évangélisé...Vous prétendez
qu'il fut évêque de Marseille ; faites-en la preuve. »

A quoi, à notre tour, s'il nous avait été permis de répliquer
dans la Revue, nous n'aurions pas manqué de dire à M. Vacandard : « Pardon, 1° contre M. Duchesne et contre vous qui avez
dit et redit « qu'un silence de mille ans précédait l'apparition
historique des traditions touchant la venue et la mort des
Saints de Béthanie en Provence », il s'agit bel et bien de faire
la preuve que vous vous trompez dans votre affirmation.
Et cette preuve nous la faisons amplement et irréfutablement
en vous montrant des monuments : lieux de culte, tombeaux,
inscriptions antérieurs à l'an mille ; des témoignages, les uns
antérieurs à l'an mille, les autres postérieurs mais attestant
aussi l'existence de ces traditions bien avant cet an mille. Du
reste, quand même cette preuve de l'existence de la croyance
à la venue, à la mort, à la présence des reliques des saints de
Béthanie en Provence avant l'an mille ne pourrait être faite,
nous prétendons qu'il suffirait bel et bien de faire voir qu'il
y a des traces de culte de Lazare et de Marthe avant cette
époque, pour nous donner le droit de dire que *vous vous trompez*

quand vous nous affirmez qu'un silence de mille ans a précédé l'apparition historique des traditions de Provence, comme se trompe M. Duchesne quand il prétend que ces traditions n'ont d'autre origine que l'imagination d'un moine Vézelien qui aurait vécu dans la seconde moitié du XIe siècle. Car, veuillez bien ne pas l'oublier (et nous l'avons dit assez clairement dès le début, et le répétons assez souvent au cours de cet ouvrage pour qu'on ne se méprenne pas, comme vous le faites, sur nos intentions) en écrivant cette étude nous nous sommes *plus proposé de montrer que les arguments des adversaires des traditions provençales et en particulier ceux de M. Duchesne ne suffisent pas pour détruire la vraisemblance et le bien fondé de ces traditions* que de faire voir l'incontestable certitude, ou si vous préférez, l'absolue historicité des données de ces traditions par des preuves adéquates qui dirimeraient le conflit, mais qui, nous l'avons reconnu, font encore et feront probablement toujours défaut.

« Et cette remarque nous fournit, Monsieur, la réponse à votre deuxième exigence que nous n'avons une fois encore jamais eu la prétention de satisfaire et que dès lors nous pourrions raisonnablement nous refuser de discuter.

De ce que nous reconnaissons que les preuves adéquates de l'historicité et de la certitude absolue des données des traditions provençales font défaut, cela ne veut pas dire que nous méconnaissions leur possibilité, leur vraisemblance, leur bien fondé même et ce que j'appellerai leur vérité relative. Cela ne veut pas dire par conséquent que j'admette que le premier venu sans raison, ou qu'un et plusieurs critiques avec des raisons qui ne portent pas, aient le droit de venir me dire que ces traditions sont fausses et ne contiennent aucune vérité.

Quand donc, Monsieur, vous me mettez en demeure de vous faire la preuve que Lazare fut évêque de Marseille sous prétexte que *je l'ai prétendu*, je vous ferai d'abord remarquer que ce *n'est pas moi, moi tout seul et moi le premier qui ai dit cela, mais cent, mais mille autres que moi et avant moi, mais toute cette tradition immémoriale que nous avons étudiée ici*, et de laquelle j'ai le droit et le devoir de tenir compte, jusqu'à ce qu'on m'ait prouvé par des arguments irréfutables sa fausseté. Puis j'ajouterai que pour avoir le droit de dire que Lazare fut évêque de Marseille, je n'ai pas *tant à le démontrer qu'à constater que jusqu'ici les raisons qu'on m'a données pour démontrer qu'il ne le fut pas sont inopérantes.* Mais, par contre, si vous prétendez nier le bien fondé de ces traditions ; si vous prétendez, comme le fait M. Duchesne et comme vous le faites après lui, avoir le droit d'affirmer que Lazare ne fut pas évêque de Marseille, je vous dirai une fois de plus : Monsieur, pardon ! *veuillez en faire la preuve et la preuve irréfutable.* Tant que cette preuve n'aura pas été faite, nous aurons le droit de répéter et de croire ce que nous rapportent ces traditions. C'est tout ce que nous avons voulu vous faire entendre dans cette longue discussion que vous nous avez obligé de reprendre et que nous ne regretterions pas malgré tout, si elle devait enfin nous apporter l'assurance d'avoir été compris.

II. — La Légende orientale de Marie-Madeleine.

Nous avons dit ce qu'il fallait penser de cette légende. Comment le texte de Grégoire de Tours qu'on allègue est rien moins que sûr ; comment le transfert des corps opéré par Léon VI ne peut s'appliquer aux corps de sainte Marie-Madeleine et de saint Lazare de Béthanie.

Comme M. Vacandard ne réfutait pas nos arguments et ne nous apportait par ailleurs pas une preuve de plus que M. Duchesne, nous nous contentions de maintenir toutes nos conclusions, après avoir souligné toutefois par des exemples combien le silence des auteurs ecclésiastiques orientaux sur cette légende était bien plus surprenant encore que le silence des auteurs occidentaux allégués par nos critiques contre les traditions provençales.

Sur ce dernier point, M. Vacandard ne nous répliqua rien. Pour le reste, voici textuellement sa réponse : « M. Escudier s'acharne à démontrer que les témoignages en faveur de la thèse orientale ne valent rien. Ils ne valent, en effet, que dans la mesure où ils prouvent que Grégoire de Tours et les autres auteurs y ajoutaient foi. Et il est remarquable que les défenseurs de la légende provençale n'ont pas un texte à leur opposer. Pour nous, nous renvoyons à M. Duchesne : « On pense bien, écrit-il, que je ne me porte pas garant de l'authenticité du tombeau de Lazare à Citium, pas plus que de celui de la Madeleine à Éphèse. » Je me borne à constater qu'on les montrait dans ses localités. Au VIe siècle, Théodore (*De terra sancta*) dit de Lazare : « *secundam mortem ejus nemo cognovit* ». Je suis de son avis. »

Qu'est-ce que tout cela peut bien signifier? Oui ou non y a-t-il réellement une légende orientale concernant la mort de Marie-Madeleine et de son frère Lazare à Éphèse et à Citium? S'il y en a une que M. Vacandard nous le prouve. S'il n'y en a pas, comme nous croyons l'avoir démontré (pp. 107-121) ; comme le confirme ce témoignage de Théodore allégué par M. Vacandard lui-même et, au fond, comme paraît le croire et le dire ce même M. Vacandard après M. Duchesne, puisque, ne se portant pas garant de l'authenticité du tombeau de Lazare à Citium et de Madeleine à Éphèse, ils peuvent encore moins l'un et l'autre se porter garant au cas où elle existerait que cette légende orientale s'applique bien au Lazare et à la Marie-Madeleine de la tradition provençale ; si donc vraiment il n'y a pas de légende orientale, nous nous demandons ce que M. Vacandard veut bien dire quand il émet cette réflexion : « il est remarquable que les défenseurs de la légende provençale n'ont pas un texte à leur (Grégoire de Tours et Photius) opposer ». Car que peut-on bien opposer à des textes inexistants ou qui ne disent pas ce qu'on voudrait leur faire dire? On n'oppose rien, rien au néant.

Quant à croire que je vais me « scandaliser », comme l'écrit M. Vacandard, parce que ce Théodore du VIe siècle, nous affirme que « personne n'a rien su de la seconde mort de Lazare » et que lui et M. Duchesne sont de l'avis de ce dit Théodore, je trouve mon honorable contradicteur comment dirai-je?...

mettons bien jeune, pour ne pas écrire... naïf, en nous excusant
d'avoir été obligé, par son fait de le lui dire sous peine (ce qui
aurait été un manquement à la vérité et en histoire l'adage :
amicus Plato sin magis amica veritas doit être toujours respecté)
de le laisser avec peut-être nos lecteurs dans une profonde
erreur.

III. — La Légende bourguignone de Marie-Madeleine.

Malgré l'évidence contraire des documents et des faits,
M. Vacandard maintenait ici qu'avant le XI° siècle — Launoy
avait dit avant Joinville ! — il n'y avait pas un seul témoignage
affirmant que le corps de sainte Marie-Madeleine avait été
inhumé à Saint-Maximin ; que le premier témoignage de ce
fait sortait de Vézelay et que celui qui l'avait produit n'en
savait pas plus que nous. De toute nécessité ajoutait-il, il fallait partir de là pour savoir ce que valait la légende provençale.

M. Vacandard ne nous expliquant pas pourquoi il ne fallait
pas tenir compte des nombreux témoignages qui prouvaient
que le culte de sainte Marie-Madeleine en Provence, et la
croyance en la présence de son tombeau en ce pays étaient
bien antérieurs à la légende de Vézelay, nous maintenions,
nous, que ce n'était pas dans cette légende qu'il fallait aller
chercher l'origine de nos traditions. Bien plus, au lieu de partir
du témoignage de l'auteur de la seconde relation de Vézelay
pour savoir ce que valait la tradition provençale, il fallait
plutôt trouver dans ce témoignage une preuve de l'antériorité
de cette tradition sur la légende de Vézelay en même temps que
de son universalité au lieu d'atteindre leur but les Vézeliens
l'auraient sûrement manqué, si, voulant faire croire à l'authenticité de leurs reliques, ils avaient dit les avoir tirées d'un
endroit où personne ne soupçonnait leur présence.

Bien qu'une fois encore, M. Vacandard n'eut pas à répondu
à nos arguments, cela ne l'empêcha point de nous reprocher
1° d'avoir « escamoté » selon son expression, la légende bourguignonne; 2° d'avoir négligé de donner notre opinion sur la valeur
du parchemin trouvé à l'inventaire du tombeau de Vézelay
et 3° ceci est un comble ! de n'avoir pas dit lequel des deux
corps découverts à Vézelay et à Saint-Maximin est à notre avis
celui de sainte Marie-Madeleine !...

1° Nous reconnaissons volontiers n'avoir parlé de la légende
de Vézelay que par rapport aux objections qu'en prétendait
tirer M. Duchesne pour l'opposer aux traditions provençales.
Mais avions-nous l'obligation et le dessein de faire autre chose ?
Et si nous n'avons pas traité à fond la question de cette légende,
M. Vacandard peut-il dire que nous l'avons « escamotée »,
quand nous y avons consacré tout un chapitre ?

2° M. Vacandard voudrait que nous lui donnions notre opinion sur le parchemin de Vézelay. Je n'éprouve aucun embarras
à lui répondre : ce parchemin, que je ne connais pas plus que
lui — il a disparu depuis longtemps — put être rédigé et ensuite
glissé dans la tombe soit par des gens sincères, qui croyaient
de bonne foi posséder le corps de sainte Marie-Madeleine, soit

peut-être par un ou des faussaires conscients de leur mensonge. Comme je ne me flatte pas d'avoir en ces matières le flair de M. Duchesne et de M. Vacandard, je me garderai bien, à dix siècles de distance, de me prononcer sur le degré de probité de gens que je ne connais pas. Ce que je sais et ce que j'ai dit, au moins implicitement, c'est que sincères ou non, les auteurs de ce parchemin, comme les gens de Vézelay, se trompèrent quand ils affirmèrent avoir le corps de sainte Marie-Madeleine provenant de Saint-Maximin, puisque ce corps était resté et fut découvert en ce lieu de Saint-Maximin en 1279.

Et c'est pourquoi nous avons bien lieu d'être surpris d'entendre M. Vacandard nous reprocher de n'avoir pas pris parti entre les prétentions de Vézelay et les prétentions de saint Maximin. A quoi donc rimerait toute la longue querelle qu'il nous cherche, si nous n'avions pas pris parti ?

Assurément nous n'avons pas tenté d'éclaircir toutes les obscurités qui planent sur la légende vézelienne ; nous n'avons surtout pas, comme Duchesne à dix siècles des événements, essayé «d'entrer dans les préoccupations » des auteurs du parchemin plus haut indiqué et des diverses relations de cette légende. Mais outre que cela eut été bien long et bien risqué, était-ce bien utile ? (1) Nous ne le croyons pas. Cela n'eut fait qu'encombrer notre discussion. Pour avoir le droit de dire que Vézelay n'avait pas le corps de sainte Marie-Madeleine prétendument volé à Saint-Maximin, il était nécessaire, mais suffisant, d'établir l'authenticité de la découverte du dit corps en ce dit lieu de Saint-Maximin, en 1279. C'est ce que nous avons

---

1. Cette question des reliques de Sainte Marie-Madeleine à Vézelay est fort complexe et demanderait pour être éclaircie une longue dissertation. C'est pour cela que nous ne l'avons pas abordée ici. Qu'il nous suffise de dire que si Vézelay n'a pas pu posséder le corps entier de Sainte Marie-Madeleine avant 1279, il ne s'en suit pas qu'il n'ait pas eu des reliques de cette Sainte. Lors de la découverte de 1279, à Saint-Maximin, on constata que des prélèvements de reliques avaient été effectués sur le corps de la Sainte. Il manquait entr'autres la machoire inférieure qui fut retrouvée à Rome, les os d'une jambe et d'un bras. Une partie de ces reliques pouvait être à Vézelay. Quant à dire par qui, comment, à quelle époque ces vraies reliques de Sainte Marie-Madeleine avaient pu lui être données, l'examen de ces questions nous entraînerait loin du cadre où nous avons voulu nous renfermer. Mais si cela était — et nous sommes de ceux qui pensent que cela a pu et a dû être — il s'en suivrait que le tort des Vézeliens aurait été de prétendre qu'ils avaient tout le corps de Sainte Marie-Madeleine alors qu'ils n'en avaient qu'une faible partie. Par contre, les papes, les rois, tel saint Louis, les fidèles qui crurent à la présence de ces saintes reliques tout à la fois à Saint-Maximin et à Vézelay avaient peut-être raison.

Voir pour plus amples renseignements sur cette question le livre de M. l'abbé A. Pinier : *le Culte de Sainte Marie-Madeleine à Vézelay*, pp. 71-108 et le *Pèlerin de Vézelay*, passim.

tâché de faire. Il ne nous semble pas que M. Vacandard après
M. Duchesne soit parvenu à démontrer la fausseté de cette
découverte. A nos lecteurs de voir qui de nous a raison ?

IV. La découverte des Reliques de Sainte Marie-Madeleine
à Saint-Maximin (1279)

Ce qui avait fait dire à M. Duchesne que cette découverte fut
une supercherie, c'est que l'une des deux inscriptions trouvées
dans le tombeau de sainte Marie-Madeleine lui paraissait être
apocryphe pour quatre motifs plus haut exposés et discutés.
(p. 750-766).

De ces quatre motifs, M. Vacandard n'avait guère retenu que
les deux derniers, parce que sans doute, il avait trouvé que nous
avions trop « égratigné » les deux autres. C'était encore trop à
notre humble avis.

Puisque, sans prendre la peine de les réfuter, il n'acceptait
pas nos arguments sur ces derniers points, nous lui proposâmes,
pour résoudre *ses difficultés,* une autre explication, donnée par
M. Charles Bellet, dans son remarquable ouvrage intitulé : *les
Origines des Eglises de France et les Fastes épiscopaux.* Cette
explication, la voici : Si au lieu de lire en l'an 700, 710 ou 716,
c'est tout autre date encore qu'il faut lire sur l'original de l'inscription ; si au lieu de lire Odoïno ou Clodoveo, comme tour à
tour ont lu les divers transcripteurs de ce document, c'est le
nom de Pépin, Charlemagne, ou de tout autre roi que l'auteur de
l'original a voulu écrire, il devient clair que ces deux objections
tombent.Rien ne s'oppose plus à l'authenticité de cette pièce et
l'erreur — si erreur il y a — ne provenant pas de l'auteur de
la pièce originale mais de ses lecteurs et transcripteurs d'après
1279. Et qu'on ne dise pas qu'un tel raisonnement résout les
difficultés en les escamotant et est dicté par les besoins de la
cause. Il suffit de juxtaposer les quatre transcriptions diverses
de ce texte que l'histoire nous a conservées pour se rendre
compte de la possibilité et de la très grande probabilité de ce
que nous avançons. Considérons, en effet, ces textes tels qu'ils
sont reproduits aux pièces justificatives (p. 233) et rap-
prochons celui des évêques qui assistaient à sa découverte, de
ceux de Bernard de Guy qui eut entre ses mains l'original peu
après sa découverte, et de celui de Pagi qui, au XVII⁰ siècle,
vit encore cet original, mais ne put parfaitement le déchiffrer
à cause de sa vétusté et dut se servir d'un vieux manuscrit du
couvent de Saint-Maximin pour établir son texte. Une chose
saute aux yeux tout de suite, c'est que le fond et la forme de ces
textes sont presque identiques. Les deux seules divergences qui
existent entre eux portent sur la date et sur le nom du roi de
France. Il est évident que ces divergences proviennent des difficultés de lecture qu'ont dû rencontrer les copistes. Il ne pouvait en être autrement, d'abord parce que les manuscrits de la
période mérovingienne sont particulièrement difficiles à lire ;
ensuite parce que, dans le cas présent, les transcripteurs du document nous en font la remarque, le parchemin original était très
vieux et avait souffert. (Faillon, tome II, pages 779, 781, 801).

Les variantes de lecture, quant à l'année 700-710-716 et quant au nom du roi Odoino, Odoyno et Clodoveo nous démontrent donc surabondamment que nous sommes loin sur ces deux points d'être en présence d'un texte sûrement établi. « Si, comme le dit M. Bellet, les éléments d'informations ne faisaient plus défaut, si on possédait encore la pièce originale ou un fac-simile de cette même pièce, la critique conjecturale pourrait tenter ici des corrections qu'on sent inévitables, mais qu'on est impuissant à proposer. Nul doute que ces corrections amélioreraient ce texte qui n'a qu'un défaut, c'est qu'étant sûrement authentique, il a été mal lu et dénaturé par les copistes du XIIIe siècle et ceux qui les ont suivis.» Mais, s'il en est ainsi, une conséquence inévitable, découle on le voit : c'est que les difficultés historiques soulevées contre ce document n'ont plus la moindre raison d'être. On ne comprendrait pas en effet, si ce document avait été l'œuvre d'un faussaire, comme le disent MM. Duchesne et Vacandard, que ce faussaire entre l'année 720, date de l'arrivée certaine des Sarrasins en Provence, et l'année 878, date de la mort de Gérard de Roussillon, sous le règne duquel les Vézeliens se flattaient d'être venus voler le corps de sainte Madeleine à Saint-Maximin, ce faussaire n'eût pas choisi une date et le nom d'un roi de France bien connu, qui ne pussent donner lieu à une fausse interprétation. C'était là, pour lui, une chose tellement aisée et, d'un autre côté d'une telle importance qu'il y aurait eu stupidité (1) de sa part de ne pas le faire. Ce qu'il est encore impossible d'admettre, c'est que ce faussaire, si faussaire il y eut, n'ait pas essayé de ramener dans la bonne voie, les premiers lecteurs de ce document, quand il les vit hésiter et se tromper sur la lecture de la date et du nom du roi.

A ces remarques qui coupaient court à *ses difficultés*, M. Vacandard répondit : « Pour la première fois depuis des siècles, un partisan des traditions provençales, reconnaît que le texte (de l'inscription du tombeau de Saint-Maximin) tel qu'on nous l'a transcrit, je ne dis pas est un *faux*, mais contient plusieurs *erreurs historiques énormes*. Ce qui crevait les yeux de tous les critiques a fini par éclairer les yeux de M. Escudier. Mais ces erreurs sont des fautes de lecture, nous dit-il ; il n'est pas possible que des contemporains aient commis de pareilles énormités. Nous répondons : « Si des auteurs qui se piquent de savoir écrire l'histoire ont pu, pendant des siècles, soutenir ces énormités, il ne faut pas s'étonner que des scribes ignorants du moyen-âge aient pu les commettre. Un faussaire au XIIe siècle n'y regardait pas de si près. Un faussaire ! des faussaires ! Voilà qui révolte l'honnêteté de M. Escudier. Dans les conditions où la supercherie se serait accomplie, c'eût été une « bêtise » une « stupidité » Va pour « bêtise » qui n'est peut-être pas si « bête ». Je crois à la bêtise humaine et je dirais presque comme un humoriste : « La bêtise humaine, il n'y a que cela qui vous donne l'idée de l'infini.» En tout cas la « bêtise » avisée sait quelquefois exploiter la crédulité, surtout quand ceux à qui elle s'adresse ne demandent

1. Dans mon texte j'avais même ajouté « bêtise ».

qu'à croire. Et tel était bien le cas à Saint-Maximin aussi bien qu'à Vézelay. »

Décidément, M. Vacandard qui a avoué au début de sa lettre avoir été tenté de garder le silence, comme M. Duchesne, « pour laisser passer tout simplement nos flots d'éloquence verbale. » semble avoir bien oublié cette tentation. En avançant dans la discussion ce ne sont pas des flots d'éloquence qu'il nous sert pour célébrer « son triomphe », mais des flots et des flots de lyrisme. «Pour la première fois depuis des siècles » écrit-il, dans un enthousiasme débordant. Tout doux, Monsieur le Normand, souffrez qu'un homme du Midi vous aide à reprendre votre sang-froid et vos sens avec... vos bésicles : Il faut que vous l'ayez bien mal lu, ce Méridional ; il faut aussi que vous ayez bien peu étudié les sources et la bibliographie de la question que vous discutez. Monsieur l'historien, pour annoncer si imprudemment que « c'est la première fois depuis des siècles, etc. » alors que j'ai soin de vous dire moi-même que l'explication proposée a été longuement donnée avant nous par M. Charles Bellet dans son livre : *Les origines des Eglises de ance et les Fastes épiscopaux*, ouvrage rédigé en vue de réfuter les erreurs de M. Duchesne sur cette question et édité à Paris chez M. Alphonse Picard en 1896. Dois-je croire que vous ne m'avez pas lu, pas plus que vous n'avez lu M. Bellet et, comme vous me l'affirmez, Launoy lui-même ? Et si vous m'avez lu, si vous avez lu M. Bellet, — comme vous auriez dû le faire avant d'écrire sur cette question, car son ouvrage s'impose à la lecture — dois-je croire que vous avez pu manquer de mémoire à ce point ? (1)

1, Notons encore que le P. Sicard dans le tome 1ᵉʳ p. 140, de sa *Sainte Marie Madeleine* avait rapporté avant nous cette opinion de M. Bellet et que M. Vacandard, dès 1912, dans la Revue du Clergé, avait fait la critique de cet ouvrage ! Il est curieux de voir comment des historiens, dont Paris et l'univers savant ont consacré la réputation, parlent à la légère sur cette question. Se doutent-ils que ces érudits de province qu'ils dédaignent peut-être un peu trop ne peuvent avoir qu'une piètre idée de leur sérieux quand ils lisent « leurs énormités » ! Nous avons relevé de ces ignorances ou de ces défauts de mémoire dans M. Duchesne. Qui croirait que le grave M. Siméon Luce, de l'Institut, rendant compte de l'ouvrage de M. Albanès, le *Couvent royal de Saint Maximin* dans la Revue des Sociétés savantes, T. VI, p. 117, année 1881, a pondu celle-ci : « Une tablette de cire portant la date de 716 et non de 706, comme le dit par erreur, M. Albanès, fut trouvée avec les ossements. Nous ne connaissons et les Dominicains ne connaissent que cette inscription au texte contesté. Nous ignorons ce que peut être une inscription plus ancienne et plus courte dont parle M. Albanès. » Or, nous relevons dans ce paragraphe plus d'erreurs que de phrases : 1º M. Albanès n'a pas dit 706 au lieu de 716, mais bien tout le contraire. 2º Il n'a pas dit que cette inscription de 716 se trouve sur une *tablette de cire* mais, comme tout le monde l'a dit et comme tous ceux qui ont un peu étudié la question le savent, que cette inscription

J'ajoute que je n'ai pas affirmé catégoriquement — car quoi que vous en disiez, il y a des choses que je sais ignorer — que ce document contenait plusieurs erreurs « historiques énormes » J'ai dit seulement, ce qui n'est pas du tout la même chose, vous en conviendrez, j'espère, qu'au cas où ce document contiendrait des erreurs sur deux points : la date et le nom du roi de France, l'explication de M. Bellet résoudrait ces difficultés pour ceux qui comme vous, ne trouveraient pas suffisantes les explications déjà données sur ces deux points. Et dès lors, Monsieur, j'ai peine à vous le dire, votre belle phrase sur de «pareilles énormités » n'a plus de sens, ou du moins ne répond à rien de ce que j'ai voulu vous prouver. Que s'il vous plaît, après cela, de voir des faussaires à Saint-Maximin, à Vézelay, et partout et toujours, comme de trouver votre consolation, votre béatitude même dans la contemplation de l'infini de la bêtise humaine, je ne vous contesterai pas ce droit, pourvu que vous n'ayez pas la prétention de me faire de votre droit un devoir et un idéal auxquels tout homme devra se soumettre sous peine de ne rien comprendre à l'histoire.

Je pourrais arrêter ici ma réponse. Mais M. Vacandard me décochant à la fin de son article, en guise de flèche du Parthe, que « le Père Delehaye, le maître des maîtres en matière hagiographique est de son avis contre moi » bien que j'ai déjà dit ce que je pense de l'argument d'autorité en cette question (chapitre VII⁰, pp. 93-98) je lui servirai une anecdote racontée par dom Leclercq dans la préface du tome IV de son grand ouvrage : *les Martyrs*. Cette anecdote est ici tellement *ad rem* et surtout *ad hominem* que nos lecteurs me sauront gré de la trouver comme couronnement de cette trop longue controverse :

« Saint-Beuve, écrit donc Leclercq, a conseillé quelque part aux auteurs de ne pas trop se mettre en peine des critiques. Ne fut-ce disait-il, que pour leur rappeler qu'on ne les craint pas, je conseille de leur appliquer de temps en temps le droit commun : ils en ont besoin parfois. Après avoir dit tout le bien qu'on a pu dire de la critique, il sera permis d'en rabattre un peu en passant de la théorie à la pratique. Le critique est ordinairement un homme qui a ses faiblesses et ses passions intellectuelles. Comme c'est lui qui parle en dernier lieu, il donne parfois l'illusion que c'est lui qui a raison. Il faut donc y regarder de plus près.

Rien ne vaut un cas concret ; précisément on en a un sous la main, le voici : Dans le premier volume de ce recueil on a eu le

était sur un *parchemin*. 3⁰ Les dominicains, comme M. Albanès et tous ceux qui ont lu Faillon et autres auteurs qui ont parlé de la découverte de Saint Maximin, connaissent bien une autre inscription. 4⁰ Cette autre inscription plus ancienne et plus courte, dont Faillon parle longuement : T. I, col. 719 et 720, était, elle, non sur un parchemin, mais sur une petite tablette de bois enduite de cire renfermée dans un globe de cire qui la mettait ainsi à l'abri de l'impression de l'air. » Que penser après çà du sérieux de l'information de M. Siméon Luce dans cette question ?

malheur de déplaire à un groupe d'hagiographes éminents, les
Bollandistes, en avançant des assertions inexactes. Or, il se
trouve que ces assertions étaient transcrites textuellement
d'après le travail d'un des membres de ce même groupe, le P. Van
den Gheyn. Or, la critique qui en fut faite imputait l'erreur à
nous-mêmes et non à l'auteur des phrases incriminées. Il y
avait évidemment de la part du critique, le P. Delehaye, lecture un peu hâtive, négligence à se reporter à la référence du bas
de la page qui eût tout éclairé ; mais il n'avait pu, semble-t-il
y avoir que cela, parce qu'il paraissait inadmissible qu'il y ait eu
autre chose, les mœurs littéraires ne comportant plus de tels
procédés. »

Et pour permettre à ses lecteurs de juger par eux-mêmes,
Dom Leclercq met vis-à-vis, dans la même page, sur trois
colonnes son propre texte et ceux des deux auteurs cités, que
nous transcrivons ci-après :

Texte de Dom Leclercq :

LES MARTYRS : T. I. (1902)

Préface, p. XXVIII

*On a la preuve de l'existence au VIe siècle d'un passionnaire
romain* (4) ».
(4) *Van den Gheyn, S. J., ouvr. cité (c'est-à-dire Dictionnaire
de théologie catholique, 1900, col. 328).*
*Pour l'Eglise des Gaules, celles d'Espagne et d'Angleterre, les
témoignages abondent.* »
(*Même référence*).

Préface, p. XXIII

*Les actes de sainte Barbe, de sainte Catherine d'Alexandrie.
de saint Georges, fournissent le type de cette sorte de documents »
(qui n'appartiennent pas à l'histoire), ou encore les Vies de » Barlaam et Joasaph et d'un certain Alban, dérivés, l'un de la légende
indienne de Bouddha, l'autre du mythe grec d'Œdipe* (5). »
(5) *Van den Gheyn, S. J., loc. cit.*

ACTA MARTYRUM

(Van den Gheyn, S. J.)
Dict. de théologie catholique,
T. I. (1900), col. 328.

*On a la preuve de l'existence au VIe siècle d'un passionnaire
romain».*
« *Pour l'Eglise des Gaules, celles d'Espagne et d'Angleterre, les
témoignages abondent.* »

T. I. Col. 322.

« *Les actes de sainte Barbe, de sainte Catherine d'Alexandrie.
de saint Georges, fournissent le type de cette sorte de documents (qu*

ne reposent sur aucune donnée historique). Ce genre d'exercice littéraire a toujours fleuri, surtout dans les monastères, et a eu parfois d'étranges conséquences, comme celle de faire passer dans les livres liturgiques des saints apocryphes comme Barlaam et Joasaph et un certain Alban, dérivés, l'un de la légende indienne de Bouddha, l'autre du mythe grec d'Œdipe. »

ANALECTA BOLLANDIANA
H. Delehaye S. J., t. XXI (1902), p. 204.

« On est étonné d'apprendre qu' « on a la preuve de l'existence « au VIᵉ siècle d'un passionnaire romain. »

« Et où sont ces témoignages abondants d'où il ressortirait que les Eglises des Gaules d'Espagne et d'Angleterre possédèrent de bonne heure leur passionnaire? »

P. 205.

«Il est incontestable que la littérature hagiographique a créé des personnages qui n'ont jamais appartenu à l'histoire. Mais est-il permis de mettre sur le même pied Barlaam et Joasaph, Alban, figures absolument légendaires, par exemple dont le culte était parfaitement localisé dans l'antiquité? »

Après cette édifiante démonstration Dom Leclercq continue :
« Bien qu'il pût sembler difficile de croire que le R. P. Dele-
« haye n'eût pas remarqué que ses critiques atteignaient direc-
« tement son collègue, nous nous résignâmes à cette supposi-
« tion. A tort, ainsi qu'on va le voir. L'étude du R. P. Van den
« Gheyn sur une question générale regardant l'objet propre des
« recherches bollandiennes avait été publiée dans le *Diction-*
« *naire de théologie catholique* de M. Vacant, à l'insu de ses col-
« lègues bollandistes. L'utilisation que nous fîmes de cette
« étude et les références que nous donnâmes en révélèrent
« l'existence aux Révérends Pères, lesquels n'en pouvaient
« croire leurs yeux. Ils firent chercher aussitôt à « la résidence », le
« « Dictionnaire » qui manque dans leur bibliothèque et consta-
« tèrent que nos citations étaient exactes. Il paraît que les
« Révérends Pères se trouvèrent dans l'embarras ; voici com-
« ment ils en sortirent. Ils imaginèrent de relever textuellement
« les phrases de leur collègue, de les contredire absolument
« et de glisser le tout dans un compte-rendu dont on lui ferait
« corriger les épreuves. Le R. P. Van den Gheyn vit le compte-
« rendu et n'y vit que du feu. C'était déroutant. Grâce à ce
« pieux artifice, le collège bollandiste conservait la paix inté-
« rieure, défendait une fois de plus les droits de la vérité, épar-
« gnait l'un des siens et sacrifiait un étranger, ce qui n'est pas
« une affaire.
« On eût pu croire que, soucieux d'épargner dans l'avenir,
« aux travailleurs, la petite mésaventure dont nous venions
« d'être victimes, les Révérends Pères allaient se hâter de publier
« une note dans leur revue mettant en garde contre le travail
« du R· P. Van den Gheyn. Ce n'est pas qu'autrefois qu'on pre-
« nait le Pirée pour un homme, et deux ans auparavant les

« Révérends Pères avaient bien pris Avignon pour un prédi-
« cateur. Cependant rien ne parut, et l'on continua à pouvoir
« mettre une entière confiance dans l'étude du R. P. Van den
« Gheyn, confiance d'autant plus entière que cette fois l'étude en
« question étant connue des Révérends Pères Bollandistes : elle
« ne provoquait aucune réserve. Ce fut donc sur cette base que
« nous préparâmes le tome II de notre recueil *Les Martyrs*, qui
« parut en 1903 (fin juin). A quelques jours de là, le 15 juillet,
« dans la matinée, au cours d'une conversation avec le P. Dele-
« haye, dans le *Reading Room du British Museum*, nous lui
« exposâmes dans quelles conditions ce tome II avait été com-
« posé. Or, dans le compte-rendu du R. P. Delehaye sur ce
« volume, compte-rendu postérieur à nos explications (10 juin
« 1904), on lisait :

« On s'épuise en conjectures sur les motifs qui ont pu faire
« revenir l'auteur sur la louable sévérité de ses premiers choix.
« C'est ainsi que les actes de saint Nicéphore, des quarante
« martyrs de Sébaste, de Saint Savin, de saint Saturnin, de la
« Légion Thébéenne sont mis en belle place.» Sans qu'il eut à
« s'épuiser en conjectures » sur le motif de nos choix, le R. P.
« Delehaye savait qu'il l'eut trouvé dans le catalogue des
« *Actes des martyrs qui paraissent les plus authentiques* » dressé
« par le P. *Van den Gheyn, son collègue.* On y lit au n° 16 :
« *Martyrium S. Nicephori* (vers 260) ; n° 24 : *Passio S. Savini*
« *(sous Maximien)* ; n° 26 : *Acta S. S. Saturnini, Dativi et soc.*
« (11 fév. 304) ; n° 40 : *Quadraginta* martyres Sebasteni (320).

« Il fallait bien voir dans cette critique un retour hostile,
« puisque la bonne foi en était si manifestement absente. Dès
« lors, il ne «nous convenait plus de prolonger le silence, car il
« ne nous plaît pas de recevoir les réprimandes destinées au
« P. Van den Gheyn par ses confrères qui n'osent les lui adres-
« ser. »

L'anecdote est un peu longue, mais on reconnaîtra qu'elle justifie admirablement le conseil donné plus haut par Sainte-
Beuve, à savoir qu'il est des cas où on ne doit pas trop se mettre
en peine des critiques.

Pour d'autres raisons, il est encore des cas où selon nous,
on peut avoir à leur égard la même attitude. C'est lorsque ces
critiques prétendent saper par des preuves inopérantes ou tout
au moins insuffisantes, et par des arguments très discutables,
des traditions immémoriales, consacrées par le culte et la liturgie
de l'Eglise et devenues de ce fait la croyance et la vie de tout
un peuple.

C'est ce que nous avions voulu dire à M. Duchesne. C'est ce
que nous redisons à M. Vacandard qui a voulu se constituer
son défenseur, et, s'il le faut, au P. Delehaye, en regrettant
d'avoir été contraint par leur faute et dans l'intérêt d'une cause
supérieure à nos amours-propres personnels d'y mettre une
insistance et des précisions que nous eussions préféré épargner à
eux tout d'abord aussi bien qu'à nos lecteurs et à nous-mêmes.

PIÈCES JUSTIFICATIVES

PIÈCES JUSTIFICATIVES

I

ANCIENNE VIE DE SAINTE MARIE-MADELEINE

Cette vie, insérée textuellement par le pseudo Raban-Maur dans celle qu'il a composée, remonterait, d'après M. Faillon, au Vᵉ ou au VIᵉ siècle.

Post dominicæ resurrectionis gloriam, ascensionisque triumphum, ac Spiritus Paracliti de superius missionem, qui discipulorum corda, temporalis adhuc pœnæ formidine trepidantia, replevit, scientiam omnium linguarum tribuendo, erant omnes credentes, simul cum mulieribus et Mariæ mater ejus, ut Lucas narrat evangelista.................

Erat autem tunc temporis cum apostolis beatus Maximinus unus ex septuaginta discipulis, vir universa morum probitate conspicuus doctrina pariter et miraculorum virtute præclarus.

Hujus religionis sanctitudini beata Maria Magdalena se contulit, beatitudinis contubernio illi conjuncta, veluti beata semper Virgo Maria Sancto evangeliste Joanni, utpote a Domino ipsi commissa. Qua propter præfata dispersione, beata Maria Magdanela illi sociata est. Tunc iter usque ad mare direxerunt. Ascendentes navem prospero cursu pervenerunt Massiliam. Ibique vectationem navis relinquentes, Domino annuente, Aquensem agressi sunt comitatum, divini verbi cunctis semina largiter erogantes, die noctuque prædicationibus, jejuniis et orationibus insistendo, ut populum ipsius regionis incredulum, nondumque fonte baptismatis innovatum, ad agnitionem et cultum Dei perducerent.

Rexit autem Aquensem Ecclesiam beatus Maximinus confessor et pontifex diebus multis, verbo prædicationis inhærendo, dœmones pellendo, mortuos suscitando, cœcis lumen reddendo, claudis gressum restituendo, omniumque infirmitatum languores curando. Appropinquante vero tempore quo beata Maria Magdalena carnis ergastulo solveretur, vidit Christum, cui se, omni devotionis studio, mancipaverat, ad cœlestis regni gloriam misecorditer vocantem, ut cui temporalis vitæ interdum in figura nostri corporis apparenti, subsidium fideliter ministraverat, ab ipso cœlestis vitæ pabulum, sive gratulabunda perciperet. Transiit autem XI Kalendarum Augustarum, lætantibus angelis, cœlestium virtutum cohœres effecta, quoniam digna inventa est claritatis gloria perfrui, regemque sæculorum in decore suo videre. Cujus sanctissimum corpus, beatus antistes Maximinus, assumens, diversis conditum aromatibus, in honorifico collocavit mausoleo, construens super beata membra mirabilis architecturæ basilicam. Monstratur autem sepulcrum ejus, ex candido marmore, habens sculptum in ipso, qualiter ad Dominum in domum Simonis venerit et officium humanitatis unguentique quod ei inter convivantes flens nec erubescens obtulit.

Imminente ubique tempore quo beatus Maximinus confessor et pontifex sancto sibi revelante Spiritu, ab hac luce se subtrahit cognovit, mercedem laborum suorum a pio judice recepturus, infra prædictam basilicam jussit sepulturæ suæ locum præparari, ac juxta beatæ Mariæ Magdalene sarcophagum suum collocari. In quo, post sanctum ejus transitum a fidelibus honorifice est depositus. Magnis autem miraculorum ambo decorant locum virtutibus, suorum interventu petentibus animæ et corporis præstando salubria. Qui locus postea tantæ religionis est habitus, ut nullus regum ac principum, sæcularis pompæ honore præditus, ecclesiam illorum beneficia petiturus, ingredi audeat, donec prius depositis armis, animique belluina posthabita ferocitate sic demum cum omni humilitatis devotione introeat. Femina enim nulla unquam temeritatis audacia in illud sanctissimum templum ingredi præsumpsit, cujuscumque ordinis aut dignitatis religionisque habeatur. Vocatur autem illud monasterium, sancti Maximini abbatia rebus honoribusque valde ditatum ; quod est constructum in præfato Aquensi Comitatu. Transiit autem beatus Maximinus, sexto idus Junii, à Domino feliciter coronatus. Cui est honor et gloria in sæcula sæculorum. Amen.

Prologue qui précède ordinairement cette vie ancienne :

Licet plerisque relationis series, prolixioris materiæ stylo mandata, qualiter beata Maria Magdalene, divina ordinante clementia cum sancto Maximino mare transierit et in Aquensem regni Provinciæ regionem pervenerit velut in ipsius præsulis vita digestum est, in promptu habeatur, tamen hac nostræ parvitatis cedula, aliquid edere curavimus ut ad quorum notitiam majora non pervenerint, saltem, veritatis indaginem quærentibus, hoc nosse sufficiat. (1)

---

1. Le texte latin de cette vie se trouve dans les *Monuments inédits*, T. II, col. 440 et suivantes ; sa traduction française se lit dans le même ouvrage, T. I, col. 406 et suivantes.

II

EXTRAIT DE LA VIE DE SAINTE MARIE-MADELEINE.
par le pseudo Raban Maur
(TRADUCTION FAILLON).

CHAPITRE XXXVI

Séparation des apôtres et de vingt-quatre anciens disciples
ou amis de Jésus-Christ.

Après la mort de Saint Etienne le premier des martyrs, Saul
fut appelé du ciel à la foi bien qu'il n'ait été nommé Paul que
douze ans après. Ceux qui avaient été dispersés avec Philippe
et les autres compagnons de saint Etienne allaient de tous
côtés annonçant le royaume de Dieu.

Ils vinrent enfin jusqu'à Antioche, où il se forma une
grande église de disciples de Jésus-Christ. Ce fut là que le nom
des chrétiens prit son origine. Ce fut là que saint Pierre plaça
la chaire patriarcale, où il laissa ensuite Evode qu'il avait
ordonné patriarche, lorsqu'il retourna lui-même à Jérusalem
auprès des autres apôtres. Ceux-ci, selon l'ordre du Sauveur,
s'étaient bornés pendant ces douze années à prêcher aux douze
tribus dans la terre de promission. La treizième année depuis
l'Ascension, Jacques, frère de Jean, périt par le glaive, Pierre fut
jeté en prison, Saul reçut du Saint-Esprit l'apostolat des Gentils,
et prit le nom de Paul. L'année suivante, ou la quatorzième,
eut lieu la division des apôtres : l'Orient échut en partage à
Thomas et à Barthélemi ; le Midi à Simon et à Mathieu ; le
Nord à Philippe et à Thaddée ; le centre du monde à Matthias
et à Jacques ; les provinces de la mer Méditerranée furent le
partage de Jean et d'André ; les royaumes d'Occident, celui de
Pierre et de Paul. Car dans ce même temps, Paul était venu à Jérusalem pour voir Pierre, et après qu'il eut donné à celui-ci, ainsi
qu'à Jacques et à Jean, et qu'il eut reçu réciproquement de
leur part des gages de leur union dans l'apostolat, il partit de là
avec son collègue Barnabé pour la Syrie et l'Illyrie, afin d'y prêcher l'Evangile. Or, Pierre, qui devait quitter l'Orient pour aller
à Rome, désigna des prédicateurs de l'Evangile pour les autres
pays d'Occident où il ne pouvait se rendre en personne, et les
choisit parmi les plus illustres fidèles et les plus anciens disciples du Sauveur : pour le pays des Gaules, où l'on compte dix-
sept provinces, dix-sept pontifes ; et pour le pays des Espagnes,
où l'on compte sept provinces, sept docteurs.

A la tête de ces vingt-quatre anciens était le célèbre docteur
Maximin, du nombre des soixante-dix disciples du Sauveur,

illustre par le don d'opérer toute sorte de miracles et le chef de la milice chrétienne après les apôtres. Sainte Madeleine, unie par le lien de la charité à la religion et à la sainteté de ce disciple, résolut de ne point se séparer de sa société, quel que fût le lieu où le Sauveur l'appelât. Car la Reine du Ciel, au service de laquelle Madeleine avait goûté dans la contemplation les délices du paradis, la bienheureuse Vierge avait été enlevée aux cieux, et déjà dix apôtres s'étaient dispersés. Quel que fût pour les apôtres l'attachement de ces vingt-quatre anciens, ils n'avaient pu garder ceux-ci auprès d'eux après que la haine des Juifs eût suscité la persécution contre l'église, qu'Hérode eût décapité l'apôtre saint Jacques, jeté Pierre en prison, et chassé des ses États les fidèles. Ce fut alors, pendant que la tempête de la persécution exerçait ses ravages, que les fidèles déjà dispersés se rendirent dans les divers lieux du monde que le Seigneur leur avait assignés à chacun, afin de prêcher avec intrépidité la parole du salut des Gentils qui ignoraient Jésus-Christ. A leur départ, les femmes et les veuves illustres, qui les avaient servis à Jérusalem et dans l'Orient, voulurent les accompagner.

Tel était leur attachement pour l'amie spéciale du Sauveur et la première de ses servantes, qu'elles ne purent souffrir son éloignement et la privation de sa société. Parmi elles fut Sainte Marthe, dont le frère Lazare était alors évêque de Chypre; cette vénérable hôtesse du Fils de Dieu voulut marcher sur les traces de sa sœur, ainsi que sainte Marcelle, la suivante, femme d'une grande piété,, Marthe d'une foi vive, et qui avait adressé au Seigneur ce salut : Bienheureux le ventre qui vous a porté, etc... Saint Parménas, diacre plein de foi et de la grâce de Dieu, était aussi du nombre de ces disciples ; ce fut à ses soins et à sa garde que Sainte Marthe se recommande en Jésus-Christ, comme garde Marie au saint Pontife Maximin. Ils prirent donc ensemble leur route vers les pays d'Occident, par un admirable conseil de la Providence, qui voulait non-seulement que la gloire et la célébrité de Marie et de sa sœur se répandissent dans tout l'univers par le moyen de l'Évangile, mais encore que, comme l'Orient avait été favorisé jusqu'alors de l'exemple de leur sainte vie, l'Occident fut illustré lui-même par le séjour qu'elles y firent et par le dépôt de leurs reliques sacrées.

CHAPITRE XXXVII

Comment ces vingt-quatre anciens eurent pour leur partage les Gaules et les Espagnes

Dans la compagnie de Madeleine, la glorieuse amie de Dieu, et de sainte Marthe, sa sœur, le saint évêque Maximin s'abandonna donc aux flots de la mer, avec saint Parménas chef des diacres, les évêques Trophime, Eutrope, et les autres chefs de la milice chrétienne. Poussés par le vent d'Est, ils quittèrent l'Asie, descendirent par la mer Tyrrhénienne, entre l'Europe et l'Afrique, en faisant divers détours. Ils laissèrent à droite la ville de Rome et toute l'Italie, ainsi que les Alpes, qui, partant du golfe de Gênes et de la mer des Gaules, s'étendent vers l'Orient, et se terminent à la mer Adriatique. Enfin, ils abordèrent heureusement sur la droite, dans la Viennoise, province des Gaules, auprès de la ville de Marseille, dans l'endroit où le Rhône se jette dans la mer des Gaules.

Là, après avoir invoqué Dieu, le souverain monarque du monde, ils partagèrent entre eux, par l'inspiration du saint Esprit, les provinces du pays où ce même esprit les avaient poussés ; puis ils s'avancèrent et prêchèrent partout avec l'aide du Seigneur, qui confirmait leur prédication par des miracles. Car le Roi des armées célestes et de son peuple bien-aimé et chéri communiqua à ses prédicateurs le don d'annoncer sa parole avec une grande force, et d'orner la maison de Dieu des dépouilles du fort armé.

Le saint évêque Maximin eut pour son partage la ville d'Aix, métropole de la seconde province Narbonnaise, dans laquelle sainte Marie-Madeleine finit sa vie mortelle. Paul eut Narbonne, métropole de la première province Narbonnaise ; Austrégisile, la ville de Bourges, métropole de la première Aquitaine ; Irénée eut Lyon, métropole de la première Lyonnaise ; Sabien et Potentien eurent pour leur part la ville de Sens, métropole de la quatrième Lyonnaise ; Valère, la ville de Trèves, métropole de la première Belgique ; Féroncius, Besançon, métropole de la première province des Séquaniens ; Eutrope, la ville de Saintes, dans la seconde Aquitaine, dont Bordeaux est maintenant la métropole ; Trophime, Arles, alors métropole de la province de Vienne. Ce furent de ces prédicateurs que ces dix provinces des Gaules reçurent la foi.

Les autres docteurs ne prêchèrent point aux sept autres provinces des Gaules, mais à sept villes de provinces divers Eutrope à Orange ; ville de la province de Vienne ; Front à Périgueux, dans la seconde Aquitaine ; Georges à Veliacum ; dans la première ; Jullen au Mans dans la troisième Lyonnaise ; Martial à Limoges, dans la première Aquitaine ; Saturnin à Toulouse, dans la première Narbonnaise, où il fut précipité du Capitole pour la foi de Jésus-Christ. Parménas, avec la vénérable servante du Sauveur, sainte Marthe, se retira à Avignon, ville de la province Viennoise, ainsi que Marcelle, la suivante de la sainte ; Epaphras, Sosthène, Germain, Evodie et Syntique à Rouen avec sa province, la seconde Lyonnaise, qui est maintenant la Normandie ; Mayence avec sa province, la première Germanique ; Cologne avec sa province, la troisième Germanique ; Octodure avec sa province des Alpes Grecques et Apennines ; la métropole d'Auch avec sa province la Novempopulanie, la métropole d'Embrun avec sa province des Alpes maritimes ; la métropole de Reims avec sa province, la seconde Belgique, furent réservées à d'autres docteurs.

En outre, voici les noms de ceux qui furent envoyés dans les Espagnes par les Apôtres : Torquatus, Ctésiphon, Secundus, Indalecius, Cecilius, Esicius, Euphrasius ; ces sept prédicateurs réunirent à la foi chrétienne les sept provinces des Espagnes.

CHAPITRE XXXVIII

*Comment, auprès de la métropole d'Aix, sainte Marie
vaquait soit à la prédication, soit à la contemplation.*

Saint Maximin étant donc entré à Aix, métropole qui lui
était échue, commença à répandre dans les cœurs des Gentils les semences de la doctrine céleste, vaquant nuit et jour à la
prédication, à la prière et au jeûne, pour amener à la connaissance et au service de Deiu le peuple incrédule de cette contrée.
Et lorsque la prédication de l'Évangile eut produit une abon-
dante moisson, le bienheureux prélat, à la tête de son église
d'Aix, brilla par les miracles divers et nombreux qu'il opéra.
Avec lui, l'illustre et spéciale amie du Sauveur vaquait à la contemplation dans la même église car depuis que cette ardente
amante du Rédempteur eut choisi avec tant de sagesse la
meilleure part, et qu'elle en eut obtenu la possession aux
pieds de Jésus-Christ, jamais cette part ne lui fut ôtée, au
témoignage de Dieu même. Marie réveillait sans cesse en
elle-même l'avidité de son âme pour le Verbe de Dieu ;
rien ne pouvait rassasier ses désirs toujours plus vifs.
Attirée par la douceur de son bien-aimé, elle s'enivrait par
avance de ce calice divin pour lequel seul elle soupirait ; son
âme, profondément recueillie, élevée au-dessus d'elle-même,
fondue en quelque sorte par la chaleur du plus chaste amour,
elle n'avoit plus que joies à l'intérieur ; retenue encore sur
cette terre, elle allait en esprit au milieu des anges, et parcourait les chœurs célestes. Voilà quelles étaient ses occupations
à l'égard d'elle-même.

Mais, pleine de sollicitude pour le salut des âmes qui l'avait
fait venir aux extrémités occidentales de l'univers, elle s'ar-
rachait de temps en temps aux douceurs de la contemplation
pour éclairer les incrédules par ses paroles ou confirmer les fidèles dans la foi, et versait peu à peu dans les esprits des auditeurs
le miel des paroles qui découlait de son cœur. Car c'était de
l'abondance du cœur que sa bouche parlait, et c'est ce qui
faisait de toute sa prédication un exercice réel de contemplation divine. Elle montrait à tous en sa personne le modèle
qu'ils devaient suivre : aux pécheurs, elle se proposait comme
modèle de conversion ; aux pénitents, comme une preuve de
la certitude du pardon, aux fidèles, comme modèle de charité pour le prochain ; et à tout le peuple chrétien, comme une
preuve de la miséricorde divine. Elle faisait voir ses yeux qui
avaient arrosé de leurs larmes les pieds de Jésus-Christ et
qui l'avaient vu les premiers dans sa résurrection. Elle leur
montrait ses cheveux, avec lesquels elle sécha d'abord les
pieds du Sauveur, arrosés de ses larmes, et les essuya ensuite
dans le festin après les avoir oints d'un nard précieux ;
cette bouche et ces lèvres avec lesquelles elle les baisa mille
et mille fois, non seulement pendant la vie de Jésus, mais
encore après sa mort et après sa résurrection ; ces mains qui
avaient touché les pieds du Dieu tout-puissant, qui les avaient

lavés et oints plusieurs fois, surtout dans cette dernière circonstance, ou elle répandit sur ces mêmes pieds un si précieux nec-
tar, dont elle versa le reste sur la tête du Fils de Dieu. Mais
pourquoi voudrais-je ici raconter toutes ces choses? Quel
est celui des évangélistes qui ne parle des privilèges de Marie?
Quel est celui d'entre les Apôtres qui a été uni au Seignur dans
une plus grande familiarité? Quel est celui parmi eux qui a puisé
avec plus d'avidité les eaux de sa doctrine! Il fallait donc que
comme elle a été envoyée aux Apôtres par Jésus-Christ en
qualité d'apôtre de sa résurrection et de prophétesse de son
ascension, elle devint aussi comme un évangéliste pour tous les
fidèles de l'univers. C'était ce que Jésus avait présent à la pensée, lorsque voyant et approuvant la dévotion qui la porta à
lui oindre la tête, il dit d'elle : « *Elle a fait à mon égard une
bonne œuvre : je vous le dis en vérité, partout où cet évangile sera
prêché dans tout l'univers, on racontera à sa louange ce qu'elle
vient de faire.* »

CHAPITRE XXXIX

Sainte Marthe vaque a la prédication.

Miracles des deux sœurs.

Sainte Marthe, de son côté, avec ses compagnons, prêchait
aussi l'Évangile du Sauveur dans les villes d'Avignon et
d'Arles, et parmi les bourgs et les villages qui étaient aux
environs du Rhône dans la province de Vienne. Elle rendait
hautement témoignage de tout ce qu'elle avait vu touchant sa
personne, de ce qu'elle avait appris de sa bouche ; et ce qu'elle
rapportait de ses miracles, elle le démontrait véritable par les
prodiges qu'elle-même opérait. Car elle avait reçu le don des
miracles, et lorsque l'occasion le demandait par le seul moyen
de la prière et du signe de la croix, elle guérissait les lépreux,
les paralytiques, ressuscitait les morts, et rendait l'usage de
leurs organes aux aveugles, aux muets, aux sourds, aux
boiteux, aux infirmes et à toutes sorte de malades. Tels
étaient les privilèges de Marthe.

Marie opérait pareillement des miracles avec un inexprima-
ble facilité, pour établir la vérité de ses paroles, et exciter la
foi dans ses auditeurs. On admirait dans l'une et dans l'autre
une beauté noble et qui inspirait le respect, une grande
décence dans toute leur conduite, et dans leurs paroles une
grâce merveilleuse pour persuader les esprits. Jamais, rarement
du moins, voyait-on une personne se retirer incrédule de leur
prédication, ou sans répandre des larmes ; chacun était, par
leur seul aspect, enflammé d'amour pour le Sauveur, ou bien
versait des pleurs par la considération de sa propre misère.
Leur nourriture était frugale, leur habit décent et modeste.
Marie, à la vérité, se mettait peu en peine de l'un et de l'autre
depuis qu'elle eut perdu la présence corporelle du Seigneur.
Mais les femmes qui demeuraient avec elle et lui portaient une
merveilleuse affection, pourvoyaient suffisamment à ses besoins.

Et c'est ce qui aura donné lieu à ce récit apocryphe, si toutefois il est apocryphe dans son entier ; car les empoisonneurs ne manquent guère, pour faire avaler plus sûrement le venin, d'y mêler le miel en abondance ; delà, dis-je est venu peut-être ce récit apocryphe, que tous les jours elle était enlevée dans les airs par les anges, et qu'ensuite elle était remise à terre par eux ; qu'elle avait pour nourriture les aliments célestes qu'ils lui servaient.

Entendu dans un sens mystique, ce récit n'est pas du tout incroyable. Car on ne peut douter que Marie ne fut favorisée très fréquemment de la visite des anges, qu'elle ne fut assistée de leurs bons offices, et ne jouit de la douceur de leurs entretiens. Il était convenable en effet, et même très convenable, que le Dieu de toute consolation la consolât d'une manière merveilleuse et jusqu'alors sans exemple, puisque Marie elle-même lui avait rendu sur la terre des devoirs admirables de piété, inouïs avant elle. Au reste, qu'après l'Ascension du Sauveur elle se soit aussitôt enfuie dans les déserts de l'Arabie, qu'elle ait demeuré inconnue et sans vêtements dans une caverne, et que depuis elle n'ait vu aucun homme, qu'étant visitée par je ne sais quel prêtre, elle ait demandé à celui-ci son vêtement et autres particularités semblables, ce sont autant de récits très faux et empruntés par des conteurs de fables à l'histoire de la pénitente d'Égypte. Bien plus, ils se convainquent eux-mêmes de mensonge dès le commencement de ce récit, en l'attribuant comme ils font, au très docte historien Josèphe, puisque Josèphe dans ses écrits ne dit pas un mot de Marie-Madeleine. Ces observations sur le sujet présent doivent suffire. Reprenons maintenant la suite de la narration ; et laissant de côté pour un temps la contemplation de Marie, poursuivons les actions et les miracles de sainte Marthe, sa sœur.

CHAPITRE XL

Sainte Marthe délivre la province de Vienne
d'un dragon appelé Tarasque

Entre Arles et Avignon, villes de la province viennoise, près des bords du Rhône, entre des bosquets infructueux et les graviers du fleuve, était un désert rempli de bêtes féroces et de reptiles venimeux. Entre autres animaux venimeux, rôdait ça et là dans ce lieu, un terrible dragon, d'une longueur incroyable et d'une extraordinaire grosseur. Son souffle répandait une fumée pestilentielle ; de ses regards sortaient comme des flammes ; sa gueule, armée de dents aigües faisaient entendre des sifflements perçants et des rugissements horribles. Il déchirait avec ses dents et ses griffes tout ce qu'il rencontrait, et la seule infection de son haleine suffisait pour ôter la vie à tout ce qui l'approchait de trop près. On ne saurait croire le carnage qu'il fit en se jetant sur les troupeaux et sur leurs gardiens, quelle multitude d'hommes moururent de son souffle empoisonné. Comme ce monstre était le sujet ordinaire des conversations, un jour que la sainte annonçait la parole de Dieu à une grande foule de peuple qu'elle avait réunie, quelques-uns parlèrent du dragon ; et les uns, avec la sincérité de véritables suppliants, les autres pour tenter la puissance de Marthe, se mirent à dire : Si le Messie que cette sainte fille nous prêche a quelque pouvoir, que ne le montre-t-elle ici ? car si ce dragon venait à périr, on ne pourrait dire que c'eût été par aucun moyen humain. Marthe leur répondit : Si vous êtes disposés, à croire, tout est possible à l'âme qui croit. Alors, tous ayant promis de croire, elle s'avance à la vue de tout le peuple qui applaudit à son courage, se rend avec assurance dans le repaire du dragon, et par le signe de la croix qu'elle fait, elle apaise sa férocité. Ensuite ayant lié le col du dragon avec la ceinture qu'elle portait, et se tournant vers le peuple qui la considérait de loin : Que craignez-vous, leur dit-elle ? voilà que je tiens ce reptile, et vous hésitez encore ! approchez hardiment au nom du Sauveur, et mettez en pièces ce monstre venimeux ! Ayant dit ces paroles, elle défend au dragon de nuire à qui que ce soit par son souffle ou sa morsure ; puis elle reproche son peu de foi au peuple en l'animant à frapper hardiment. Mais tandis que le dragon s'arrête et obéit aussitôt, la foule ose à peine se rassurer. Cependant on attaque le monstre avec des armes, on le met en pièces, et chacun admire de plus en plus la foi et le courage de sainte Marthe, qui, tandis qu'on perce l'énorme dragon, le tient immobile avec un lien si fragile, sans aucune difficulté, et sans éprouver aucun sentiment d'effroi.

Cet endroit désert était appelé auparavant Nerluc (ou bois noir) ; mais dès ce moment on le nomma Tarascon, du dragon qu'on appelait Tarasque ; et les peuples de la province Viennoise, témoins de ce miracle, ou en ayant appris la nouvelle, crurent dès lors au Sauveur et reçurent le baptême, glorifiant Dieu dans les miracles de sa servante qui fut chérie et honorée autant qu'elle en était digne, par les habitants de la province.

CHAPITRE XLI

Comment sainte Marthe vécut à Tarascon.

Le désert de Tarascon ayant été ainsi délivré par la puissance de Dieu de tous les reptiles qui l'infestaient, sainte Marthe s'y choisit une demeure, changeant en un séjour agréable et délicieux ce lieu auparavant redoutable et détesté. Elle s'y fit donc construire une maison ou plutôt un oratoire, qu'elle s'étudia plus à décorer par ses vertus et ses œuvres prodigieuses que par d'inutiles ornements. Elle y demeura retirée l'espace de sept ans. Durant tout cet intervalle, les racines des herbes et les fruits des arbres étaient toute sa nourriture ; encore ne se permettait-elle d'user de ces aliments qu'une seule fois chaque jour. Ainsi en agissait-elle envers elle-même ; mais pour le prochain, sa conduite était tout autre. Car, pensant que ce jeûne continuel, s'il n'avait été accompagné de la charité, ne serait qu'un supplice inutile pour elle et un tourment pour les personnes qui partageaient sa retraite, elle n'oublia pas l'hospitalité qu'elle avait tant exercée autrefois. Jamais sans quelque pauvre, elle aimait à leur distribuer ce qu'on lui donnait à elle-même ; toujours les indigents avaient part à sa table : se réservant pour elle-même les herbes les plus grossières, elle leur distribuait avec une tendre sollicitude et avec sa charité accoutumée les aliments que leurs besoins réclamaient, et elle faisait tout cela avec une satisfaction et des soins qu'elle eût été loin d'avoir si c'eût été pour elle-même. Elle pensait dans cette action que celui qu'elle avait reçu si souvent autrefois tandis qu'il était sur la terre, et qu'il voulait bien éprouver la faim et la soif, n'a plus besoin comme alors d'assistances temporelles, mais que c'est dans les pauvres qu'il veut être soulagé maintenant.

Elle se souvenait, cette servante de Jésus-Christ, de ce qu'il dira aux siens: Ce que vous avez fait au moindre des miens, vous l'avez fait à moi-même. Et c'est pourquoi, comme elle avait servi d'abord le chef de l'église, elle s'appliquait alors à assister ses membres, ayant pour tous le même amour et la même prévenance. Or, comme Dieu aime celui qui donne de bon cœur, sa bonté ne lui manqua point et il pourvut à tout en lui ouvrant comme une source intarissable, dont l'abondance toujours nouvelle remplaçait continuellement, sans qu'elle s'en mit en peine, les provisions que sa bienfaisance épuisait chaque jour. Car voyant que par un effet de sa générosité naturelle, elle trouvait tant de plaisir dans les charités qu'elle faisait, la piété des fidèles ne manquait pas de fournir au-delà de ce qu'il lui fallait pour qu'elle pût exercer sa libéralité.

Du reste, les riches eux-mêmes, qui accouraient à elle en grand nombre, ne s'en allaient pas non plus les mains vides ; ils en rapportaient toujours quelque bienfait soit pour le corps, soit pour l'âme.

Son vêtement était grossier ; pendant ces sept années elle porta sur sa chair même un sac et un cilice avec une ceinture de crins de cheval toute remplie de nœuds ; et sa chair, s'étant corrompue, était rongée par les vers. Toujours elle était nu-pieds et avait la tête couverte d'une tiare blanche de poils de chameau. Des branches d'arbres et des sarments sur lesquels elle étendait une couverture lui servaient de lit, une pierre qu'elle mettait sous sa tête lui tenait lieu d'oreiller. Au milieu de telles délices, sainte Marthe, mille fois martyre, soupirait vers les cieux. Son esprit, entièrement possédé de Dieu, se perdait en lui dans ses oraisons, auxquelles elle employait même le temps de la nuit ; et, les genoux en terre, sans jamais se lasser, elle adorait régnant dans les cieux, celui qu'elle avait vu dans sa maison soumis à nos misères. Elle allait aussi fréquemment dans les villes et les bourgades voisines prêchant la foi du Sauveur, et revenait à sa solitude, chargée du fruit de ses travaux après cette divine moisson : car ce qu'elle enseignait par ses paroles, elle l'établissait aussitôt par des miracles et des prodiges ; ou bien aussi, en chassant les démons des corps des possédés par sa seule prière et l'imposition de ses mains ; et enfin, en faisant, par la puissance du saint-Esprit, toutes sortes de miracles.

CHAPITRE XLII

Sainte Marthe ressuscite un jeune homme qui s'était noyé dans le Rhône

Un jour assise dans un endroit agréable, auprès d'Avignon, ville de la province Viennoise, devant les portes mêmes de la ville, entre les eaux du Rhône et les remparts de cette cité, sainte Marthe annonçait la parole de vie à un grand nombre de citoyens et guérissait les malades. Un jeune homme qui se trouvait sur l'autre bord du Rhône voyant cette foule de peuple, eut le désir d'aller entendre lui-même la parole de Dieu. Il n'y avait là ni pont ni bateau pour passer le fleuve. Cependant, emporté par le désir d'entendre la prédication et de voir quelque miracle, d'ailleurs se fiant à son habileté à nager, il se dépouille de ses vêtements et se jette dans le Rhône pour le traverser. Tous les citoyens placés sur l'autre rive avaient les yeux fixés sur lui, lorsque, arrêté tout à coup par l'agitation violente des flots, il enfonce et se noie. Un cri s'élève de la part du peuple ; chacun loue la piété de ce jeune homme et déplore son malheur. En un mot, tout ce peuple s'empresse à demander d'un commun accord qu'on envoie des pêcheurs, qu'on jette à l'eau des filets et qu'on cherche avec toutes sortes de soins le corps du jeune homme, pour voir si par la miséricorde du Sauveur, on ne parviendrait pas à le trouver. On le cherche avec beaucoup de peine, on le trouve le lendemain à la neuvième heure du jour, et on l'apporte devant sainte Marthe. Toute la ville s'assemble pour être témoin du spectacle. Alors les plus illustres de l'un et de l'autre sexe prient et supplient à genoux la servante de Jésus-Christ qu'il leur soit donné de voir, dans la résurrection de ce jeune homme, la vérité des merveilles qu'elle leur annonce touchant le Sauveur.

Sainte Marthe, selon sa coutume, y consent avec joie, à la condition cependant que tous ceux qui sont présents embrasseront la foi chrétienne. Nous croirons, s'écrie-t-on de toute part d'une commune voix, que votre Sauveur est vraiment Fils de Dieu et Dieu lui-même, qui vous a choisie pour être le ministre de sa parole. A cette réponse, sainte Marthe, le cœur plein d'allégresse et de confiance dans la bonté et le pouvoir du Seigneur, se prosterne avec larmes et se met en prières. Les peuples entraînés se prosternent à son exemple, et conjurent à grands cris la clémence du Dieu tout puissant de daigner manifester son pouvoir par ce miracle pour l'honneur et la gloire de son nom. La prière étant achevée, la servante de Jésus-Christ se lève, et s'approchant du cadavre : Jeune homme, au

nom de Notre Seigneur et Sauveur Jésus-Christ, Fils de Dieu,
dit-elle, levez-vous et racontez-nous les grandes choses que la
bonté du Rédempteur a faites en votre faveur? Mais que
dirai-je de plus? A ces mots l'âme du jeune homme se
réunissant de nouveau à son corps, il revient à la vie, et s'étant
assis, il confesse qu'il croit en Jésus-Christ, et après qu'il a reçu
le baptême et que tout le peuple a donné beaucoup de témoignages de sa joie, il retourne sain et sauf dans sa maison. Et
tous les assistants, voyant ce prodige, s'écrient unanimement
que Jésus-Christ est vraiment Dieu, et qu'il n'y a pas d'autre
Dieu que lui. Dès ce moment, toutes les bouches célébrèrent
la renommée de Marthe, la très sainte servante de Jésus-
Christ ; dès ce moment, elle fut honorée et aimée de tout le
monde.

CHAPITRE XLIII

Sainte Marthe change l'eau en vin à la dédicace de sa maison

Ce fut donc pour lors que la grande célébrité de sainte
Marthe et le bruit de ses vertus célestes se répandit dans
toutes les provinces des Gaules, et principalement dans
celles de Vienne, de Narbonne et des Aquitaines, comme
l'odeur d'une riche campagne qui a reçu la bénédiction de
Dieu. Tous les habitants de ces pays étaient par là portés à
la foi de Jésus-Christ, en même temps qu'à l'amour de sa
servante, sainte Marthe. Sainte Marie-Madeleine, sa sœur,
qu'on ne doit nommer qu'avec un souverain respect, s'en
réjouissait et la félicitait. De son côté, l'évêque Maximin, le
gardien de Madeleine et le directeur de sa très sainte vie, tout
employée à la contemplation, éprouvait les mê.nes sentiments,
et il vint de sa province, la seconde Narbonnaise, dans la
Viennoise, jusqu'à Tarascon, par le désir de voir la servante de
Jésus-Christ et de s'entretenir avec elle. Un semblable dessein,
un pareil désir amena à Tarascon, au même jour et à la même
heure, Trophime, évêque de la ville d'Arles, et Eutrope, évêque
de celle d'Orange, quoique cependant aucun d'eux ne
soupçonnât l'arrivée des autres. Mais ils se réunirent de concert
par l'inspiration de Dieu, qui dispose tout avec douceur. Cette
sainte femme les reçut avec honneur, les servit avec libéralité,
et les retint avec instance ; et le seize des calendes de
Janvier, qui est le dix-sept du mois de casleu, appelé décembre
chez les Latins, ils dédièrent au Sauveur, comme basilique, la
maison de sainte Marthe, illustrée par les miracles et par la
sainteté de sa vie. Après la dédicace de cette église, lorsque
les évêques se furent mis à table, sainte Marthe les servit,
selon sa coutume, avec une admirable affection. Comme
beaucoup d'autres personnes se trouvaient parmi les convives,
le vin étant venu à manquer, l'hôtesse du Sauveur ordonna de
puiser de l'eau au nom de Jésus-Christ, et d'en servir abondamment à tous ; et dès que les pontifes l'eurent goûtée dans

le repas, ils s'aperçurent qu'elle avait été changée en un excellent vin. C'est pourquoi ces évêques ordonnèrent d'un commun consentement que ce jour serait honoré chaque année, tant à cause de la dédicace de la basilique que du changement merveilleux de l'eau en vin.

CHAPITRE XLIV

Sainte Marthe fait saluer Marie ; elle reçoit et nourrit

des évêques, et prédit que le jour de sa mort approchait.

Après la mort de sainte Marthe, l'usage s'introduisit, à l'occasion de ce miracle, de célébrer la fête de son trépas, comme aussi le martyre de son frère, saint Lazare, évêque, le jour même de la dédicace de cette maison. Nous voyons que la même chose se pratique encore aujourd'hui, à l'égard de saint Jean-Baptiste et des apôtres de Jésus-Christ, Jean et Jacques, Simon et Jude, ainsi que d'un grand nombre de martyrs ; c'est-à-dire qu'on ne célèbre point leur martyre aux jours où ils l'ont souffert, mais en ceux de la dédicace de leurs églises, ou de l'invention de leurs reliques.

Les évêques dirent adieu à la bienheureuse servante de Jésus-Christ, en se recommandant à ses saints mérites et à ses prières ; et après qu'ils se furent donné et qu'ils eurent reçu mutuellement la bénédiction, ils se séparèrent chacun de son côté. Cette sainte vierge salua sa vénérable sœur Marie-Madeleine, cette autre sainte si digne d'être célébrée dans tout l'univers, la priant avec instance qu'elle daignât la visiter avant sa mort. Dès que la bienheureuse amante du ciel l'eût appris de la bouche de saint Maximin, elle salua sa sœur à son tour, et lui promit ce qu'elle demandait, quoiqu'elle ne l'ait pas exécuté pendant sa vie, mais après sa mort. Ce qui nous apprend que les saints du ciel se souviennent de leurs amis, et leur rendent les bons offices qu'ils leur ont promis de leur vivant.

Vers le même temps, il s'éleva dans la province d'Aquitaine une cruelle persécution de la part des Gentils, et un grand nombre de chrétiens furent envoyés en exil. Parmi eux Frontin, évêque de Périgueux, et Georges, évêque de Véliacum, se réfugièrent à Tarascon, auprès de sainte Marthe ; et celle-ci, signalant encore sa charité, mit tous ses soins à les bien recevoir, à les traiter libéralement, et même à les retenir avec honneur jusqu'à ce qu'ils pussent retourner à leurs propres diocèses. Enfin, la servante de Jésus-Christ leur disant le dernier adieu lorsqu'ils partaient pour leurs églises : O évêque de Périgueux ! dit-elle, sachez qu'à la fin de l'année prochaine je sortirai de ce corps mortel ; je supplie, s'il vous plaît, votre Sainteté de venir m'ensevelir. Ma fille, lui répondit cet évêque, j'assisterai moi-même à vos obsèques si Dieu le veut et que je vive. Les évêques retournèrent donc à leurs églises. Sainte

Marthe, convoquant alors les personnes qui restaient avec elle, leur prédit que son trépas arriverait après un an ; et pendant toute cette année, couchée sur son lit de sarments, plus glorieux que les couches les plus magnifiques, elle était consumée par la fièvre, comme l'or qui est épuré dans la fournaise, par le feu.

CHAPITRE XLV

Sainte Marie voit Jésus-Christ. — Son trépas et sa sépulture.

Cependant sainte Marie-Madeleine, appliquée à la céleste contemplation, gardait fidèlement la meilleure part qu'elle avait choisie : quoiqu'elle fût sur la terre retenue par les liens de son corps, elle vivait néanmoins en esprit au milieu des délices du ciel, et jouissait de ces ineffables douceurs autant qu'il est permis à des créatures mortelles. Qui pourrait raconter avec quels soupirs elle aspirait vers Dieu ! Quels étaient les vœux de cette ardente amie du Sauveur, malgré toutes les visites des anges dont elle jouissait ici-bas ! Quels étaient, dis-je, les désirs dont elle brûlait d'être avec Jésus-Christ, et de voir régnant dans la majesté celui qu'elle avait vu autrefois humilié sous la forme des esclaves ! Enfin, comme le temps où sa très sainte âme devait être délivrée de la prison du corps approchait, lorsqu'elle était près d'entrer dans ces célestes demeures vers lesquelles elle soupirait et se consumait, uniquement dans la vue d'être unie parfaitement au Seigneur, le Fils de Dieu, le Seigneur et Rédempteur des hommes lui apparut. Elle vit cet unique objet de ses désirs, Jésus-Christ en personne, accompagné d'une multitude d'anges, qui l'appelait à lui avec douceur et miséricorde pour la mettre en possession de la gloire du royaume céleste. Venez, ma bien-aimée, je vous placerai sur mon trône, parce que le Roi, le plus beau des enfants des hommes, est épris de votre beauté ; venez, afin que celui à qui vous avez fourni avec un officieux empressement ce qui était nécessaire à sa vie temporelle, lorsqu'il était sur la terre, conversant avec les hommes, vous donne en retour les biens de la vie céleste, pour en jouir et en triompher éternellement d'allégresse au milieu des chœurs des anges. Enfin elle mourut, l'amie spéciale et l'apôtre du Seigneur, le onzième jour avant les calendes d'août : les anges se réjouissant de la voir associée aux vertus des cieux, et jugée digne de jouir avec eux de la gloire éternelle, et de contempler le Roi des siècles dans sa beauté.

L'évêque saint Maximin mit dans un magnifique mausolée son très saint corps, embaumé avec divers aromates, et éleva ensuite sur ces bienheureux membres une basilique d'une belle architecture. On montre son sépulcre, qui est de marbre blanc, et on y voit, représenté en sculpture, comment, dans la maison de Simon, elle mérita le pardon de ses péchés, aussi bien que l'office de piété qu'elle rendit au Sauveur pour sa sépulture.

CHAPITRE XLVI

Sainte Marthe voit l'âme de sa sœur portée dans les
cieux par les anges

Pendant que ces choses se passaient proche d'Aix, métropole de la province ecclésiastique, seconde Narbonnaise, à la même heure, dans la province de Vienne, à Tarascon, la servante du Seigneur, sainte Marthe, retenue au lit par la fièvre, et qui néanmoins s'appliquait aux louanges de Dieu, aperçoit tout à coup, tandis qu'elle méditait sur les choses du ciel, les chœurs des anges portant dans les cieux l'âme de sa sœur Marie-Madeleine. Aussitôt elle appelle les personnes qui l'assistaient, et leur rapporte ce qu'elle vient de voir, les excitant à l'en féliciter. O ma très heureuse sœur, s'écrie-t-elle, que m'avez-vous donc fait? Pourquoi ne m'avez-vous pas visitée comme vous vous y étiez engagée ? Jouirez-vous donc sans moi des embrassements du Seigneur Jésus, de celui que nous avons tant aimé et qui nous aimait tant ? Je vous suivrai partout où vous irez. Jouissez cependant, jouissez de la vie éternelle ; soyez heureuse à jamais, et n'oubliez pas, je vous prie, celle à qui votre mémoire est si chère.

Sainte Marthe, remplie de joie par cette vision, se livre avec plus d'ardeur que jamais à ses désirs, de mourir et d'être avec Jésus-Christ ; elle ne souffre qu'avec peine de demeurer plus longtemps dans la chair, d'être privée de la compagnie de sa sœur et de celle des anges qu'elle a vus ; et sachant que l'heure de son départ n'est plus éloignée, elle exhorte les fidèles, les instruit et les fortifie. Car dès que le bruit se fût répandu que la mort de la servante de Dieu approchait, une grande multitude de fidèles étaient accourus, et pour ne la point quitter avant sa sépulture, ils se dressaient des tentes dans les bois et allumaient des feux de tous côtés.

CHAPITRE XLVII

Jésus-Christ et Madeleine son amie
apparaissent à Sainte Marthe

Le soir du septième jour qui suivit, sainte Marthe ordonna d'allumer sept flambeaux de cire et trois lampes. Or, vers le milieu de la nuit, tous ceux qui la veillaient se trouvant accablés par le sommeil, s'endormirent profondément. Alors voilà qu'un tourbillon de vent venant à passer avec violence, éteint tous les cierges et les lampes. La servante de Jésus-Christ, comprenant quelle était la cause de cet événement, fait le signe de la croix, et s'arme de la prière contre les embûches des démons. Ensuite, elle réveille les personnes qui la gardaient et les prie de rallumer les lumières. Aussitôt ils se hâtent de sortir pour exécuter cet ordre, mais comme ils tardaient à revenir, une lumière descendue du ciel brille tout à coup ; et dans cette lumière même, l'apôtre spécial du Sauveur, Marie-Madeleine, portant à la main un flambeau ardent, rallume à l'instant avec cette lumière du ciel les sept cierges éteints et les trois lampes ; puis, s'approchant du lit de sa sœur : « Salut, sainte sœur », lui dit-elle, et après que Marthe l'eut saluée à son tour : « Eh bien, lui dit-elle, vous voyez que je vous visite avant votre mort, ainsi que vous me l'aviez fait dire par le saint pontife Maximin. Mais voici le Sauveur, votre bien-aimé, qui vient vous rappeler de cette vallée de misères. C'est ainsi qu'il en a usé envers moi en apparaissant en personne pour me faire entrer au palais de sa gloire. Venez donc et ne tardez pas ». Ayant dit ces paroles, elle court avec allégresse au-devant du Seigneur, qui, après être entré et s'être approché de Marthe, la regarde d'un air très doux et lui dit : « Me voici, moi que vous avez autrefois assisté de vos biens avec tant de dévouement, moi à qui vous avez rendu maintes fois l'hospitalité avec tant de soins, et à qui, depuis ma passion, vous avez encore fait tant de bien dans la personne de mes membres. C'est moi-même ; c'est moi aux pieds de qui, prosternée autrefois, vous avez dit : *Je crois que vous êtes le Messie, le Fils du Dieu vivant, qui êtes venu dans ce monde.* Venez donc, sainte hôtesse de mon pèlerinage, venez de l'exil, venez recevoir la couronne. » Marthe s'efforçait de se lever, entendant ces paroles, et de suivre incontinent le Sauveur ; mais : « Attendez encore, lui dit-il, je vais vous préparer une place, et je reviendrai de nouveau, et je vous recevrai auprès de moi, afin que là où je suis, vous soyez aussi vous-même avec moi. » Ayant dit ces mots, il disparut ; sa sainte sœur Marie disparut également. Mais la lumière qui avait accompagné leur apparition continua de briller. Alors les personnes qui gardaient sainte Marthe arrivèrent et elles furent remplies d'étonnement, en voyant que les candélabres, qu'elles avaient laissés éteints, jetaient un éclat tout extraordinaire.

CHAPITRE XLVIII

Dans quel lieu, dans quel temps, comment et devant

quels témoins sainte Marthe rendit son âme à Dieu

Dès que le jour parut, sainte Marthe ordonna qu'on la transportât dehors et qu'on la mît en plein air. Le temps, si rapide qu'il fût, n'avançait pas à son gré, et ce matin eut pour elle la longueur de mille ans. On étend de la paille sous un arbre touffu, sur la paille on étend un cilice, et on trace par-dessus une croix avec de la cendre. Au lever du soleil, la servante de Jésus-Christ est transportée et posée sur la cendre ; ensuite, à sa demande, on élève devant elle une image du Sauveur attaché à la croix. Là, après un peu de repos, portant ses regards sur la multitude des fidèles, elle leur demande d'ac-

célérer par leurs prières le moment de sa délivrance ; et tandis
que la foule fondait en larmes, elle élève les yeux au ciel : O
Sauveur, dit-elle, vous qui daignâtes recevoir de moi l'hospitalité, pourquoi tant de retards? Quand viendrai-je et paraîtrai-
je devant votre face? Depuis que vous m'avez parlé ce matin, mon âme s'est comme fondue en moi ; depuis ce moment
mes membres ont perdu leurs mouvements ; dans l'ardeur de
vous posséder, mes nerfs sont comme paralysés, mes os arides
et desséchés jusqu'à la moelle, et toutes mes entrailles en
sont consumées. Seigneur, ne me privez pas de mon attente !
Mon Dieu, ne tardez pas ; hâtez-vous, Seigneur ! Dans ces
pensées, il lui vient alors à l'esprit qu'elle a vu autrefois le
Sauveur expirer sur la croix à la neuvième heure, et qu'elle a
apporté avec elle de Jérusalem l'histoire de la passion de
Jésus-Christ en langue hébraïque. Elle appelle donc saint
Parménas, le priant de prendre cet écrit et de le lire devant
elle, afin d'adoucir au moins l'ennui de son attente. En effet,
en entendant lire en sa propre langue la suite des supplices
qu'elle avait vu souffrir autrefois à son bien-aimé, la com-
passion tirant des larmes de ses yeux, elle se met à pleurer,
et oubliant un moment son exil, elle fixe toute son attention
sur le récit de la passion, jusqu'à ce que, arrivé à l'instant
où Jésus-Christ remet son esprit entre les mains de son Père
et meurt, elle pousse elle-même un grand soupir et rend l'âme.
Ce fut le quatre des calendes d'août qu'elle s'endormit ainsi
dans le Seigneur, le huitième jour près la mort de sainte Madeleine, le sixième jour de la semaine, à la neuvième heure du
jour, la soixante cinquième année de son âge.

Ses compagnons qui étaient venus avec elle d'Orient, et lui
étaient demeurés constamment attachés jusqu'à ce jour,
après avoir embaumé son corps, et l'avoir enveloppé avec honneur, le déposèrent dans sa propre église. C'étaient saint
Parménas, Germain, Sosthène, et Epaphras, qui avaient été
les compagnons de saint Trophime, évêque d'Arles ; et encore
Marcelle sa servante, Evodie et Syntique. Ces sept personnes
consacrèrent trois jours entiers à ses funérailles, avec une
multitude de peuples qui accouraient de toutes parts, et qui
chantaient nuit et jour, les louanges de Dieu autour de ce saint
corps, allumant de toute part des cierges dans l'église, des
lampes dans les maisons, et des feux dans les bois.

CHAPITRE XLIX

*Dans quel lieu, dans quel temps, avec quelles circonstances
fut-elle inhumée, par N. S.
et par l'évêque Saint-Front, quoique absent de corps*

Le jour du sabbat, on lui prépara une sépulture honorable
dans sa propre église, que les pontifes avaient dédiée ; et le
jour que nous appelons jour du Seigneur, à la troisième heure,
tout le monde était réuni pour inhumer dignement ce saint

corps, la veille des calendes d'août. A cette même heure, tandis
que le pontife saint Frontin, à Périgueux, ville d'Aquitaine,
allait célébrer le saints acrifice, et qu'en attendant le peuple
il s'était endormi dans sa chaire, Jésus-Christ lui apparut, et
lui dit : « Mon fils, venez accomplir la promesse que vous
avez faite d'assister aux obsèques de Marthe mon hôtesse. » A
peine eut-il dit ces paroles que dans un clin d'œil ils apparurent
à Tarascon, dans l'église, tenant des livres dans leurs mains,
Jésus-Christ à la tête, et l'évêque aux pieds de ce saint corps :
ce furent eux seuls qui le placèrent dans le mausolée, au grand
étonnement de ceux qui étaient là présents. Les funérailles
achevées, ils sortent de l'église ; l'un des clers les suit, et demande au Seigneur qui il est, et d'où il est venu. Le Seigneur
ne lui répond rien, mais lui remet le livre qu'il tenait. Le clerc
retourne au sépulcre, montre le livre à tout le monde, et lit ainsi
à chaque page : « La mémoire de Marthe, hôtesse de Jésus-
Christ sera éternelle ; elle n'aura rien à craindre des langues
mauvaises ». C'était tout ce qui était contenu dans le livre.

Dans le même temps, à Périgueux, le diacre réveille le pontife, lui disant tout bas que l'heure du sacrifice était passée,
et que le peuple se lassait d'attendre : « Ne vous troublez pas,
dit le prélat(en s'adressant aux fidèles), et ne soyez pas fâchés
de ce retard. Je viens d'être ravi en esprit, soit avec mon corps,
soit sans mon corps, je l'ignore Dieu le sait ; j'ai été transporté
à Tarascon avec notre divin Maître et Sauveur, pour y rendre
les devoirs de la sépulture à sainte Marthe, sa servante dé-
funte, selon la promesse que je lui en avais faite pendant sa
vie. C'est pourquoi envoyez quelqu'un qui rapporte mon anneau et mes gants, que j'ai remis entre les mains du sacristain, lorsque j'ai placé ce saint corps dans le tombeau. » Le
peuple s'étonne en entendant ces paroles. On envoie des députés à Tarascon. Les habitants de ce lieu indiquent dans une
lettre à ceux de Périgueux, le jour et l'heure de la sépulture,
qui étaient inconnus à ces derniers, leur marquant qu'avec
leur pontife, qu'ils connaissaient fort bien, on avait vu aux
funérailles une autre personne vénérable ; ils rapportent aussi
la circonstance du livre et de son contenu, afin de savoir si
l'évêque n'en avait point connaissance. Du reste, ils renvoient
l'anneau que le sacristain avait reçu, ainsi que l'un des gants,
mais ils retiennent l'autre comme preuve d'un si grand miracle.

Quelques-uns de ceux qui avaient assisté la servante du
Seigneur retournèrent en Orient pour y annoncer le royaume
de Dieu, à savoir : Epaphras avec Marcelle, et sainte Syntique, de laquelle parle l'Apôtre dans une Epître et qui est
inhumée à Philippes, où elle fit une sainte mort; Parménas,
plein de foi et de la grâce de Dieu, et qui eut la gloire du
martyre ; Germain et Évodie, qui aidèrent les apôtres dans
leurs travaux, et s'employèrent au soulagement des fidèles,
avec saint Clément, et leurs autres coopérateurs, dont les noms
sont écrits au livre de vie.

Depuis le jour de la mort de sainte Marthe, des miracles sans
nombre se sont opérés dans sa basilique, où des aveugles,
des sourds, des muets, des boiteux, des paralytiques, des estro-

piés, des lépreux, des démoniaques et d'autres qui souffraient de divers maux, ont reçu leur guérison. Clovis, roi des Francs et des Teutons, qui le premier (des princes de cette nation) fit profession de la foi chrétienne, frappé de la multitude et de la grandeur de ces miracles, vint lui-même à Tarascon ; et à peine eut-il touché la tombe de la sainte, qu'il fut délivré d'un mal de reins très grave qui l'avait vivement tourmenté. En témoignage d'un si grand miracle, il donna à Dieu, par un acte scellé de son sceau, la terre située autour de l'église de sainte Marthe, jusqu'à trois milles de l'un et de l'autre côté du Rhône, avec les bourgs, les villages et les bois ; domaine que cette sainte possède encore jusqu'à ce jour par privilège perpétuel. Les vols ou les rapines, les sacrilèges ou les faux témoignages trouvent aussi sur-le-champ une horrible punition dans cette église par le jugement de Dieu, à la louange de notre divin Sauveur.

CHAPITRE L

Sur la mort et la sépulture de saint Maximin.

Mais c'est assez d'avoir raconté, comme nous l'avons fait, tous les événements relatifs à la vie et à la mort précieuse de sainte Marthe, la vénérable servante du Fils de Dieu, notre Seigneur et Sauveur. Réservant pour un autre ouvrage les prodiges qui sont arrivés après sa sainte mort par sa puissance, ou à son sujet, comme aussi la vie pleine de vertus et la passion du bienheureux Lazare son frère, évêque et martyr ; nous ne ferons qu'ajouter ici une courte indication des miracles qui ont été opérés par l'amante de Dieu. Marie-Madeleine, en disant d'abord un mot sur la mort du saint évêque Maximin.

Voyant approcher le temps auquel il devait être enlevé de ce monde, ainsi que l'Esprit-Saint lui avait fait connaître par révélation pour recevoir de la bonté du souverain juge la récompense de ses travaux, il ordonna qu'on préparât le lieu de sa sépulture dans la basilique qu'il avait fait construire avec beaucoup d'art sur le très saint corps de sainte Madeleine, comme nous l'avons raconté plus haut, et qu'on plaçât son sarcophage auprès du mausolée de la bienheureuse amante de Dieu. En effet, après sa sainte mort, il y fut inhumé avec honneur par les fidèles, et l'un et l'autre illustrent ce lieu par des miracles insignes, opérés par leur intercession en faveur de ceux qui les invoquent pour le bien de leur âme ou de leur corps. Ce lieu est devenu, avec le temps, si sacré, qu'aucun roi, prince ou autre, si distingué qu'il soit par la pompe du siècle, n'oserait entrer dans leur église pour y solliciter quelque grâce, sans avoir auparavant déposé ses armes, sans s'être dépouillé de toute férocité brutale, et sans y faire paraître toutes sortes de marques d'une dévotion humble. Jamais aucune femme, de quelque condition, rang ou dignité que ce soit, n'a eu la témérité d'entrer dans ce très saint temple. Ce monastère s'appelle l'abbaye de Saint-Maximin ; il est bâti dans le comté d'Aix, et est richement pourvu de biens et d'honneurs ; Ce fut le six des ides de Juin que le saint pontife Maximin mourut et fut heureusement couronné dans le ciel (1).

—

1. Inutile de dire que nous ne donnons ces extraits de la vie des Saints de Provence, qu'à titre de témoignage en faveur des traditions, au moment où le pseudo Raban écrivait.

III

FRAGMENT D'UNE VIE ANONYME
DE SAINTE MADELEINE

*écrite dans le temps que par suite des ravages des Sarrasins
la Provence était encore déserte, vers le dixième siècle,
d'après M. Faillon.* (1)

Haec autem omnia, qualiter acta sint, cunctis per universum orbem fidelibus, evangelica et apostolica intonante tuba, certum habetur. Igitur inter duodecim quos elegit, multos utriusque sexus ad fidei suæ cognitionem pertraxit, ut in omnem terram sonus prædicationis eorum exiret, et in fines illorum procederent verba.

Ex eo autem inclyto agmine, peccatricem nostram sanctam Mariam, ter quaterque beatam, quæ Magdalo castello Magdalene Maria nuncupatur, sicut in Evangelio narrante didicimus, ex peccatrice muliere, adeo sibi gratam effecit, ut mereretur ab eo audire : *Dimissa sunt ei peccata multa quoniam dilexit multum.* Et iterum, *Optimam partem elegit sibi Maria,* quæ non auferetur ab ea, in æternum.

Quid autem in vita gesserit ista, quam, post mortem Domini, gloriosiorem inter omnes mulieres novimus, propter quod evangelica pandit historia? Nonnullis incertum habetur, quo vel cum quibus manserit S. accepto, quod in libro Actuum apostolorum legitur : *Erant apostoli perseverantes unanimiter in oratione cum mulieribus,* et reliqua.

Cæterum, veridica multorum relatio, eam cum beato Lazaro, fratre suo, atque beata Martha sorore sua, habet discessisse, ingruente persecutione plebis judaïcæ, sicut et reliqui apostoli. Ipsa quoque vere Apostola Apostolorum, relictis illis, sicut Apostolus dicit : *Quoniam verbum Domini respuistis et indignos vos judicastis ;* ecce convertimur ad gentium populos ; ubi maris portus habebatur Massiliæ civitatis finibus devenit.

Ubi, reliquorum sanctorum vallata contubernio, cum quibus illi erat grata societas, sicut *apud incolas loci illius antiquorum scriptis retinetur, et universorum hodieque narratione confirmatur,* ad prænominatam etiam urbem, verbi divini gratiam spargendam gentibus, devenit.

Sed quia muliebri sexui noverat prohibitum publicis auditibus, non debere divinum inferre sermonem, ad peragendum illud opus idoneum *fratrem adhibuit Lazarum ;* ut sicut ille spiritu et corpore, a Christo Domino resurrectionem promeruit obtinere, ita populos ad vitam spiritaliter suscitaret.

Cf. FAILLON, t. II, col. 573 et suivantes.

Postea vera ad locum quem prius delegerant regressi, divino operi diutissime insistentes, præsentis vitæ finem præclaris virtutibus adipiscentes, æternæ vitæ gaudiis inlati, ejus quem potissimum dilexerant faciem contemplantur.

Monstratur autem adhuc in loco ubi corpora sanctorum tumulata noscuntur, ecclesia in honore beati *Maximi confessoris*, præfatæ civitatis antistitis a mira magnitudine pererecta, quæ multis virtutibus illorum decorata, quamvis Saracenorum violentia illud in quo est regnum maneat permaxime desertum, horum parietum tamen adhuc subsistit decore.

IV

RELATION DES RELIGIEUX DE BETHANIE

*touchant la vie de leur patron S. Lazare
et son épiscopat à Marseille* (1).

Post Christi ascensionem ad cœlos, Lazarum fuisse cum apostolis conversatum libri memoriales qui usque ad tempora nostra decurrerunt fideli professione testantur. Postmodum vero (sicut a majorum scriptis accepimus), cum Jerosolymorum rexisset Ecclesiam, urgente persecutionis articulo ad Cypri insulam (sicut legimus) transmigravit. Ubi per annos aliquot digne Deo sacerdotium administrans, invitante Deo, qui beatum Lazarum ad meliora servabat, navim ingressus et mare transcurrens, Massiliam apulit nominatissimam totius Provinciæ civitatem. Ibi suscepti sacerdotii vices agens, Deo (cui se totum mancipaverat) in sanctitate et justitia deservivit, ubi post multas molestias præsentis vitæ quas pro Christi sui dilectione pertulerat, capite truncatus primo die calendarum septembris temporales miserias æternis gaudiis commutavit.

Le bréviaire d'Autun termine par là ce récit.

Les Bréviaires de S. Victor et de S. Sauveur y ajoutent cette conclusion :

Nos vero qui apud Bethaniam ejus videlicet antiquam domum, primum tumulum obsidemus, et ejus primariæ sepulturæ cœlestes exsequias exhibemus, humiliter imploramus, ut per meritum beati Lazari, dilecti sui, singularis etiam patroni nostri, nos dignetur Christus eo respectu celementiæ moderari, quatenus et præsentis vitæ subsidiis perfrui et immortalitatis æternæ valeamus gaudiis admisceri.

1. Cf. FAILLON, t. II, col. 583.

V

CHARTE DE ROSTANG

...Notum sit autem vobis, fratres, quoniam sanctus Maxi-minus, qui fuit unus de septuaginta duobus discipulis Salva-toris, et beata Maria Magdalena, quæ lacrymis suis pedes ejus-dem Domini lavit, et unguento perunxit, et Sanctus Lazarus, quem quadriduanum idem salvator resuscitavit, post passionem Domini de Jerusalem discedentes, per mare navigando, Mas-siliam venerunt, ibique Massilienses sanctum Lazarum reti-nentes, episcopum Massiliæ constituerunt. Sanctus vero Maximinus cum beata Maria Magdalene usque ad Aquensem civitatem pervenit, quem populus Aquensis ibidem archiepis-copum constituit. Ipse autem Deo perfecte serviens in eadem civitate, ecclesiam in honorem sancti Salvatoris et sanctæ resurrectionis construxit : altaria propriis manibus consecravit : reliquias de sepulcro Domini et alias nobis ignotas, in ecclesia abscondit ; in qua, dum vixit Salvatori serviens cum sancta Maria Magdalena, in pace quievit ; sepulcrum utriusque apud nos. Nunc autem quia tantum est parva ecclesia, quod, ad vix decem possit capere homines orandum, nos majorem incepimus construere ecclesiam, in qua vos et alii venientes, spatiose possitis manere, et vigilias vestras sancto Salvatori licenter reddere. Sed quia quod incepimus, nullo modo, sine adjutorio vestro perficere possumus, pro amore sancti Salvatoris, et sancti Maximini et sanctæ Mariæ Magdalenæ vos rogamus, ut unus-quisque vestrum, quantum poterit tribuat, quatenus a Deo, et a nobis remissionem, peccatorum suorum magnam recipiat, et partem et societatem in omnibus bonis quæ fient in canonica sancti Salvatoris habeat : et pro uno quod dederitis, in die judicii centuplum à Domino recipietis ; et insuper vitam æternam dabit Salvator mundi, Jesus Christus, Dominus noster, qui vivit et regnat, cum Patre et Spiritu sancto, in sempiterna sæcula sæculorum. (1)

1. Bibliothèque de la Ville de Marseille Mss 1490, fol. 616.

VI

INSCRIPTION DE 710,

*trouvée avec le corps de sainte Madeleine en 1279,
par le prince de Salernes.*

(Texte du procès-verbal de l'invention)

Anno Nativitatis Dominicæ septingentesimo decimo, VI⁰ mensis decembris in nocte secretissime, regnante *Clodoveo* piissimo, Francorum rege, tempore infestationis gentis Sarracenorum, translatum fuit corpus hoc carissimæ et venerandæ beatæ Mariæ Magdalenæ, de sepulcro sua alabastri in hoc marmoreo, timore dictæ gentis perfidæ, et quia secretius est hic, amoto corpore Cedonii.

Comme nous l'avons dit, p. 199, le début de cette inscription a été lu de différentes manières par Bernard Gui, Cabassole, Pagi, etc. Voici du reste ces trois diverses lectures qui montrent à l'évidence la difficulté qu'éprouvèrent les lecteurs à déchiffrer sur l'original la date et le nom du roi régnant :

Texte de Bernard Gui.

(Flores Cronicorum), 1.

ANNO NATIVITATIS DOMINICÆ SEPTIN, 2.

DIE MENSIS DECEMBRIS, in nocte secretissime, regnante ODOYNO prissimo rege, etc...

Texte du même Bernard Gui.

(Miroir sanctoral), 3.

ANNO NATIVITATIS DOMINICŒ SEPTINGENTESIMO DECIMO DIE SEXTO MENSIS DECEMBRIS, in nocte secretissime, regnante ODOINO piissimo, etc.

Texte de Pagi 4.

ANNO NATIVITATIS DOMINICŒ DCC XVI.

MENSE DECEMBRIS, in nocte secretissime, regnante ODOINO piissimo rege, etc...

1. *Flores cronicorum* Bibliothèque nat. Mss. latins, 4983, fol. 1368.

2. Dans le blanc on a ajouté postérieurement : *gentesimo decimo sexto*

3. Bibliothèque nat Mss. latins, 5406 et 5407.

4 Critic. Annal. Baronii ad annum, 710 (Edition de Bar-le-Duc, XII, 270).

VII

CHARTE DE LA CONSÉCRATION
de l'église de Saint-Sauveur d'Aix

Anno Domini M. C. III, domnus Petrus Aquensis, archiepiscopus, congregatis quibusdam comprovincialibus episcopis apud Aquis, videlicet domno Gibelino, Arelatensi archiepiscopo, et Petro Cavellicensi episcopo, et Berengario, Forojuliensi episcopo, et Angerio, Regiensi episcopo (una cum consilio clericorum suorum, videlicet Fulconis præpositi, et Hugonis archidiaconi, Bremundi sacristæ, et archipresbyterorum Gaufridi et Petri, ac canonicorum Norberti, Petri, Hugonis, Willelmi, Giraldi et aliorum, quorum nomina, timendo moras, non enumeramus), statuit consecrare ecclesiam Domini Salvatoris, scilicet hic noviter fundatam, *inter duas ecclesias, videlicet,* adversus septentrionem, *ecclesiam Dei Genitricis sitam,* versus meridiem vero, *ecclesiam beati beati Joannis Baptistæ positam ; oratorio quoque ejusdem Domini nostri Salvatoris,* versus orientem constructo.

Hanc denique consecrationem domnus Petrus archiepiscopus, tantorum religiosorum virorum, quorum superius nomina enumeravimus, auctoritate muniri voluit, quatenus venerabilis ecclesia gloriosi Salvatoris, a venerabilibus viris consecrata, in posterum per infinitum venerabilius veneraretur. *Sed quoniam earumdem ecclesiarum, quæ superius exaravimus beatus Maximus et beata Maria Magdalena,* primi fundatores extiterunt, in eadem ecclesia Salvatoris, a supradictis gloriosissimis viris, *in honore beati Maximini et beatæ Mariæ Magdalenæ,* altare dedicatum est, cujus consecrationis dies VII idus Augusti quatenus futuris temporibus, absque ulla dubitatione, in ecclesia illa, dies ista celebris annuatim celebretur.

VIII

TEMOIGNAGE DE BERNARD GUI,

tiré du Miroir sanctoral qu'il dédia au pape Jean XXII.

Juxta sacrum corpus repertus fuit cartellus quidam vetustissimus (in tumulo in oratorio, quod oratorium est in villa quæ ab ipso denominata pontifice dicitur Maximinus in Aquensi diæcesi), cartellus continens hanc scripturam :

« Anno Nativitatis Dominicæ septingentesimo decimo, die « sexto mensis decembris in nocte secretissime, regnante « Odoino piisimo Francorum rege, tempore infestationis gentis « perfidae Sarracenorum, translatum fuit corpus hoc carissimæ « ac veneranda beatæ Mariæ Magdalenæ de sepulcro suo alabas- « tri in hoc marmoreo, timore dictæ gentis perfidæ, quia secre- « tius est hic, amoto corpore Celidonii ».

Præfatus cartellus ex tunc isdem in sacrario ecclesiæ conservatur in testimonium veritatis. Hoc autem factum est anno gratiæ Christi Mº CCº LXXIX, Vº idus decem rbis, tempore papæ Nicolai tertii.

Tuncque reperta fuit per eumdem Carolum cum prælatis in tumulo memorato scriptura alia vetustissima, in quodam cartello incluso in quodam globo rotundo, de cera antiquissima, qui præ vetustate vix legi potuit ; qui talis erat : *Hic requiescit corpus beatæ Mariæ Magdalenæ.*

Cum igitur translatio de prædicto loco in tumulo alabaustri, apud Verzeliacum, scribatur facta fuisse anno Domini 745 aut circiter, et in scriptura superius posita quæ juxta corpus idem Mariæ Magdalenæ fuit inventa, in priori cartello vetustissimo legatur, quod anno Nativitatis Dominicæ 710 translatum fuit corpus beatæ Mariæ Magdalenæ, de sepulcro sua alabaustri in alio marmoreo, amoto corpore Celidonii, ut secretius esset ibi ; liquet quod per triginta quinque annos aut circiter antea transpositum fuerat corpus de tumulo alabaustri, et ita tempore translationis Verzellacensis·non erat ibi, sed alibi.

TEMOIGNAGE DU CARDINAL PHILIPPE
DE CABASSOLE
chancelier de la reine Jeanne 1355.

...Cum suis communicato salubriori, consilio (*Carolus*) rimatur annales, perlegit historias, senes interrogat... antiqua recenset. Unde ex templo... per sacrarii plateas et angulos quærit. Cum igitur juxta sepulcrum sacratissimæ Dilectricis matura deliberatione effodi profundius debuisset, inter alia lapidea monumenta, in solo arido, exuens se regiam clamidem, bidentemque

accipiens, fodi terram. Et versata gleba, latam foveam crebris
sulcibus, pius rex, propriis manibus concacavit, ut totus ma-
didus præ sudore, guttas accumulando guttis, velut imbres
diffundebat aquosas. — Dum vero ad hæc totus intenderet...
cum mirabili studio terram verteret, in qua erat, nutu Dei
unanimiter qui aderant excutientes, aperuerunt quoddam mar-
moreum sepulcrum infimius, ad eminentioris alabastri dexte-
ram, ubi prius quam frui visione sacri corporis mererentur, mira
fragrantia inde progrediens, universos astantes, miro replevit
odore, quæ latere non patitur, sed deducere cogit in publicum
insigne thesaurum sanctissimi corporis, quod latebat introrsum.

Ecce, mira dispositione divina, modici corticis suberii parti-
cula vetusta nimium et antiqua, sepies assistentium occurit
præ manibus, ad palpandum. Sed ex inadvertentia relinque-
batur inspecta. Demum repulsionibus iteratis, devenit ad
piissimi regis manus. Qua palpata, Dei ordinatione, seu nimia
vetustate, confracta in partes, absolutum chirographum
exhibuit, quod celebat ; depositionis corporis beatissimæ Magdalenæ, ibi fore secretius, Sarracenorum metu pigramata continens : *Odoyno piissimo rege Francorum regnante.*

Repertis, igitur, sacratissimi corporis immenso prælibato the-
sauro, et signo tutissimo in eodem, videlicet virente ramuscolo
palmitis, progrediente de sacratissima lingua ejus, qua apostolorum apostola, Christum resurrexisse a mortuis apostolis nun-
ciavit, et gentibus prædicavit : Rex devotus lacrymarum
quodammodo pluvia lavacrum devotionis condit, ut ad fletus
intensus astantes induxerit et plorantes ad singultus moverit
duriores. Cum diligenti vero cautela firmato et sigillato sepulcro,
a translatione, pro tunc, extitit supercessum.

Succedente vero satis vicino tempore,... videlicet tertio nonas
maii, anno Domini millesimo, ducentisimo, octogesimo... (rex)
vocatis tam regni, quam Provinciæ prælatis, comitibus et baro-
nibus, nec non religiosorum, et militum et procerum, quod tunc
et regia consultabant, multitudine copiosa, et aliorum nobi-
lium, qui lateribus regis occupati, speciali prærogativa magis-
tratuum præfulgebant : mandavit, recognitis et demum in ejus
conspectu fractis sigillis, aperiri sepulcrum.

Dum autem prelati, pontificalibus infulati, cum reverentia et
tremore corpus palparent sanctissimum ; ecce, inter ipsas sacras
reliquias affuit globus cereus continens brevem cedulam,
in cujus daescribebatur litteris : ibi quiescere corpus beatissimæ Magdalenæ. Suntque omnes jocundati et populus qui
occurrit, sacris reliquiis diu clausis, et ministrorum conciliis, et
litteralibus epitaphiis declaratis. Tunc pontifices... jussu regis
tollunt de loco depositi, et transferendo deferunt corpus sacrum,
ad quorum robora religiosorum fortitudo concurrit. Sacras
reliquias jussit suspici per prælatos, pretiosoque fecit velamine
aperiti, et in capsa, quam mirabilis magistri artificio, mirabilis
celaturæ et formæ construi fecerat, de argenti materia pre-
tiosa, auroque mundissimo venustata, in mirabilibus celaturis,
jussit transferri sacratissimum ipsum corpus. Sicque auro et
argento lectas ipsas sacres reliquias, firmis munivit repagulis et

clausuris, ubi velut in loco communivis armarii corpus sanctissimum sua consignatione reposuit

Caput vero quod penes se aliquandiu reservavit, suo tempore restituit, auro purissimo, valde artificioso, distincto :
ipsumque sic ex auro electo compositum in maximi extimatione
valoris, venustavit, impressione variarum gemmarum, ut
nobilitarent ipsius auri substantiam, hinc inde appositi in diversis partibus, in magnæ copiæ quantitate.

Verum ut pateat universis, corpus sacratissimum Dilectricis
esse in monasterio beatissimi Maximini adducitur in testimonium series infra scripta, plena auctoritatibus, miraculis et
exemplis.

Dum enim rex piissimus caput sacratissimum suis scriniis
cum securitate portaret, Roman venit, a domino papa Bonifacio,
beatissimi Maximini impetraturus capellam, infra quam dictum
sacrum corpus erat reconditum, propanens magnum, ibi
construere jacobitarum cenobium in Dilectricis honorem.

Tuncque cum, quodam præsagio cælestis auspicii, sermo occur-
reret (intra ipsa verba colloquii, de reliquiis beatissimæ Magdalenæ) ut rex caput, tunc scriniis pontifex mandibulam, in Late-
ranensi sacrario se habere suis sermonibus affirmarent : motus
ope dispensationis divinæ, mandat pontifex adportari utrumque,
pollicens nullam se violentiam illaturum, etiam in sintilla sacri
capitis retinenda.

Placet regi summi sacerdotis consilium, sperans pontificali
munificentia, segregatam mandibulam capiti readjungi, velut
divinitus procurata,

Portantur igitur incunctanter. Assurgunt principes, devotione
qua decet, sacris reliquiis occurentes, mirati valde, utriusque
elegantiam contemplantes, conspicua suæ excellentiæ insignia
præferentes : prout seriosius, molemiori tempore, verbo me-
morata, mihi cancellario regni sui retulit ille quem habere tunc
lætabat Italia, imo terrarum orbis, Robertus rex Siciliæ, ipsius
Caroli filius, regnique successor, quem fortunata Neapolis, uni-
cum seculi nostri decus, incomparabili est felicitate sortita.

Additur demum mandibula conformis capiti, cujus dispositio
mandibulæ congruit, et ipsam sua dispositione componit, ac
ordine suo complet, ut a Deo fuerit hæc provisio ordinata. Nam
Deus omnia disposuit ut operante natura altera lateri conve-
niat.... et sibi responderent societate fraterna.

Ipsam vero mandibulam idem dominus Bonifacius regi tam
catholico et tam pio suscipienti hilariter et devote liberaliter
contulit. Et ipse domum Aquensi suo monasterio monialium
de Prulhano eam cum devotione maxima assignavit.

.. Frontisque ambitus sua eminenti specie veritatem indicat
per figuram. In cujus dextro limite, supra situm temporis, ex
sacro tactu magistri, ipse cujus est naturalia quæque posse
dissolvere, putribiliaque servare, contra statuta legis naturæ,
carnem a corruptione servavit, ubi caracter sacræ manus
impressus aperte patet, intuentibus universis.

Et ut veritatem ampliori firmitate corroborans, adduco
summorum pontificum Bonifacii VIII, Benedicti XI et XII
Joannis sacra oraculi, qui suis bullatis apicibus profitentur,

ipsum corpus sanctissimum esse veraciter in monasterio beatissimi Maximini, ubi habentur ipsa rescripta[1]; in quorum altero, idem Bonifacius, assertive affirmans, corpus sanctissimum ipsasque sacras reliquias ibi esse, subjungit de prædictis se multa fide occulata vidisse.

RÉCIT DE LA GUÉRISON DE PIERRE DE NANTES,

Evêque de saint Pol-de-Léon, composé en vers français,
l'an 1357, par le frère Jean,
dit de Venette, religieux carme du couvent de Paris

Mss. de la Bibl. Nationale.

Uns prélat fu moult charitables,
Bons clercs était et véritables,
De Saint-Pol-de-Lyon lors yère
Evesque, et est son nom Pierre.
C'est un prélat qui vit encore
Nul plus preudomme ne scay je ore
Et moult bon clerc est il sans faille :
Dieu le maintiengne et ly faille
Ce furent goutes qui le prirent,
Et autres mauly qui si ly cuirent,
Que sur ses piez ne post ester :
Tant le prirent à molester ;
... Du lit ne se povait lever.
Ne soy tourner ne seslever.
... Malades fu en ceste guise
Et plus encore que ne devise
Moult longuement l'y bons prélats,
Dont moult souvent disait, Hélas !
Je le scay bien, car es Athiez
Le visitay aucunes fiez
Et ly preudoms conseil enquist
Et sains et saintes en requist ;
Phisiciens et médecines
Rien n'y font, herbes ne rachines :
Fors d'agrever la grant douleur
Qui le tenait, et la langueur,
Car moult souvent le vy aux yex
Ver Longjumel droit à Chailly.
Il navait pas le cuer failly ;
La plusieurs fois le visitay,
Et de son pain souvent goustay ;
Aussi fis je puis a Paris
Depuiz qu'il fu du tout gueris.
Quand il vit lors que garison
Navait de cette languison
... De ces deux suers ouy parler
Desir ly vint de la aler.
Mais ne pouvait pas longuement
Pour le grant mal et le torment
Qui le tenoit et lagressoit
Quon dit vous ay, et la pressoit.
... Tant se print et aviser
At a soy meme deviser,
Et a promettre bonnement

Aux saintes sueurs devotement,
Et leur fist veu et oroison :
Que lors ou en autre saison
Leur sépulcre visiterait
Et droit la se présenterait :
Aux deux saints feroit offrande
De soy et de ses biens moult grande.
Mais quil eust alegement
Il yroit la appertement,
Ou leurs corps saints gissent sans doubte,
Droit en leglise et en la crouste ;
Et desormais les serviroit
Et leur bon chapellain seroit.
Lors loraison fit de bon cuer
Aux deux dames et a leur suer :
Cest à la vierge tresoriere,
A toutes trois fist sa priere ;
Et puis la mist en une table
Droit a Paris ce n'est pas fable :
Au carme la les trouverez
Se des deux suers lautes querez.
En latin est, si la veil mettre
Droit en françois, selon la lettre ;
Mais un petit fault que je lyme
Le latin, pour avoir ma ryme :
« A très noble colege et digne
« Des saintes suers en nombre trine
« Qui toutes trois ont nom Marie, etc.
Lorsque cil sires ot finée,
Loroison, une matinée,
Et fait son veu et sa promesse,
Et en la chambre ouy sa messe ;
Et quil ot dit : *s'il puet ester*.
« *Quencor yroit, sans arrester,*
« *Aux deux corps sains, tout le voyage*
« *Et feroit un pelerinage ;*
« *Et de bon cuer les requeroit,*
« *Tout au plustot qui il pourroit :* »
Les deux Maries debonnaires,
Qui de tous biens sont exemplaires,
Y suelement, sans plus attendre,
Une sueur si le va prendre,
Et un pou prist a sommeiller,
Car travaillez fu de veiller.
Adonc ainsi que sommeilloit,
Et par ainsy plus ne veilloit
Ly avint une avision,
Droit en celle dormicion :
Il ly sembloit visiblement,
Que les deux suers présentement,
Tout entour lui fussent venues,
Et en leurs mains boistes tenues,
Et quelles onguement avoit,

Moult précieux bien le savoit ;
Duquel elles ly oignent le chief,
Auquel souffroit moult grant meschief ;
Et ly disoient ne tesmaye,
Tu gueriras, c'est chose vraye ;
Et tous ceux qui devotion,
Aront a nous sans fiction,
Et de nous deux feront memoire,
Santé aront et paix et gloire.
    A tant cessa celle merveille,
Et ly prelats adonc seveille...
De touz ses maulx ot allegance,
Plus ne senti mal ne grenance...
    Quant guaris fu ly bon prelats
Et partit son pelerinage,
Office en fit de biau latin
Pour dire au vespre et au matin ;
Et fit fonder de biaux auteulz
Vous ne verrez des moys auteulz :
Un en fonda droit à Saint Pierre
De Nantes, qui est fait de pierre
Moult noblement, trestout d'albatre
Ymages sont ou trois ou quatre ;
Un autre au Val des escoliers,
Qui de Dieu portent les coliers,
À Longuimel près de Paris :
Fist il fonder quant fu gueris,
Apres des biens dont habonda
Un bel autel aussi fonda
A Paris, au revestiaire
Des Carmelistres le fit faire :
Et de ses mains le dedia
Au nom des suers ou se fya ;
Belle painture et delittable
Mist sur l'autel en une table ;
Derrier le grant autel querez
Au long du cuer, la trouverez
L'autel moult bel et les paintures
Des Maries, et les figures
De leurs maris et de leurs filx :
Tout y est mis je vous affis ;
Ne verrez maiz, plus biaux ymages,
Sy bien pourtraiz ne telz visages.

EXPLICIT   Lan mil CCC VII et cinquante,
En may que ly rossignol chante,
Un pou de temps devant Complie :
Fu ceste œuvre tout acomplie.
La matiere est belle et honneste,
Frere Jehan dit de Venette
Nommé Fillons la ordonnée,
De Dieu soit same couronnée,
Qui nous doint paix et paradis,
Dites *amen* ; à Dieu vous dis.   *Amen.*

MIRÈIO (Cant XI)

Contro uno ribo sènso roco,
Alleluia ! la barco toco ;
Sus l'areno eigalouso aqui nous amourran,
E cridan tóuti : — Nòsti tèsto
Qu'as póutira de la tempèsto,
Fin qu'au coutèu li vaqui lèsto
A prouclama ta lèi, o Crist ! Te lou juran ! —

A-n-aquéu noum, de jouissènço,
La noblo terro de Prouvènço
Parèis estrementido ; a-n-aquéu crid nouvèu,
E lou bouscas e lou campèstre
An trefouli dins tout soun èstre,
Coume un chin qu'en sentènt soun mèstre,
Ié cour à l'endavans e ié fai lou bèu-bèu.

La mar avié jita d'arcèli...
Pater noster, qui es in cœlis,
A nosto longo fam mandères un renos ;
A nosto set, dins lis engano
Faguères naisse uno fountano ;
E miraclouso, e lindo e sano,
Gisclo enca dins la glèiso ounte soun nòstis os.

Plen de la fe que nous afougo,
Dóu Rose prenèn lèu la dougo ;
De palun en palun caminan à l'asard ;
E pièi, galoi, dins lou terraire
Trouvan la traço de l'araire ;
E pièi, alin, dis Emperaire
Vesèn li tourre d'Arle auboura l'estendard.

. . . .

Pamens, deja de la Prouvènço
Mountavo un cant de reneissènço
Que fasié gau à Diéu : l'as agu remarca,
Tre qu'a plóugu 'n degout de plueio,
Coume tout aubre e touto brueio
Aubouron lèu sa gaio fueio ?
Ansin tout cor brulant courrié se refresca.

MIREILLE (Chant XI)

« Contre une rive sans roche, — Alleluia ! la barque touche ; — sur l'arène humide, là nous nous prosternons, — et nous écrions tous : « Nos têtes — que tu as arrachées à la tempête, — jusque sous le glaive, les voici prêtes — à proclamer ta loi, ô Christ ! Nous le jurons ! »

« A ce nom, de joie — la noble terre de Provence — paraît secouée ; à ce cri nouveau, — et la forêt et la lande — ont tressailli dans tout leur être, — comme un chien qui sentant son maître. — court au-devant de lui et lui fait fête.

« La mer avait jeté des coquillages... — *Pater noster, qui es in cœlis*, — à notre longue faim tu envoyas un festin ; — à notre soif, parmi les salicornes — tu fis naître une fontaine ; — et miraculeuse, et limpide et saine, — elle jaillit encore dans l'église où sont nos os !

« Pleins de la foi qui nous brûle, — du Rhône nous prenons aussitôt la berge ; — de marais en marais nous marchons à l'aventure ; — et puis, joyeux, dans le terroir, — nous trouvons la trace de la charrue ; — et puis, au loin, des Empereurs — nous voyons les tours d'Arles arborer l'étendard.

....

« Cependant, de la Provence déjà — s'élevait un chant de renaissance — qui réjouissait Dieu : n'as-tu pas remarqué, — dès qu'il a plu une goutte de pluie, — comme tout arbre et toute végétation — relèvent vite leur feuillage gai? — Ainsi tout cœur brûlant courait se rafraîchir.

Tu memo, auturouso Marsiho,
Que sus la mar duerbes ti ciho,
E que rèn de ta mar noun te pòu leva l'iue
E qu'en despié di vènt countràri
Sounges qu'à l'or entre ti bàrri,
A la paraulo de Lazàri,
Rebalères ta visto e veguères ta niue !

E dins l'Uvèuno, que s'aveno
Emé li plour de Madaleno,
Lavères davans Diéu toun orre queitivié...
Vuei tourna-mai dreisses la tèsto...
Davans que boufe la tempèsto,
Ensouvène-te, dins ti fèsto,
Di plour madalenen bagnant tis óulivié !

Colo de-z-Ais, cresten arèbre
De la Sambuco, vièi genèbre,
Grand pin que vestissès li baus de l'Esteréu,
Vous, mourven de la Trevaresso,
Redigas de quinto alegresso
Vòsti coumbo fuguèron presso,
Quand passè Massemin pourtant la crous em' éu !

Mai, alin, la veses aquelo
Que, si bras blanc sarra contro elo,
Prègo au founs d'uno baumo ? Ai ! pauro ! si geinoun
Se macon à la roco duro,
E n'a pèr touto vestiduro
Que sa bloundo cabeladuro,
E la luno la viho emé soun lumenoun.

E pèr la vèire dins la baumo,
Lou bos se clino e fai calaumo ;
E i' a d'ange, tenènt lou batre de si cor,
Que l'espinchon pèr uno esclèiro ;
E quand perlejo sus la pèiro
Un de si plour, en grand pressèiro
Van lou cueie e lou metre en un calice d'or.

N'i'a proun, n'i'a proun, o Madaleno !
Lou vènt que dins lou bos aleno
T'adus dempièi trento an lou perdoun dóu Segnour
E de ti plour la roco memo
Plourara sèmpre ; e ti lagremo
Sèmpre, sus touto amour de femo,
Coume uno auro de nèu, jitaran la blancour

« Toi-même, altière Marseille, — qui sur la mer ouvre tes
cils, — et dont rien (du spectacle) de ta mer ne peut distraire
l'œil, — et qui, en dépit des vents contraires, — ne songes
qu'à l'or — dans tes murailles, à la parole de Lazare, — tu
abaissas ta vue et tu vis ta nuit !

« Et dans l'Huveaune, qui s'alimente — avec les pleurs
de Magdeleine, — tu lavas devant Dieu ta hideuse immon-
dicité... — Aujourd'hui tu dresses la tête de nouveau... —
Avant que la tempête souffle, — souviens-toi, au milieu de
tes fêtes, — que les pleurs de Magdeleine baignent tes oli-
viers !

« Collines d'Aix, crêtes abruptes — de la Sambuque, vieux
genièvres, — grands pins qui vêtez les escarpements de l'Es-
térel, — vous, *morvens* de la Trévaresse, — redites-nous de
quelle joie — vos vallées furent prises, — quand passa Maximin, portant la croix avec lui !

« Mais, dans l'éloignement, la vois-tu, celle — qui, ses
bras blancs serrés contre elle, — prie au fond d'une grotte ?...
Ah ! pauvre femme ! ses genoux — se meurtrissent à la roche
dure, — et elle n'a pour tout vêtement — que sa blonde chevelure, — et la lune la veille avec son (pâle) flambeau.

« Et pour la voir dans la grotte, — la forêt se penche et
fait silence ; — et des anges, retenant le battement de leurs
cœurs, — l'épient par un interstice, — et lorsque sur la pierre
tombe en perle — un de ses pleurs, en grande hâte — ils vont
le recueillir et le mettre en un calice d'or.

« Assez ! assez, ô Magdeleine ! — Le vent qui dans le bois
respire — t'apporte depuis trente années le pardon du Seigneur. — De tes pleurs la roche elle-même — pleurera éternellement ; et tes larmes, — éternellement, sur tout amour
de femme, — comme un vent de neige, jetteront la blancheur.

Mai dóu regrèt que l'estransino
Rèn counsoulavo la mesquino :
Ni lis aucelounet qu'en foulo au Sant-Pieloun
Pèr èstre benesi, nisavon ;
Ni lis ange que l'enaussavon
A la brasseto, e la bressavon
Sèt fes tóuti li jour, en l'èr sus li valoun !

A tu Segnour, à tu revèngue
Touto lausènjo ! à nautre avèngue
De te vèire sèns fin tout lusènt e verai !
Pàuri femo despatriado,
Mai de toun amour embriado,
De toun eterno souleiado
Avèn, nàutri peréu, escampa quàuqui rai !

Colo Baussenco, Aupiho bluio,
Vòsti calanc, vòstis aguïo,
De nosto predicanço à toustèms gardaran
La gravaduro peirounenco.
I soulitudo palunenco,
Au founs de l'isclo Camarguenco,
La mort nous alóugè de nòsti jour óubrant.

....

« Mais du regret qui la consume — rien ne consolait la malheureuse : — ni les petits oiseaux qui en foule au Saint-Pilon, — pour être bénis, nichaient ; — ni les anges qui l'enlevaient — dans leurs bras, et la berçaient — sept fois tous les jours, dans l'air, sur les vallons.

« A toi, Seigneur, à toi revienne — toute louange ! A nous advienne — de te voir à jamais dans ta splendeur entière et ta réalité ! — Pauvres femmes exilées, — mais enivrées de ton amour, — de ton éternelle irradiation — nous avons nous aussi, épanché quelques rayons.

« Collines des Baux, Alpilles bleues, — vos mornes, vos aiguilles, — de notre prédication, dans tous les siècles, garderont — la trace gravée dans la pierre. — Aux solitudes paludéennes, — au fond de l'île de Camargue, — la mort nous allégea de nos jours de labeur.

TABLE DES MATIÈRES

PREMIÈRE PARTIE

Valeur des titres des traditions provençales